航空运输类专业系列教材

# 机场运营管理

主　编　罗良翌　赵晓硕
副主编　王　珺　宋欣明　史小英　先梦瑜

电子工业出版社

Publishing House of Electronics Industry

北京·BEIJING

## 内 容 简 介

本书系统地介绍了机场运营管理的各个方面，分为机场基础知识、机场运营、机场管理三个模块。模块 1 为机场基础知识，主要介绍民用航空系统、机场系统、机场容量和航班安排；模块 2 为机场运营，主要介绍机场航站区运营、飞行区运营、出入机场地面交通系统、机场收支结构、民用机场安全管理；模块 3 为机场管理，主要介绍机场管理模式、机场营销、机场特许经营、机场服务与服务质量管理。

本书内容完整、充实，可作为高等院校和职业院校相关专业学生的教材，也可供民航业相关工作人员参考。

未经许可，不得以任何方式复制或抄袭本书之部分或全部内容。
版权所有，侵权必究。

### 图书在版编目(CIP)数据

机场运营管理/罗良翌，赵晓硕主编. —北京：电子工业出版社，2019.8（2024.12重印）
ISBN 978-7-121-37104-2

Ⅰ.①机… Ⅱ.①罗… ②赵… Ⅲ.①机场-运营管理-高等学校-教材 Ⅳ.①F560.81

中国版本图书馆 CIP 数据核字（2019）第 144177 号

责任编辑：李　静　　特约编辑：王　纲
印　　刷：北京虎彩文化传播有限公司
装　　订：北京虎彩文化传播有限公司
出版发行：电子工业出版社
　　　　　北京市海淀区万寿路 173 信箱　邮编　100036
开　　本：787×1 092　1/16　印张：14　字数：358 千字
版　　次：2019 年 8 月第 1 版
印　　次：2024 年 12 月第 10 次印刷
定　　价：43.00 元

凡所购买电子工业出版社图书有缺损问题，请向购买书店调换。若书店售缺，请与本社发行部联系，联系及邮购电话：(010)88254888，88258888。
质量投诉请发邮件至 zlts@phei.com.cn，盗版侵权举报请发邮件至 dbqq@phei.com.cn。
本书咨询服务热线：(010)88254604，lijing@phei.com.cn。

# 协助建设单位

| | | |
|---|---|---|
| 国际航空运输协会 | 长沙南方职业学院 | 武汉东湖光电学校 |
| 春秋航空股份有限公司 | 长沙商贸旅游职业技术学院 | 闽西职业技术学院 |
| 奥凯航空有限公司 | 长沙民政学院 | 黄冈职业技术学院 |
| 香港快运航空公司 | 南京航空航天大学 | 衡水职业技术学院 |
| 重庆机场集团 | 浙江旅游职业学院 | 山东海事职业学院 |
| 北京外航服务公司 | 潍坊工程职业学院 | 安徽建工技师学院 |
| 北京临空国际技术研究院 | 江苏工程职业技术学院 | 安徽国防科技职业学院 |
| 郑州中原国际航空控股发展有限公司 | 江苏安全技术职业学院 | 惠州市财经职业技术学院 |
| | 湖南生物机电职业技术学院 | 黑龙江能源职业学院 |
| 杭州开元书局有限公司 | 河南交通职业技术学院 | 北京经济技术管理学院 |
| 三亚航空旅游职业学院 | 浙江交通职业技术学院 | 四川文化传媒职业学院 |
| 广州民航职业技术学院 | 新疆天山职业技术学院 | 济宁职业技术学院 |
| 浙江育英职业技术学院 | 正德职业技术学院 | 泉州海洋职业学院 |
| 西安航空职业技术学院 | 山东外贸职业学院 | 辽源职业技术学院 |
| 武汉职业技术学院 | 山东轻工职业学院 | 江海职业技术学院 |
| 武汉城市职业学院 | 三峡旅游职业技术学院 | 云南经济管理学院 |
| 江西青年职业学院 | 郑州大学 | 江苏航空职业技术学院 |
| 长沙航空职业技术学院 | 滨州学院 | 山东德州科技职业学院 |
| 成都航空职业技术学院 | 九江学院 | 河南工业贸易职业学院 |
| 上海民航职业技术学院 | 安阳学院 | 兰州航空工业职工大学 |
| 南京旅游职业学院 | 河南工学院 | 四川交通职业技术学院 |
| 西安交通大学 | 中国石油大学 | 烟台工程职业技术学院 |
| 三峡航空学院 | 厦门南洋学院 | 重庆第二师范学院 |
| 西安航空学院 | 广州市交通技师学院 | 南阳师范学院 |
| 北京理工大学 | 吉林经济管理干部学院 | 成都文理学院 |
| 北京城市学院 | 石家庄工程职业学院 | 郑州工商学院 |
| 烟台南山学院 | 陕西青年职业学院 | 云南旅游职业学院 |
| 青岛工学院 | 廊坊职业技术学院 | 武汉外语外事职业学院 |
| 西安航空职工大学 | 廊坊燕京职业技术学院 | 德阳川江职业学校 |
| 南通科技职业学院 | 秦皇岛职业技术学院 | 武汉外语外事职业学院 |
| 中国民航管理干部学院 | 广州珠江职业技术学院 | 湖北交通职业技术学院 |
| 郑州航空工业管理学院 | 广州涉外经济职业技术学院 | |

# 航空运输类专业"十三五"规划教材
# 建设委员会

**主任委员**

马广岭（海航集团）
马　剑（北京临空国际技术研究院）
杨涵涛（三亚航空旅游职业学院）
李宗凌（奥凯航空有限公司）
李爱青（中国航空运输协会）
李殿春（香港快运航空公司）
吴三民（郑州中原国际航空控股发展有限公司）
宋庆华（国际航空运输协会）
迟　焰（北京航空航天大学）
张武安（春秋航空股份有限公司）
张宝林（西安交通大学）
陈　燕（中国航空运输协会）
耿进友（北京外航服务公司）
黄　伟（重庆机场集团）
綦　琦（广州民航职业技术学院）

**副主任委员**

王　帅　江洪湖　汤　黎　陈　卓　何　梅
罗良翌　赵晓硕　赵淑桐　廖正非　熊盛新

**委　员**

| 马晓虹 | 马爱聪 | 王　东 | 王　春 | 王　珺 | 王　蓓 | 王冉冉 | 王仙萌 | 王若竹 |
| 王远梅 | 王慧然 | 方凤玲 | 邓娟娟 | 孔庆棠 | 石月红 | 白冰如 | 宁　红 | 邢　蕾 |
| 先梦瑜 | 刘　科 | 刘　琴 | 刘　舒 | 刘连勋 | 刘晓婷 | 许　赟 | 许夏鑫 | 江　群 |
| 范　晔 | 杜　鹤 | 杨　敏 | 杨青云 | 杨祖高 | 杨振秋 | 李广春 | 吴甜甜 | 吴啸骅 |
| 何　蕾 | 汪小玲 | 张　进 | 张　琳 | 张　敬 | 张桂兰 | 陆　蓉 | 陈李静 | 陈晓燕 |
| 金　恒 | 金良奎 | 周科慧 | 庞　荣 | 郑菲菲 | 赵　艳 | 郝建萍 | 胡元群 | 胡成富 |
| 冒耀祺 | 鸥志鹏 | 钟波兰 | 姜　兰 | 拜明星 | 姚虹华 | 姚慧敏 | 夏　爽 | 党　杰 |
| 徐　竹 | 徐月芳 | 徐婷婷 | 高文霞 | 郭　凤 | 郭　宇 | 郭　沙 | 郭　婕 | 郭珍梅 |
| 郭素婷 | 郭雅荫 | 郭慧卿 | 唐红光 | 曹义莲 | 曹建华 | 崔学民 | 黄　山 | 黄　华 |
| 黄华勇 | 章　健 | 韩奋畴 | 韩海云 | 程秀全 | 傅志红 | 焦红卫 | 湛　明 | 温　俊 |
| 谢　芳 | 谢　苏 | 路　荣 | 谭卫娟 | 熊　忠 | 潘长宏 | 霍连才 | 魏亚波 | |

**总策划**　江洪湖

# 《机场运营管理》
## 编委会

**主　编**　罗良翌　赵晓硕

**副主编**　王　珺　宋欣明　史小英　先梦瑜

**参　编**　沈健飞　姚慧敏

# 前言

机场作为航空运输的基础设施，是综合交通运输体系的重要组成部分。经过几十年的建设和发展，我国机场体系已具有一定规模，这为保证我国航空运输持续、快速、健康、协调发展，促进经济社会发展和对外开放，完善国家综合交通体系等发挥了重要作用。

随着经济全球化进程的日益加速和科学技术的迅猛发展，机场已不再单纯是以往的航空运输网络节点的概念，现代化的机场日益成为集交通、物流、服务、旅游、商贸等多功能于一体的综合航空城。但随着我国民航业的不断发展和民航运输量的与日俱增，在机场日常运营管理中出现了很多问题，如航班延误、与航空公司存在分歧、机场的服务质量不高、机场公共形象不佳等。为了缓解这些问题，更好地维护空中秩序、保证飞行安全、提高飞行效率、改善服务质量，以适应未来航空运输需求，迫切需要提升我国机场运营管理的水平，提高空中交通系统的运行效率。

本书立足现实，结合我国机场的发展现状，以机场为研究对象，系统地介绍了机场的运营管理。本书适合民航相关专业高等院校和职业院校学生和从事机场运营管理的人员学习和阅读，也是民航业以外人士了解和学习民航运营管理的有益参考读物。本书主要特点如下：

（1）编写目的明确，针对性强。本书力求与高职高专类院校的培养目标一致，特别适合作为相关专业的基础教材。

（2）编写体系完整，结构新颖。本书从基础知识、运营、管理三个方面进行了系统阐述，并提出了具体的知识目标和能力目标。

（3）编写内容深入浅出，通俗易懂。本书对一些相关的基础知识和基本概念都做了详细的介绍，有利于初学者学习和使用。

本书由罗良翌、赵晓硕任主编，王珺、宋欣明、史小英、先梦瑜任副主编，沈健飞、姚慧敏任参编。参与本书编写的人员都是具有丰富教学经验和理论知识的专职教师，主要来自西安航空职业技术学院、三亚航空旅游职业学院、成都航空职业技术学院和西安航空学院。本书在编写中参考了大量文献，吸收了相关的观点和内容，在此特向原作者表示敬意和感谢。

如有老师需要教学资源,请和作者联系(电子邮箱:228651816@qq.com)。

尽管我们力求完美,但由于时间和水平有限,书中难免有疏漏和不妥之处,敬请广大读者提出宝贵意见和建议,以便日后我们不断地修改和补充。

编 者

2019 年 5 月

# 目录

## 模块 1 机场基础知识

### 第 1 章 民用航空系统 ... 1

1.1 民用航空概述 ... 1
  1.1.1 民用航空的概念 ... 1
  1.1.2 民用航空的分类 ... 1
1.2 民用航空系统的构成 ... 2
  1.2.1 政府部门 ... 2
  1.2.2 民航企业 ... 4
  1.2.3 民航机场 ... 5
本章小结 ... 6
自我检测 ... 6

### 第 2 章 机场系统 ... 7

2.1 概述 ... 7
  2.1.1 机场发展历史 ... 7
  2.1.2 机场的分类 ... 8
  2.1.3 机场在经济发展中的作用 ... 9
  2.1.4 机场运行系统 ... 9
  2.1.5 机场的构成 ... 11
  2.1.6 机场系统的功能 ... 12
2.2 机场飞行区 ... 13
  2.2.1 跑道 ... 13
  2.2.2 滑行道 ... 14

2.2.3 停机坪 ·············································· 14
　　　2.2.4 飞行区设施 ·········································· 15
2.3 机场净空区 ················································ 20
2.4 机场陆侧交通系统 ·········································· 21
　　　2.4.1 机场陆侧交通的定义 ···································· 21
　　　2.4.2 机场陆侧交通方式 ······································ 21
　　　2.4.3 综合交通枢纽中心 ······································ 22
本章小结 ······················································ 22
自我检测 ······················································ 23

# 第3章 机场容量和航班安排 ······································ 24

3.1 机场容量及影响因素 ········································ 25
　　　3.1.1 机场容量的定义 ········································ 25
　　　3.1.2 机场容量的分类 ········································ 25
　　　3.1.3 影响机场容量的因素 ···································· 28
3.2 机场容量评估 ·············································· 28
　　　3.2.1 机场容量评估及管理原则 ································ 28
　　　3.2.2 机场容量评估的一般程序 ································ 29
　　　3.2.3 机场容量评估的基本要求 ································ 29
3.3 机场陆侧容量分析评估 ······································ 29
　　　3.3.1 机场最大吞吐量 ········································ 30
　　　3.3.2 机场候机楼单位时间容量 ································ 30
　　　3.3.3 服务水平 ·············································· 30
　　　3.3.4 服务量 ················································ 30
　　　3.3.5 容量分析区间 ·········································· 30
3.4 机场空侧容量分析评估 ······································ 31
　　　3.4.1 跑道容量 ·············································· 31
　　　3.4.2 滑行道容量 ············································ 37
　　　3.4.3 停机坪容量 ············································ 37
3.5 改善机场容量 ·············································· 39
　　　3.5.1 机场容量和航班延误的关系 ······························ 39
　　　3.5.2 增加机场容量的措施 ···································· 40
3.6 机场总体规划 ·············································· 43
　　　3.6.1 机场总体规划的制定步骤 ································ 43
　　　3.6.2 机场总体规划的内容 ···································· 44

3.7 机场高峰时间和航班安排 …… 44
    3.7.1 机场高峰时间 …… 44
    3.7.2 机场高峰时间统计指标 …… 45
    3.7.3 影响高峰特性的因素 …… 46
    3.7.4 航班安排 …… 47
本章小结 …… 51
自我检测 …… 51

# 模块 2 | 机场运营

## 第 4 章 机场航站区运营 …… 53

4.1 机场航站区的规划 …… 53
    4.1.1 航站区的规划原则 …… 53
    4.1.2 航站区的位置确定 …… 54
4.2 航站楼 …… 55
    4.2.1 航站楼的规划设计 …… 55
    4.2.2 航站楼的布局 …… 58
    4.2.3 航站楼旅客流程 …… 64
    4.2.4 航站楼流程的组织原则 …… 64
    4.2.5 航站楼的基本设施 …… 65
4.3 航站楼机坪 …… 70
    4.3.1 门位数目 …… 70
    4.3.2 飞机驶停方式 …… 71
    4.3.3 机位尺寸 …… 73
本章小结 …… 74
自我检测 …… 74

## 第 5 章 飞行区运营 …… 75

5.1 机场道面 …… 75
    5.1.1 机场道面情况的评价 …… 75
    5.1.2 标志 …… 76
5.2 通信、导航与监视设备 …… 77
    5.2.1 通信设备 …… 77
    5.2.2 导航设备 …… 78

  5.2.3　监视设备 ........................................................... 79
 5.3　目视助航设施 ............................................................. 80
  5.3.1　助航灯光系统 ....................................................... 80
  5.3.2　标志 ............................................................... 80
  5.3.3　其他目视助航设施 ................................................... 81
 5.4　地面活动 ................................................................. 81
  5.4.1　地面作业的范围 ..................................................... 81
  5.4.2　客机坪控制 ......................................................... 81
  5.4.3　地面服务 ........................................................... 82
  5.4.4　车辆运行 ........................................................... 83
  5.4.5　人员管理 ........................................................... 84
  5.4.6　地面活动引导和管制系统 ............................................. 84
 5.5　机场检查与维护 ........................................................... 86
 本章小结 ..................................................................... 87
 自我检测 ..................................................................... 87

## 第6章　出入机场地面交通系统 ...................................................... 88

 6.1　出入机场地面交通系统现状 ................................................. 89
 6.2　确定地面交通方式的方法 ................................................... 91
 6.3　出入机场的地面交通方式 ................................................... 91
  6.3.1　小汽车 ............................................................. 91
  6.3.2　出租车 ............................................................. 92
  6.3.3　包租车 ............................................................. 92
  6.3.4　公共汽车 ........................................................... 93
  6.3.5　机场班车 ........................................................... 93
  6.3.6　火车 ............................................................... 93
  6.3.7　城市捷运公交系统 ................................................... 93
  6.3.8　机场专用捷运系统和专用高速公路 ..................................... 94
  6.3.9　直升机 ............................................................. 95
  6.3.10　水运 .............................................................. 96
 6.4　机场的停车场 ............................................................. 96
 6.5　航站楼车道边 ............................................................. 98
 6.6　出入机场地面道路布局 ..................................................... 99
 6.7　地面交通的总体规划 ....................................................... 101
 本章小结 ..................................................................... 102

自我检测 ································································································· 102

## 第7章　机场收支结构 ··········································································· 103

### 7.1　机场收入的构成 ············································································· 103
　　7.1.1　航空性业务收入 ······································································· 103
　　7.1.2　非航空性业务收入 ···································································· 104
### 7.2　机场运营成本和机场经济特性 ··················································· 107
　　7.2.1　机场运营成本 ··········································································· 107
　　7.2.2　机场的经济特性 ······································································· 110
　　本章小结 ································································································· 113
　　自我检测 ································································································· 113

## 第8章　民用机场安全管理 ·································································· 114

### 8.1　机场安全管理概述 ········································································· 114
　　8.1.1　民航安全发展新理念 ······························································· 114
　　8.1.2　民用机场安全管理制度 ··························································· 115
　　8.1.3　人员资质和培训 ······································································· 116
### 8.2　机场安全管理相关系统 ································································· 117
　　8.2.1　机场安全管理系统 ··································································· 117
　　8.2.2　安全自愿报告系统 ··································································· 119
### 8.3　机场安全审计 ················································································· 121
　　8.3.1　机场安全审计制度 ··································································· 121
　　8.3.2　机场安全审计工作指南 ··························································· 122
　　8.3.3　民用机场安全审计组划分及审计内容 ··································· 129
　　8.3.4　机场审计分类标准及审计评分 ··············································· 133
　　本章小结 ································································································· 136
　　自我检测 ································································································· 136

# 模块3　机场管理

## 第9章　机场管理模式 ··········································································· 137

### 9.1　机场所有权形式及机场私有化 ··················································· 137
　　9.1.1　机场所有权形式 ······································································· 137
　　9.1.2　机场私有化模式和关键问题 ··················································· 138

## 9.2 机场的管理模式 ······ 141
### 9.2.1 机场管理模式的分类 ······ 141
### 9.2.2 我国机场的管理模式 ······ 141
### 9.2.3 国外机场的管理模式 ······ 143
本章小结 ······ 146
自我检测 ······ 146

# 第10章 机场营销 ······ 147
## 10.1 机场产品 ······ 147
### 10.1.1 机场产品的含义 ······ 147
### 10.1.2 机场产品的基本特征 ······ 148
## 10.2 机场营销及其特征、目的 ······ 149
### 10.2.1 市场营销和机场营销的含义 ······ 149
### 10.2.2 机场营销的特征 ······ 150
### 10.2.3 机场营销的目的 ······ 151
## 10.3 机场营销的对象和内容 ······ 152
## 10.4 机场营销策略 ······ 154
### 10.4.1 机场产品策略 ······ 154
### 10.4.2 机场价格策略 ······ 156
### 10.4.3 机场渠道策略 ······ 158
### 10.4.4 机场促销策略 ······ 158
本章小结 ······ 159
自我检测 ······ 159

# 第11章 机场特许经营 ······ 160
## 11.1 机场特许经营概述 ······ 160
### 11.1.1 机场的专业化管理 ······ 160
### 11.1.2 机场特许经营的含义及国外机场特许经营的现状 ······ 161
## 11.2 机场特许经营模式 ······ 163
### 11.2.1 机场特许经营的四种发展模式 ······ 163
### 11.2.2 机场扩大特许经营收入的途径 ······ 165
### 11.2.3 特许经营商的选择 ······ 168
### 11.2.4 特许经营费的确定 ······ 169
### 11.2.5 特许经营的管理 ······ 169
### 11.2.6 目前我国机场特许经营存在的问题及相关建议 ······ 170

本章小结 ·········································································································· 172

自我检测 ·········································································································· 173

# 第 12 章 机场服务与服务质量管理 ··········································································· 174

## 12.1 机场服务 ·································································································· 174

### 12.1.1 机场服务的范畴 ················································································ 174
### 12.1.2 地面服务工作的重要性 ······································································ 174
### 12.1.3 旅客的分类 ····················································································· 175
### 12.1.4 地面服务工作的一般程序 ··································································· 176
### 12.1.5 地面常规服务 ·················································································· 178
### 12.1.6 机场特殊服务 ·················································································· 183

## 12.2 机场服务质量管理 ····················································································· 183

### 12.2.1 民航运输服务质量 ············································································ 183
### 12.2.2 坚持 ISO 9000 认证 ·········································································· 189
### 12.2.3 树立服务质量的新理念 ······································································ 192

## 12.3 机场服务质量标准 ····················································································· 197

### 12.3.1 编制背景 ························································································ 197
### 12.3.2 编制缘由 ························································································ 198
### 12.3.3 编制过程 ························································································ 198
### 12.3.4 编制原则及思路 ··············································································· 198
### 12.3.5 标准主要内容说明 ············································································ 202

本章小结 ·········································································································· 206

自我检测 ·········································································································· 206

# 参考文献 ·········································································································· 208

# 模块1 机场基础知识

## 第1章 民用航空系统

民用航空系统主要由三部分组成：政府部门、民航企业、民航机场。政府部门包括国际民航运输管理机构和中国民航运输管理机构；民航企业包括航空公司和民航运输保障企业；民航机场是公众服务设施，也是民用航空和整个社会的结合点。

**知识目标**

（1）了解民用航空的分类。
（2）熟悉民用航空系统的构成。
（3）了解民航机场的作用。

**能力目标**

（1）了解民用航空系统各组成部分之间的关系。
（2）理解民航机场的社会特性和经济特性。

### 1.1 民用航空概述

#### 1.1.1 民用航空的概念

民用航空，简称民航，是指使用各类航空器从事除军事性质(包括国防、警察和海关)以外的所有航空活动。这个概念明确了民用航空是航空的一部分，同时以"使用"航空器确定了它和航空制造业的区别，用"非军事性质"表明了它与军事航空的不同。

#### 1.1.2 民用航空的分类

人类祖先挑战天空的历程从发明火药开始。经过漫长岁月的艰辛努力和无数次试验，人类展翅飞翔的梦想逐步成为现实。1903年12月17日，莱特兄弟发明的人类历史上第一架推进载人飞机试飞成功,开辟了人类挑战天空的新纪元。

人类经过一个多世纪的不懈努力,从飞行距离只有 36m、速度 48km/h 发展为跨海越洋的洲际环球飞行;从仅能持续 12s、高度只有 3.66m 的试验性飞行进入载人飞行并往返于太空和地球之间的时代;从当年人们冒险乘坐飞机发展到飞机成为重要的交通出行工具,并使航空运输业成为国民经济的一个重要组成部分。

民用航空可以分为通用航空和商业航空两大类。

1. 通用航空

通用航空是指使用航空器从事公共航空运输以外的所有非军事用途的航空活动。换句话说,它是指利用航空器(飞机、直升机、热气球、飞艇等)从事公共航空运输以外的所有民用航空活动,可以分为以下六大类。

(1) 工业航空:使用航空器进行与工业有关的各种活动,具体的应用有航空摄影、航空遥感、航空物理探矿、空中巡逻、空中吊装作业、空中广告等。

(2) 农业航空:执行农、林、牧、渔各行业的航空服务任务,具体的应用有飞机播种、航空护林、渔情通报和空投鱼苗、野生动物监护、航空喷洒农药和化肥等。

(3) 石油航空:使用飞机或直升机在海上、高原、沙漠等人烟稀少、交通不便的地区为石油勘探开发工作服务。

(4) 社会非经营性航空:由国家政府部门或相关机构负责的社会公益性事业,具体的应用有大气监测、海洋监测、防恐反暴、医疗救护、抢险救灾等。

(5) 飞行训练:培养除空军驾驶员以外的各类飞行人员和飞行爱好者。

(6) 航空体育运动:使用各类航空器开展的体育活动,如滑翔运动、跳伞运动、热气球运动、航空模型运动等。

2. 商业航空

商业航空也称航空运输,是使用各类航空器运送人员、货物、邮件的一种运输方式,具有速度快、安全舒适、机动性强、国际性强、投资少且见效快等特点,它的经营性表明它是一种商业活动,以盈利为目的。航空运输是目前世界上发展最快的一种运输方式,适用于中远距离的客货运,国际贸易中的贵重物品、鲜活货物和精密仪器运输都需要航空运输业来承担。

## 1.2 民用航空系统的构成

民用航空系统庞大复杂,其中有事业性政府机构,有企业性质的航空公司及其正常运营所需的相关企业,还有公共基础设施——民航机场,各部分协调运行才能保证民用航空事业迅猛发展。因此,民用航空系统分为三部分:政府部门、民航企业、民航机场。

### 1.2.1 政府部门

民用航空对安全的要求非常高,涉及国家主权和交往的事务较多,因此每个国家

都设有独立的政府机构来管理民航事务。随着国际民航业的发展,世界上不少地区先后成立了区域性国际民航运输管理机构,制定本地区民航运输活动的行为规范,协调本地区国家间民航运输业务关系,以保障本地区航空运输的航行安全、公平竞争和有序发展。随着世界民航运输业的发展,以及我国不同历史时期建设任务与发展方针的调整,我国民航运输业的管理机构也在不断变革和调整,以适应社会和经济发展的需要。

1. 国际民航运输管理机构

各国之间通过民航管理机构的协调管理,在国际民航活动中实行统一的技术标准、航行规则、操作规范,执行统一的价格体系、价格标准、票据规格和代码标准,遵循统一的国际法规和准则,以公正处理国际航空事务。尤其是航空公司联盟组织形式出现以后,民航运输活动涉及的国际事务更加广泛、复杂,国家之间就更需要有组织、有规范地周密协调。

(1) 国际民航组织(International Civil Aviation Organization, ICAO):是联合国经济及社会理事会中的一个机构,专门负责处理联合国成员国之间的国际民航事务,以保障《国际民用航空公约》(这是国际民航运输领域一部重要的基本法典,对国家领空主权、无害通过权力、保障国际飞行安全等技术和行政管理,以及ICAO的作用与职责等方面做出了具体规定和明确说明)的实施,发展国际航行的原则和技术,促进国际航空运输的规划和发展。

(2) 国际航空运输协会(International Aviation Transport Association, IATA):是从事国际民航定期航班的航空公司组成的一个国际性行业组织,总部在加拿大蒙特利尔。IATA的主要职能是执行国际民航组织制定的国际标准和规范,制定国际航空客货运输价格,统一运载规则、运输手续和票据格式,协助航空公司之间的财务结算和法律事务,促进航空公司之间的合作交流,协助发展中国家的航空公司人员培训。

(3) 国际机场理事会(Airports Council International, ACI):是全世界所有机场的行业协会,是一个非营利性组织,其宗旨是加强各成员与全世界民航业各个组织和机构的合作,包括政府部门、航空公司和飞机制造商等,并通过这种合作促进建立一个安全、有效、与环境和谐的航空运输体系。

(4) 其他国际性民航组织:除了上述三大国际民航管理机构,还有很多非政府性的地区或跨地区的民航管理机构,负责协调本地区的民航事务,以保护本地区的航空运输管理事务。

2. 中国民航运输管理机构

我国政府管理和协调中国民航运输业发展的主管职能部门是中国民用航空局(Civil Aviation Administration of China, CAAC),以下简称民航局,归交通运输部管理。根据中央政府对民航局的职能定位,民航局在我国经济开放深入发展新阶段的主要职责有以下几项。

（1）提出民航行业发展战略和中长期规划、与综合运输体系相关的专项规划建议，按规定拟订民航有关规划和年度计划并组织实施和监督检查，起草相关法律法规草案、规章草案、政策和标准，推进民航行业体制改革工作。

（2）承担民航飞行安全和地面安全监管责任。负责民用航空器运营人、航空人员训练机构、民用航空产品及维修单位的审定和监督检查，负责危险品航空运输监管、民用航空器国籍登记和运行评审工作，负责机场飞行程序和运行最低标准监督管理工作，承担民航航空人员资格和民用航空卫生监督管理工作。

（3）负责民航空中交通管理工作。编制民航空域规划，负责民航航路的建设和管理，负责民航通信导航监视、航行情报、航空气象的监督管理。

（4）承担民航空防安全监管责任。负责民航安全保卫的监督管理，承担处置劫机、炸机及其他非法干扰民航事件的相关工作，负责民航安全检查、机场公安及消防救援的监督管理。

（5）拟订民用航空器事故及事故征候标准，按规定调查处理民用航空器事故。组织协调民航突发事件应急处置，组织协调重大航空运输和通用航空任务，承担国防动员有关工作。

（6）负责民航机场建设和安全运行的监督管理。负责民航机场的场址、总体规划、工程设计审批和使用许可管理工作，承担民航机场的环境保护、土地使用、净空保护等有关管理工作，负责民航专业工程质量的监督管理。

（7）承担航空运输和通用航空市场监管责任。监督检查民航运输服务标准及质量，维护航空消费者权益，负责航空运输和通用航空活动有关许可管理工作。

（8）拟订民航行业价格、收费政策并监督实施，提出民航行业财税等政策建议。按规定权限负责民航建设项目的投资和管理，审核（审批）购租民用航空器的申请。监测民航行业经济效益和运行情况，负责民航行业统计工作。

（9）组织民航重大科技项目开发与应用，推进信息化建设。指导民航行业人力资源开发、科技、教育培训和节能减排工作。管理民航地区行政机构、直属公安机构和空中警察队伍，承办国务院及交通运输部交办的其他事项。

（10）负责民航国际合作与外事工作，维护国家航空权益。

## 1.2.2 民航企业

民航企业是指从事民航相关活动的各类企业。其中最主要的是航空公司，其他民航企业多是民航运输保障企业。

1. 航空公司

航空公司是利用航空器作为主要运载工具从事一线生产运输，为社会机构和公众提供服务并获取收入的企业，是民航业生产收入的主要来源。

随着航空公司之间、航空运输与地面运输之间的竞争加剧，现在的航空公司已从单一经营客货运输业务发展为多元化经营的综合型企业，不仅从事国际、国内、定期、不定期航班,而且从事旅游、物流、房地产、餐饮服务等业务,以增加收入,提高竞争力和抵御风险的能力。现在的航空公司已经成为人员、资金、技术和风险高度密集的运输服务型企业。航空公司的基本业务职能包括以下四个部分。

(1) 负责处理整个公司有关飞行和空中服务的事务。

(2) 负责保持航空公司航空器处于适航(表示航空器符合民航局的有关适航标准和规定)和完好(表示航空器保持美观和舒适的内外形象和装修)状态,并保证航空器能够安全运行。

(3) 负责航空公司运输的销售、集散和服务环节。

(4) 负责整个航空公司的管理和运行。

2. 民航运输保障企业

民航运输保障企业负责围绕航空公司正常运营开展相关的民航运输事务。

1) 中国民航信息集团公司(China Travel Sky Holding Company,CTH)

2002年9月26日,经国务院批准,中国民航信息集团公司成立,为中央管理的国有大型科技型企业,是国家授权投资机构和国家控股公司。

该公司目前主要面向航空运输企业、机场、销售代理人、旅游企业及国际组织等,提供电子分销、数据处理、结算清算等服务;从事计算机工程项目承包,计算机产品的研发、生产、销售、租赁及技术贸易、技术服务、培训、咨询等延伸业务;从事国内外广告、展览、工程建设、房地产开发、物业管理、招标投标、中介服务、外贸流通经营、信息技术国际合作、对外承包工程和对外劳务合作、投融资等辅助业务。

2) 中国航空油料集团公司

中国航空油料集团公司成立于2002年10月11日,是以原中国航空油料总公司为基础组建的国有大型航空运输服务保障企业,是国内最大的集航空油品采购、储运、销售、加注于一体的航油供应商。

3) 中国航空器材进出口集团公司

中国航空器材进出口集团公司是在原中国航空器材进出口总公司的基础上组建的,以民用航空产品进出口业务为主的综合性服务保障企业。经营范围包括飞机、发动机、航空器材、各种设备、特种车辆的进出口、租赁、维修、寄售,以及与民用航空有关的各种工业产品和原材料的进出口业务,从事与此相关的招投标、国内外投融资、技术咨询、培训、服务、展览、航空表演业务,开展合资经营、合作生产、加工装配及多种形式的对外贸易。

### 1.2.3 民航机场

机场,也称空港,是专供航空器起飞、降落、滑行、停放及进行其他活动使用的划定区域,包括附属建筑物、装置和设施。除了跑道,机场通常还设有塔台、停机坪、航空客运站、维修厂等设施,并提供机场管制、空中交通管制等服务,如图1-1所示。

为保障民航运输,民航机场不仅提供飞机起飞、降落和停靠所需的一系列保障设施，还必须提供旅客候机和转乘的候机楼、行李服务和货物运输的相关设施设备与场所。机场作为民航运输体系中的一个重要组成部分，是联系民航运输市场供给和需求的纽带，是一个地区的公众服务设施。机场既带有盈利的企业性质，也带有为地区公众服务的事业性质。世界上大多数机场归国家、地区或当地政府所有，然后交由私人机构监管和运作，如英国航空管理局有限公司就管理了7座英国的商业机场和一些英国以外的机场。

图1-1　机场俯瞰图

**本章小结**

民用航空系统是一个整体，由政府部门、民航企业、民航机场三个主要部分组成。政府部门发挥协调和宏观调控作用；民航企业负责航空运输的经营和保障；民航机场是公众服务设施，也是民用航空和整个社会的结合点。

## 自我检测

（1）民用航空分为哪几类？
（2）民航企业有哪些？
（3）机场在航空运输系统中的作用是什么？

# 第 2 章　机　场　系　统

机场是民用航空运输的基础,其基本功能就是负责飞机起飞和着陆,实现旅客和货物运输方式的转换。机场在航空运输系统中的重要性不可忽视。

**知识目标**

(1) 了解机场的发展历史和分类。
(2) 掌握机场系统的组成部分。
(3) 了解机场地面运输系统。

**能力目标**

(1) 熟悉机场的构成。
(2) 掌握飞行区的构成。

## 2.1　概　　述

### 2.1.1　机场发展历史

在 1903 年飞机问世时还没有机场这个概念,飞机的起飞和降落只需要一块平坦的地面。机场的发展历史可分为三个阶段。

1. 第一阶段(1910—1919 年)

1910 年,德国出现了第一个机场,当时只是一片划定的草地,有几个人管理飞机起降,还有简易的帐篷存放飞机。此时的机场只为飞机和飞行人员服务,基本不为当地社会服务。

2. 第二阶段(1920—1959 年)

1919 年后,欧洲开始建立最初的航线,随着航空运输业的发展,人们开始大量建设机场。特别是在 1920—1939 年,欧美地区航线大量增加,机场在世界各地大量出现。

同时,飞机对机场的要求越来越高,诸如跑道强度、航管、通信等,因此出现了混凝土跑道、塔台和候机楼。此时的机场主要为飞机服务。

第二次世界大战后,国际间客货运量增长加速,出现了航空港。1944年,国际民航组织(ICAO)成立,对世界航空运输进行统一管理。20世纪50年代中期,国际民航组织为全世界的机场和航空港制定了统一标准和推荐要求。

3. 第三阶段(1960年至今)

随着大型喷气运输飞机成为大众交通运输工具,跑道、滑行道和停机坪不断加固、延长,候机楼等设施不断改建、扩建,飞机噪声对居民产生干扰等问题不断出现,机场成为"社会的机场",因此机场的建设、管理与城市的发展应协调、统一。今天,国际交往变得更加频繁,使得现代机场向国际化大型枢纽的方向发展。

### 2.1.2 机场的分类

机场分为军用机场和民用机场两大类,如图2-1所示。军用机场用于军事目的,有时也部分用于航空运输或军民合用;用于商业性航空运输的机场称为民用机场,也称航空港,本书后文所说机场均指民用机场。

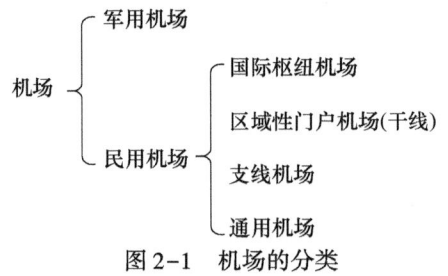

图2-1 机场的分类

不同地区民航运输业的发展状况不同,其民航运输量也大不相同,所以各个机场的功能也不同。根据国务院《关于促进民航业发展的若干意见》,将机场分为以下几类。

1. 国际枢纽机场

国际枢纽机场不仅提供国内的航班服务,还供国际航线使用,设有海关、边防检查、卫生检查、动植物检疫、商品检验等联检机构。这类机场一般规模较大,设施齐全,拥有较长的跑道与更多的机位供国际航线飞机使用,其辐射范围有全球性和区域性两类。全球性是指机场能服务世界各大城市,且偏重远程航线;区域性是指为机场辐射范围内的城市群服务,飞行时间一般不超过5h。北京首都国际机场、上海虹桥和浦东国际机场、广州白云国际机场为我国功能较为完善、辐射全球的大型国际枢纽机场。

2. 区域性门户机场

区域性门户机场是指国内主要的干线机场,一般建于大中型城市、省会城市及重要的旅游或开发城市,连接国内主要城市,航线密集,每年客流量在 2000 万人以上,如深圳宝安国际机场、武汉天河国际机场、西安咸阳国际机场、成都双流国际机场等。这类机场辐射其所在的区域,主要服务于国内航线及国际航线的中转。

3. 支线机场

支线机场一般建于有航空需求的中小型城市,大多分布在各省、自治区地面交通不方便的地区,机场规模较小,等级也比较低,这类机场航线航程一般不超过 1600km,每年客流量在 200 万人以下,如西昌青山机场、扬州泰州国际机场、秦皇岛北戴河国际机场等。这类机场主要为国内次要的航线提供服务,辐射范围较小。

4. 通用机场

这类机场主要用于通用航空,专为航空运输业的小型飞机或直升机服务。

## 2.1.3 机场在经济发展中的作用

1. 交通枢纽

机场是国家运输系统中重要的节点,是其所在地区通向国内重要经济中心和通向国际的交通枢纽。一个城市缺少机场,就无法迅速参与全球化经济发展。

2. 吸引投资

为避免制约城市的整体发展,大型机场通常会建设在城市周边,其地价及人工成本远低于城区,更适合商家设立公司。机场可以提供快速的物流服务,尤其适合那些以转口贸易为主的工业集群发展,能吸引大量内资、外资,形成临空经济区。

3. 促进当地经济发展

机场如同一个小型社会,其客货服务、航空配餐、油料消耗、商品性经营都会带来可观的收益和就业机会,能够带动当地经济发展,改变当地闭塞的状态和面貌。

4. 使房地产增值

机场的出现能使机场周边地区繁荣起来,地价随之上涨,使房地产增值。

## 2.1.4 机场运行系统

机场是航空运输系统的基础部分,它是一个实体场所。航空运输系统有以下三个主要组成部分。

(1) 机场(包括航空管理系统)。

(2) 航空公司。

(3) 用户(旅客等)。

在规划和运营管理机场时,应该考虑这三个部分的相互作用,必须保证三者之间的平衡。如果无法达到最佳状态,就会出现下述各种情况。

(1) 机场本身亏损。

(2) 航空公司亏损。

(3) 航空公司和机场的员工工作条件欠佳。

（4）旅客服务欠佳。
（5）航班数量少。
（6）运行存在安全隐患。
（7）用户消费成本过高。
（8）航空保障服务设施不能满足需求。
（9）地面交通设施落后。

如图 2-2 所示是机场运行系统简图，它显示了机场、航空公司与用户之间的相互作用。

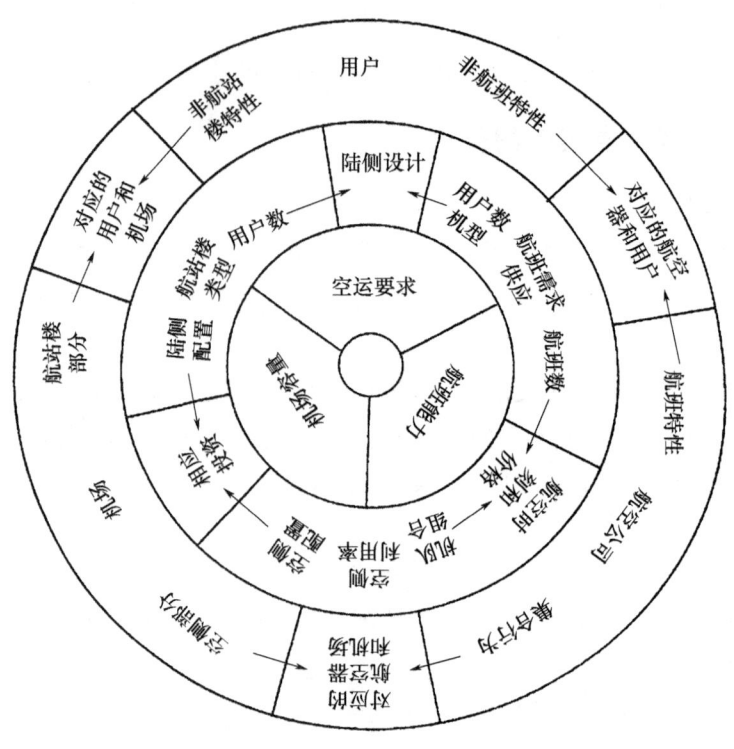

图 2-2　机场运行系统简图

与机场运行系统有关的组织见表 2-1。其中包括重要的第四要素——非用户。非用户对机场运行可产生较大的冲击，其本身也会受到机场大规模运行的严重影响。

表 2-1　与机场运行系统有关的组织

| 基本组成部分 | 相关组织 |
| --- | --- |
| 机场 | 地方分局和政府<br>特许权所有者、供应商<br>公共事业<br>警察、消防勤务、医疗救护<br>空中交通管理、气象服务 |

续表

| 基本组成部分 | 相关组织 |
| --- | --- |
| 航空公司 | 油料供给<br>维修<br>餐饮<br>环境服务<br>其他航空公司和营运人 |
| 用户 | 旅客<br>收货人、发货人 |
| 非用户 | 邻近机场的组织、单位<br>地方社会团体<br>地区商会<br>反对噪声的人群<br>环保倡导者<br>附近居民 |

## 2.1.5 机场的构成

机场作为一个商业运输的集散地，可以划分为飞行区、航站区和地面运输区三大部分。

1. 飞行区

飞行区是机场供飞机运行的区域，用于飞机的起飞、着陆、滑行和停放，分为空中部分和地面部分。其中，空中部分主要指进场和离场的航路；地面部分包括跑道、滑行道、停机坪和登机门，以及一些为空管和维修服务的场所和设施，如机库、塔台等。

2. 航站区

航站区是机场空侧与陆侧的交界区，也是机场的客货运输服务区，是为旅客、货邮空运服务的。航站区主要由航站楼、停机坪、货运中心组成。航站区旅客服务流程如图 2-3 所示。航站楼（又称候机楼）是航站区的标志性主体建筑，是机场陆侧交通与飞机之间的主要连接体，是地面运输与航空运输的转换区，为航空运输企业及其过港和中转旅客提供地面运输服务。

航站楼还承担旅客和行李地面运送的全部任务，如为始发、中转或到达旅客办理各种手续，并把旅客及行李送上飞机。它包括为旅客办理各种手续的设施、连接飞机运行的服务设施、连接陆侧交通的设施，以及各类服务性、商业性设施和营运、管理机构。

3. 地面运输区

1) 进出通道

机场是城市交通的重要组成部分，有着严格的时间要求，因而进出机场的道路是城市交通规划的一个重要部分。大多数城市为了保证机场陆侧交通的畅通，都修建了从市区到机场的专用公路或高速公路。有的机场开通了到市区的地铁或轻轨,大部分机场都有足够的公共汽车线路来方便旅客出行。

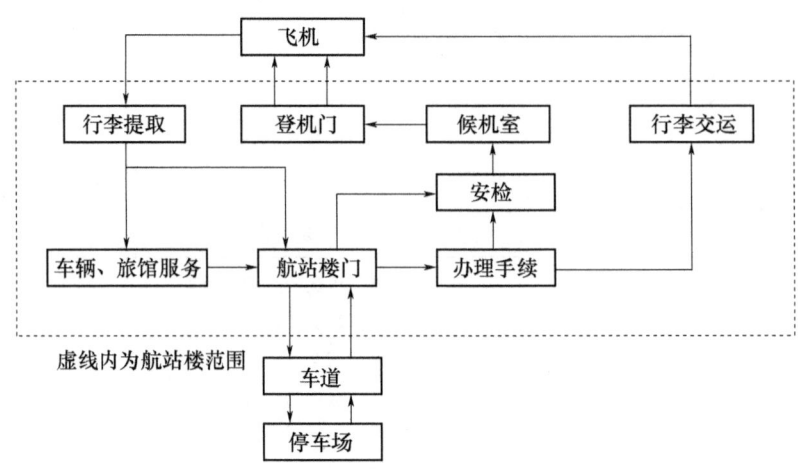

图 2-3　航站区旅客服务流程

2)航站区内的交通系统

旅客办理完登机手续后,往往需要花费很多时间才能到达登机口。一般而言,在客运量大并有多个航站楼的大型国际枢纽机场都要配备捷运系统,短时间内就能将旅客送达登机口,节省旅客时间。机场内部道路系统的规划要满足旅客和航空公司对顺畅的地面交通的要求。

3)机场停车场和内部道路

机场停车场除了考虑乘机旅客,还要考虑接送旅客的人,以及机场工作人员、观光者和出租车的需求,因此机场停车场必须有足够大的面积。

航站楼外的道路区要很好地规划与管理,该区域中各类车辆与行人混行,而且要装卸行李,特别是在高峰时段,容易出现混乱和事故。

机场内部道路还包括安排货运的通路,要使货物能够顺畅地到达货运中心。

### 2.1.6　机场系统的功能

机场主要负责飞机着陆和起飞,而且在飞机着陆后到起飞前的这段时间内,还要装卸货物和上下旅客、机组人员,并提供各种服务。如图 2-4 所示是机场系统图。

由图 2-4 可以看出,飞机要使用跑道、滑行道和停机坪;旅客在候机楼办理手续,在客机坪通过进出系统出入飞机;商载在货运站办理手续,然后进入货机坪装卸。

机场系统的主要功能如下:

(1)在航空运输工具和地面运输工具之间建立联系。

(2)办理机票、各种文件和票据,提供管理旅客与货物所需的设施。

(3)把集装箱车辆不断运送来的货物,以及乘坐小汽车、公共汽车和轨道交通等

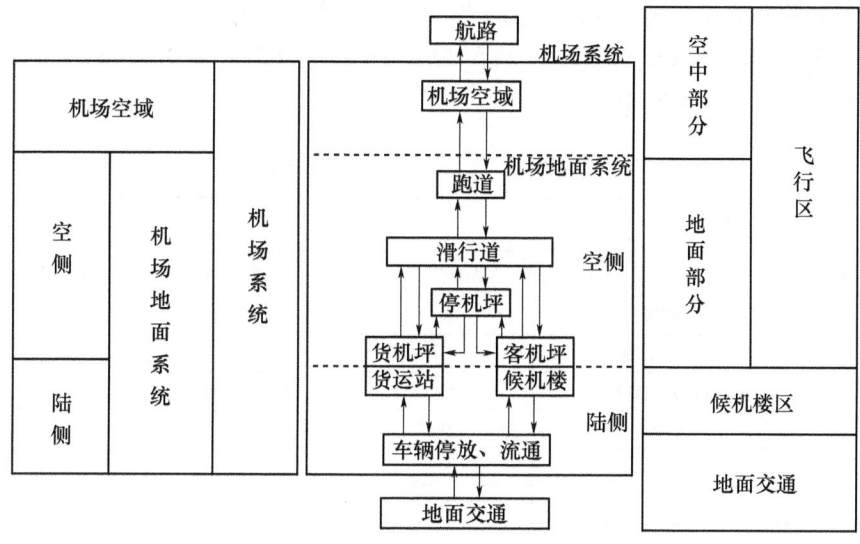

图 2-4　机场系统图

到达机场准备离去的旅客分批次地送入提前安排好的航班离港；对于到港的飞机过程则相反。

许多客流量小的机场只需要提供相应的旅客服务设施，这类机场的运行与火车站或汽车站类似，但大、中型机场的运行则复杂许多，需要各类机构来处理具体事务。所以，机场系统的功能往往还包括以下内容。

（1）旅客的管理。
（2）飞机的保养、维修和技术支持。
（3）航空公司的各种工作人员，如空勤人员、客舱服务人员、地面勤务人员、航站楼与机关的员工。
（4）特许经营的商业区。
（5）航空保障设施（空管、气象）。
（6）政府职能部门（动植物检疫、海关、移民、卫生检疫等）。

## 2.2　机场飞行区

飞行区分空中部分和地面部分。空中部分指机场的空域，包括进场和离场的航路；地面部分包括跑道、滑行道、停机坪和登机门，以及一些为维修和空中交通管制服务的设施和场所，如机库、塔台、救援中心等。

### 2.2.1　跑道

跑道是机场中的一项核心建筑设施，是供飞机起飞和着陆使用的。跑道的性能及相应的设施决定了机场的飞行区等级。

飞行区等级用相应的代码来表示，见表2-2。第一部分为基准代码，表示跑道的长度；第二部分为基准代字，表示飞机的尺寸所要求的跑道和滑行道的宽度，一般为飞机的翼展和主起落架外侧轮距。

表2-2 飞行区等级代码

| 第一部分 | | 第二部分 | | |
| --- | --- | --- | --- | --- |
| 基准代码 | 跑道长度/m | 基准代字 | 飞机翼展/m | 飞机主起落架外侧轮距/m |
| 1 | <800 | A | <15 | <4.5 |
| 2 | 800~1200 | B | 15~<24 | 4.5~<6 |
| 3 | 1200~1800 | C | 24~<36 | 6~<9 |
| 4 | >1800 | D | 36~<52 | 9~<14 |
| | | E | 52~<65 | 9~<14 |
| | | F | 65~<80 | 14~<16 |

目前世界上最大的飞机空客A380使用的飞行区等级为4F。

## 2.2.2 滑行道

滑行道的主要功能是提供从跑道到航站区和维修机库的通道，它是飞机在地面运行的道路，主要包括平行滑行道、进口滑行道、快速出口滑行道、联络滑行道和旁通滑行道。

滑行道的设计应确保刚着陆的飞机不与滑行起飞的飞机相互干扰。在繁忙的机场，预计在两个方向上同时有滑行交通的地方，应设置平行滑行道；在跑道中段应设有一个或多个快速出口滑行道，以便飞机迅速离开跑道。

滑行道的宽度由使用机场的最大的飞机外侧轮距决定，要保证飞机在滑行道中线上滑行时，其主起落架的外侧距滑行道边线不少于1.5m。在滑行道转弯处，要根据飞机的性能适当加宽。

滑行道的强度要和配套使用的跑道强度相同或更高，原因是滑行道上飞机的通行密度要高于跑道，飞机低速运行时滑行道承受的压力要高于跑道。

滑行道与跑道的接口附近应设置等待区，并在地面上用标志线标出，这个区域用于飞机在进入跑道前等待许可命令。等待区与跑道端线应保持一定的距离，以防止等待飞机的任何部分冲击跑道，成为障碍物或产生无线电干扰。

## 2.2.3 停机坪

停机坪也称机坪，是供飞机停放和进行各种业务活动的场所，一般设在候机楼外面。停机坪的大小应能满足飞机滑行或拖行的安全运转和各种机动车辆或设备进入停机坪为飞机服务的需要。停机坪设有照明、供水、供电、供油、飞机静电接地、地面标志，以及必要的飞机系留设施和防吹屏等。停机坪根据使用功能分为客机坪、货机坪、等待机坪和维修机坪。

1. 客机坪

客机坪是供旅客上下飞机用的停机场所。客机坪的构形及大小，主要取决于飞机数量、旅客登机方式及旅客航站的构形。

2. 货机坪

在货运量大和专门设有货运飞机航班的机场，需要有专门处理空运货物陆空转换的货物航站及相应的货机坪。航空运输业的货运量增长很快，货机坪的位置要充分满足货物吞吐量的发展。

3. 等待机坪

等待机坪一般设在跑道端部，为预备起飞的飞机等待放行或让另一架飞机绕越提供条件。选用等待机坪或绕越滑行道，主要依据机场高峰飞行架次、场址条件和可能性。

4. 维修机坪

维修机坪是为飞机停放及各种维修活动所提供的场所。维修机坪的布置除了考虑维修设备的不同要求，还要考虑飞机试车时气流的吹袭影响，它可能对停放和滑行的飞机、地面设备和人员造成威胁。

## 2.2.4 飞行区设施

1. 机场导航设施

机场导航设施也称中段导航设施，作用是引导到达机场附近的飞机安全、准确地进近和着陆。进近和着陆阶段是飞行事故发生最多的阶段，必须利用机场导航设施、航空地面灯光系统、跑道标志来保障飞机安全着陆。

机场导航设施分为非精密进近设备和精密进近设备。

非精密进近设备通常指机场的 VOR/DME 台。

精密进近设备能够实现准确的水平引导和垂直引导，使飞机穿过云层，在较低的能见度下安全、准确地降落。目前应用最广泛的精密进近设备是仪表着陆系统。此外，还有部分已投入使用的精密进近雷达系统及正在发展中的卫星导航着陆系统。

仪表着陆系统又称精密仪表进近系统，可为飞机提供准确的方向引导和下滑坡度引导。仪表着陆系统包括航向台、下滑台、指点信标三部分，如图 2-5 所示。

（1）航向台：为飞机对正跑道中线下降提供方向引导，工作频带为 108.10～111.95MHz。航向台发射天线设置在离跑道上风端约 300m 的跑道中线延长线上，向两侧发射两个有一定重叠的音频调幅波，在着陆方向的左侧的频率为 90Hz，右侧的频率为 150Hz。这两个调幅波在跑道中线延长线上形成一条等信号带，即着陆航道。航道宽度为飞机上航向接收机的航道偏离指示器指示向左和向右满刻度偏移之间的角度，一般是 5°，跑道长度在 3000m 以上时为 4°，航向台的有效距离为 45km。

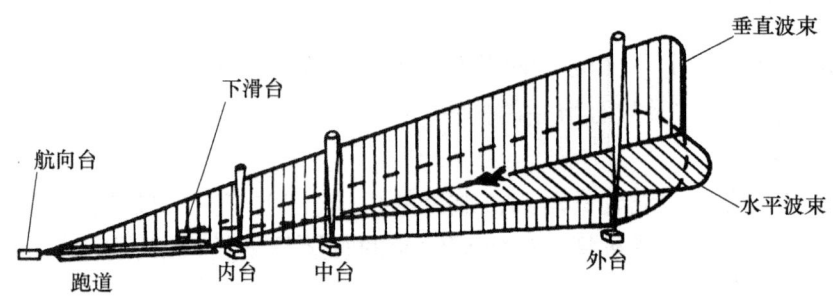

图 2-5　仪表着陆系统

（2）下滑台：为飞机以准确的下滑角下降高度提供引导，工作频带为 328.6～335.4MHz。下滑台发射天线设置在跑道入口以内约 300m 处，偏于跑道中线一侧约 150m，向下降着陆的飞机发射上下两个调幅波（上面的频率为 90Hz，下面的频率为 150Hz）。这两个调幅波的重叠部分形成一条与水平面相交一定角度的等信号带，即下滑道。下滑角必须根据进近区内飞越障碍物的安全要求在 2.5°～3.5°范围内进行调整，一般使用下滑角 3°，下滑道的角度为 1.4°，有效距离为 18km。

（3）指点信标：垂直向上发射扇形波束，用于标记下滑道上某点的高度与离跑道入口的距离的关系。标准的Ⅰ类仪表着陆系统要求在着陆航迹上设置两个指点信标，Ⅱ类仪表着陆系统要求设置三个指点信标。这些指点信标都在 75MHz 工作，用不同的音频调制和编码呼号来识别。

外指点信标用于标记飞机在适当的高度进入下滑道的位置，一般位于距跑道入口 6.5～11.1km 处；中指点信标位于距跑道入口 1050m±150m 处，飞机沿下滑道下降至中指点信标的高度约为 60m。Ⅱ类仪表着陆系统另设一个内指点信标，用于标记飞机沿下滑道在中指点信标与跑道入口之间下降至决断高度的位置。

使用仪表着陆系统进近和着陆也称盲降，盲降的作用在天气恶劣、能见度低的情况下显得尤为突出。它可以在飞行员肉眼难以发现跑道或标志时，给飞机提供一个可靠的进近和着陆通道，以便让飞行员掌握位置、方位、下降高度，从而实现安全着陆。根据仪表着陆系统的精密度，可将其分为Ⅰ、Ⅱ、Ⅲ类。

① Ⅰ类仪表着陆系统的天气标准是前方能见度不低于 800m[0.5mile（英里）]或跑道视程不小于 550m，着陆最低标准的决断高度不低于 60m[200ft（英尺）]。

② Ⅱ类仪表着陆系统的天气标准是前方能见度不低于 400m（1/4mile）或跑道视程不小于 350m，着陆最低标准的决断高度不低于 30m（100ft）。

③ Ⅲ类仪表着陆系统的天气标准是在任何高度都不能有效地看到跑道，只能由驾驶员自行作出着陆的决定，无决断高度。

Ⅲ类仪表着陆系统又可细分为ⅢA、ⅢB、ⅢC 三类。ⅢA 类的天气标准是前方能见度 200m（700ft），决断高度低于 30m 或无决断高度，但应考虑有足够的中止着陆距离，跑道视程不小于 200m；ⅢB 类的天气标准是前方能见度 50m（150ft），决断高度低于 15m 或无决断高度，跑道视程小于 200m 但不小于 50m，保证接地后有足够滑行的距离;ⅢC类无决断高度和跑道视程的限制,也就是说在"伸手不见五指"的情况下,通过仪表着陆系统引导可自动驾驶安全着陆滑行。

2. 助航灯光系统

夜间飞行的飞机在机场进行降落时,不论使用仪表飞行规则还是目视飞行规则都需要地面灯光助航。此外,当白天能见度低时,也需要灯光系统。机场助航灯光系统必须有备用电源。机场助航灯光系统如图2-6所示,包括以下几个主要部分。

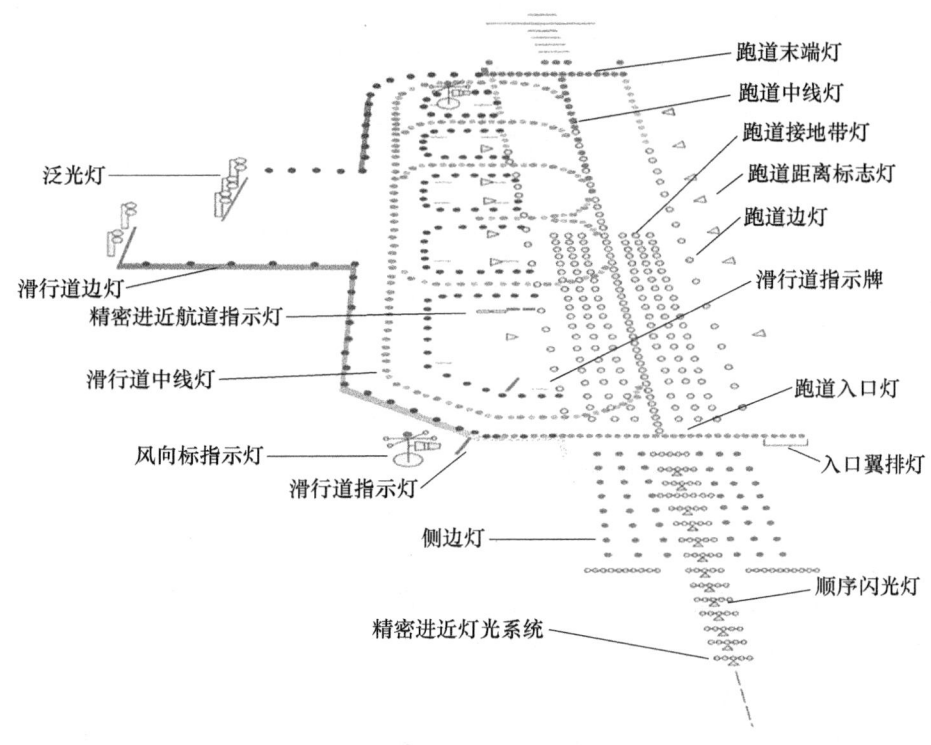

图2-6 机场助航灯光系统

1) 跑道灯光系统

跑道灯光系统包括跑道入口灯、跑道末端灯、跑道边灯、跑道中线灯及跑道接地带灯等,如图2-7所示。

跑道入口灯设置在跑道入口处,为向跑道进近方向发绿色光的单向恒定发光立式灯具。

跑道边灯为发可变白光的恒定发光立式或嵌入式灯具,设置于与跑道中线等距的两条平行线上。仪表跑道灯的间距应不大于60m。非仪表跑道灯的间距应不大于100m。跑道末端600m范围内的跑道边灯朝向跑道中部的灯光应为黄色。若跑道长度不足1800m,则发黄色光的跑道边灯所占长度应为跑道长度的1/3。

跑道中线灯采用嵌入式灯具,在跑道入口至末端之间以约15m的间距沿跑道中线布置。为了提醒飞行员离跑道末端的距离,灯光设置为离跑道末端900m范围内为白色;从离末端900m至离末端300m的范围内为红色与白色相间;从离末端300m至末端为红色。若跑道长度不足1800m,则应改为自跑道中点起至距离跑道末端300m的范围内为红色与白色相间。

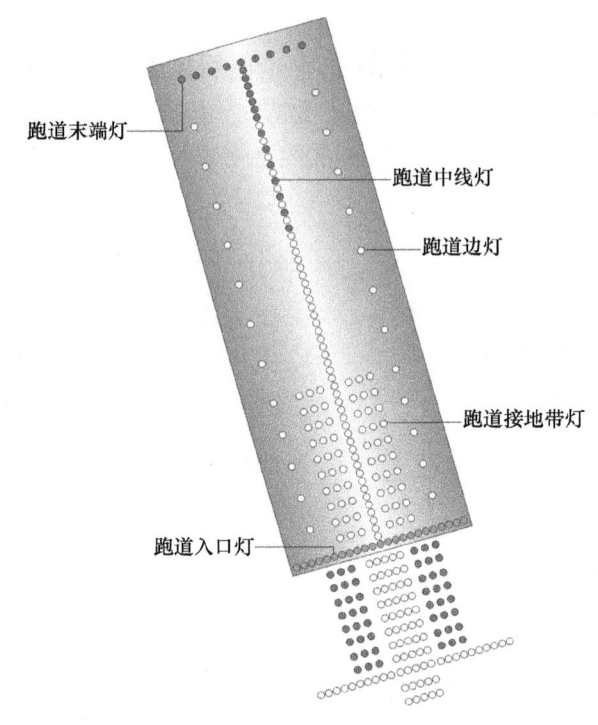

图2-7 跑道灯光系统

Ⅱ类或Ⅲ类精密进近跑道上应设置跑道接地带灯。跑道接地带灯应由至少3个间距不大于1.5m且单向恒定发白色光的短排灯组成,朝向进近方向发光,以30m或60m纵向间距设置于跑道入口至900m处。

在设有跑道边灯的跑道末端应设置跑道末端灯,为向跑道方向发红色光的单向恒定发光立式灯具。

2）滑行道灯光系统和停机坪灯光系统

滑行道中线灯沿着滑行道中线布置为绿色灯光,间隔30m。滑行道中线灯深入跑道,与跑道中线灯相邻平行并延伸一段距离。滑行道边灯为蓝色灯光,间隔在60m以下。在滑行道交叉口和等待区有停止灯和间隔灯横穿滑行道,停止灯为红色灯光,间隔3m。间隔灯为黄色灯光,示意飞机通过时缓慢行驶。等待区灯示意飞机在这里等候进入跑道,由两个交替发出黄光的灯组成。

停机坪应使用足够的泛光灯,以保证停机坪有足够的亮度使得各种工作顺利进行。在停机位有各种引导和指示灯光,引导飞机准确停靠在登机桥旁的停机位置或其他停机位上。

3）进近灯光系统

该灯光系统的作用是引导进近中的飞机对准跑道中线、机翼保持水平和估计接近跑道入口的距离。按照跑道的能见度标准,安装不同类型的进近灯光系统,如低光强简易进近灯光系统、中光强进近灯光系统,用于非仪表跑道和仪表进近跑道;高光强精密进近灯光系统用于精密进近跑道。精密进近灯光系统又可分为Ⅰ、Ⅱ、Ⅲ类,如图 2-8 所示。

Ⅰ类精密进近跑道应设Ⅰ类精密进近灯光系统,灯光系统全长 900m。在距跑道入口 300m 处有一长 30m 的横排灯,中线短排灯上一般要各附加一个顺序闪光灯。只有在考虑了灯光系统的特性和当地气象条件后,认为无必要时,才少装或不装。

Ⅱ、Ⅲ类精密进近灯光系统与Ⅰ类精密进近灯光系统相比,其距跑道入口 300m 以内的灯具,在两边增加了红色的侧边灯和一排距跑道入口 150m 的短排灯,如图 2-8 所示。

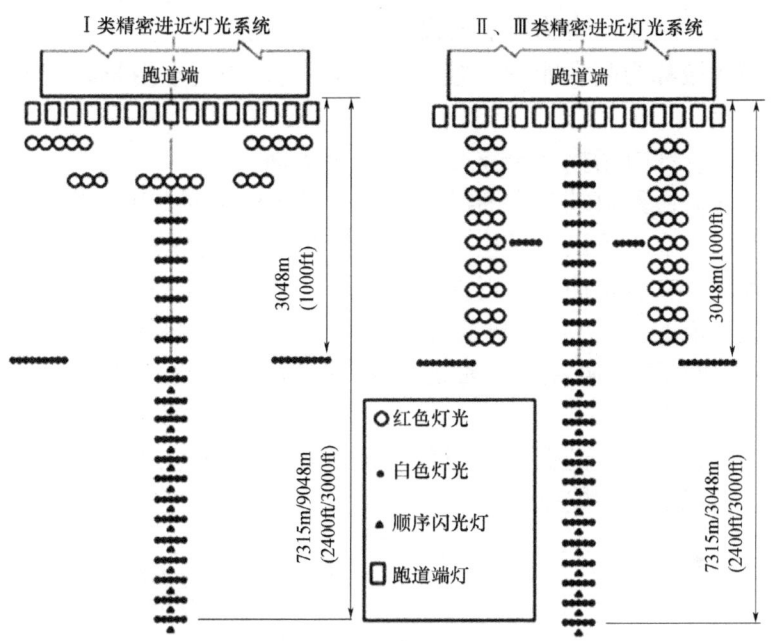

图 2-8　Ⅰ、Ⅱ、Ⅲ类精密进近灯光系统[①]

3. 其他设施

(1) 测量基准点:机场的地理位置基准点,由国家测绘机构定出准确的地理经纬度,作为机场的地理坐标。通常该点选在机场主跑道的中点。

(2) 标高校核位置:机场的标高指它的海拔高度,飞机在起飞前都要进行高度表设定,机场要设置一个专门的位置,供飞机飞行前校核高度。在停机坪高度变化不大时,整个停机坪都是校核位置。

(3) 航行管制设施:在飞行区有航管中心和塔台,还有气象服务中心。

(4) 地面维修设施:主要包括机库、货运中心、油料供应管道等。机库是维修和停放飞机的地方,货运中心是处理航空运输货物的场所。

(5) 消防和跑道维护设施:每个机场都有消防和急救中心,飞机一旦出事,往往

---

① 汪泓,周慧艳. 机场运营管理[M]. 北京:清华大学出版社,2008.

伴随着起火和伤亡,必须及时采取措施。跑道维护的主要任务是防止积雪、积水或其他磨损。此外,防止鸟击及野生动物对机场道面的损害和阻碍也是跑道维护单位的任务。

## 2.3 机场净空区

为了保证飞机正常起飞和着陆,沿着机场跑道周围要有一个没有影响飞行安全的障碍物的区域,这个区域称为机场净空区(图2-9)。净空区是为了保障飞机在机场附近低空飞行时不受障碍物影响而设置的空间区域。

它的地面区域称为基本面,在跑道周围60m的地面上空由障碍物限制面构成,障碍物限制面包括:

(1) 水平面。在机场标高45m以上的一个平面。
(2) 进近面。由跑道端基本面沿跑道延长线向外和向上延伸的平面。
(3) 锥形面。在水平面边缘按1∶20的斜度向上延伸的平面。
(4) 过渡面。在基本面和进近面外侧以1∶7的斜度向上和向外延伸的平面。

这些平面构成的空间,是飞机起降时使用的空间,由机场经营者负责控制和管理,确保地面的建筑不能伸入这个区域,空中的其他飞行物如鸟类、风筝等也不得妨碍飞机的正常运行。

近年来对于机场净空的保护成为各个机场关注的重点,我国政府也出台了相应的法律来保护机场的净空安全。

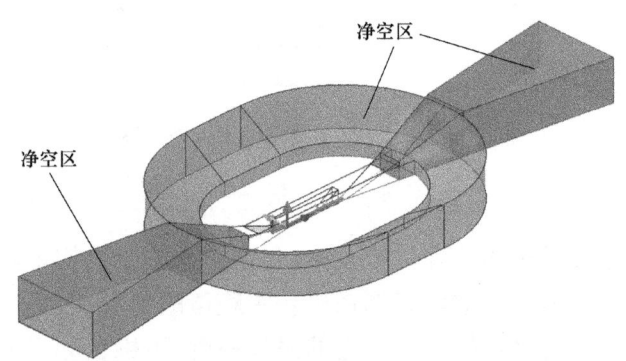

图2-9 机场净空区示意图

《中华人民共和国民用航空法》规定:禁止在依法规定的民用机场范围内和国家规定的机场净空保护区域内从事下列活动。

(1) 修建可能在空中排放大量烟雾、粉尘、废气而影响飞行安全的建筑物或设施。
(2) 修建靶场、强烈爆炸物仓库等影响飞行安全的建筑物或设施。
(3) 修建不符合机场净空要求的建筑物或设施。
(4) 设置影响机场目视助航设施使用的灯光、标志或物体。
(5) 种植影响飞行安全或影响机场助航设施使用的植物。

(6) 饲养、放飞影响飞行安全的鸟类动物和其他物体。
(7) 修建影响机场电磁环境的建筑物或设施。

## 2.4 机场陆侧交通系统

### 2.4.1 机场陆侧交通的定义

机场陆侧交通是连接机场及其所在城市和周边地区的交通系统,对机场和城市的发展都起到不可忽视的作用。机场陆侧交通具有以下几个特点。

(1) 根据机场客流的分布特征,有85%左右的旅客来自机场所在城市,其他的来自周边地区的城镇。所以,机场陆侧交通主要连接机场与其所在城市,以及机场与其周边地区的城镇,满足城市之间的交通需求。

(2) 机场需要远离城市中心,这样能够保障用地、净空等要求,也不妨碍城市的发展;同时,机场要服务于所在城市,所以应该与客流的发源地较近,方便乘客出行。研究发现,机场与城市的距离在10～30km较为恰当,这说明机场陆侧交通是短途交通系统。

(3) 机场陆侧交通要与所在城市的规模相适应,可供选择的交通方式种类繁多,轨道交通、出租车、机场巴士等公共交通皆可为机场及其所在城市服务。

综上所述,本书将机场陆侧交通定义为由机场与其所在城市构成起止点,具有较大的交通流,主要经由地点大致相同,以公共交通及自驾车作为主要的交通方式实现旅客流、货物流移动的短途交通系统。

### 2.4.2 机场陆侧交通方式

机场陆侧交通分为两类:私人交通和公共交通。私人交通方式主要是私人汽车。公共交通方式包括普通公交、轨道交通、出租车、机场巴士、包车、酒店或租车公司提供的免费车辆。

1. 私人交通方式

在高度自由化的道路交通运输中,私人汽车出行的便利性是其他交通方式无法比拟的。有研究表明,私人汽车将是未来道路交通运输一个重要的潜在发展因素。

2. 公共交通方式

公共交通方式包括出租车、机场巴士、包车、公交、免费班车、轨道交通等。大多数公共交通方式具有一些相同的特点。就长途旅行来说,公共交通运输成本一般会低于私人汽车费用。然而,其行程所需时间通常要比私人交通方式长,因为停靠站比较多。机场配置也会影响行程时间,因为分散式机场需要更多的中转站。大多数公共交通方式并不提供门到门的服务或行李援助,并且服务时间和服务范围有限,导致乘客旅行非常不便。因此,与私人交通相比,公共交通的服务质量、舒适性和便利性往往要低一些。为了吸引乘客,公共交通的便捷性、可靠性和服务质量必须能够与私家车相媲美。

### 2.4.3 综合交通枢纽中心

海陆空多维立体综合交通体系的不断完善,给旅客带来了极大的便利。未来的机场不再是单一的商业运输机构,而会成为地区性质的综合交通枢纽中心,其衡量指标是旅客的换乘率。

由于机场距离市区较远,拥有能够规划和使用的土地,同时具有航空、道路、轨道等多种交通运输方式,能保证货物、旅客在短时间内到达或离开机场,因此可以成为现代化综合交通枢纽中心。

在欧洲,这一概念很早就被提出。现代化综合交通枢纽中心的建立能为航空运输增加数以万计的旅客及货运量,这一模式在欧洲取得了空前的成功,对于我国机场的发展具有借鉴意义。

目前,我国的上海虹桥国际机场已经发展成为集高速铁路(京沪线)、航空、城市轨道、城市地面交通等于一体的交通枢纽中心。

> **本章小结**
>
> 机场是航空运输系统的基础部分,它是一个实体场所,主要实现运输方式的转换。机场主要由飞行区、航站区和地面运输区三部分组成。

## 案例分析

伦敦希思罗国际机场简称希思罗机场,位于英格兰大伦敦希灵登区,距伦敦市中心 24km。它是英国航空和维珍航空的枢纽机场及英伦航空的主要机场,也是伦敦最主要的联外机场和全英国乃至全世界最繁忙的机场之一,在全球众多机场中排名第三,仅次于亚特兰大哈兹菲尔德-杰克逊国际机场(简称亚特兰大机场)和北京首都国际机场。

2010 年,希思罗机场的客流量比法国的巴黎夏尔·戴高乐国际机场(简称戴高乐机场)及德国的法兰克福国际机场(简称法兰克福机场)的客流量高出 31.5%,但航班数量则比这两个机场的总和少三分之一。

希思罗机场的布局有以下几点可供借鉴。

(1) 有充足的机场用地,可以合理设置跑道位置。充分考虑场地和邻近机场、空域及禁航区的关系,以及周围地区的障碍物情况,注意不影响植被和鸟类栖息地等生态环境,用地经济合理,少占或不占良田和居民点。

(2) 充分考虑自然条件,尤其是气候和地基条件,满足其净空要求。注意场地的工程地质和水文地质、气象(包括风、气温、湿度、雾、降雨量、雷暴、冰雹、雪、风沙、气压、能见度和天气变化统计)、地理地形等自然条件。

（3）充分考虑机场和城市的距离、相对位置、交通条件、城市发展规划、土地和附近居民点的分布。

（4）充分考虑无线电收发信区的划分和公用设施的获得，避免环境污染，维持生态平衡，使机场和它所服务的城市及周围地区协调发展。

（5）统一规划，分期建设，在满足最终发展设想的前提下，合理布置近期建设项目。主要设施的分区既要满足各自的功能要求，又要协调它们之间的关系，以保证飞机安全运行。总体布局紧凑，使用灵活，有发展余地。

（6）在规划内容上注意航空业务量的预测，确定机场近期、远期和最终的发展规模和标准，确定机场主要设施的平面布局，分析机场运行的环境影响和处置措施，拟订机场及其邻近地区的土地使用规划，确定近期建设项目，估算投资并提出建设分期，评价机场经营的社会经济效益。

机场公司除了机坪运作监管，其他的具体保障工作都采取业务外包的形式。机场公司将精力主要集中在对机场的规划与发展、市场营销、品牌构建、商业开发与管理、服务标准制定上。机场公司通过机坪运作委员会、行李协调委员会等组织，协调各方面的关系，尽量用最少的资源，创造最大的效益。

## 自我检测

（1）机场发展分为几个阶段？
（2）机场按照功能可以分为几类？
（3）机场系统分为几部分？
（4）简述飞行区的构成。
（5）简述机场陆侧交通的特点。

# 第 3 章
# 机场容量和航班安排

机场容量反映了机场在一定时间内处理交通运输量的能力。通过对机场容量进行分析,可判断机场对于目前运输需求的满足情况,改善机场航班的组织和安排,对机场未来改扩建有指导意义。

### 知识目标

(1) 了解机场容量的定义。
(2) 掌握机场容量的影响因素。
(3) 了解机场容量和航班延误的关系。
(4) 掌握机场陆侧容量分析方法、分析指标和影响因素。
(5) 掌握机场空侧容量分析方法、分析指标和影响因素。
(6) 了解高峰时段的统计指标。
(7) 理解航班管理的基本规定。

### 能力目标

(1) 能够进行机场陆侧容量分析。
(2) 能够进行机场空侧容量分析。
(3) 能够进行机场高峰时段指标测算。

机场系统的容量是有限的,因此在机场进行整体规划时,应当充分考虑未来不断增长的航空运输需求量。目前我国民航正处于快速发展时期,随着机场旅客吞吐量和飞行起降架次的持续增长,对机场基础设施建设规模和机场空域容量的需求也不断加大。一方面,应从硬件环境上改善现有的交通状况,如通过新建和扩建机场、改善空中交通管制设施等来增加机场容量;另一方面,应更加有效地利用现有的硬件设备,增加机场容量,使机场发挥更大的功用。本章将从机场容量的定义及其对航空运输的影响入手,逐步介绍机场容量的分类、评估机场容量的指标、增加机场容量的措施和方法,以及航班安排和管理等内容。

## 3.1 机场容量及影响因素

### 3.1.1 机场容量的定义

机场容量指机场在一定的时间内(1小时、1天或1年)处理的交通量(飞机起降架次、货物或旅客运输量)。机场容量的大小主要取决于候机楼设施、跑道系统和终端区系统。

### 3.1.2 机场容量的分类

1. 根据是否考虑航班延误来进行划分

1)极限容量(名义容量)

极限容量是指在一定的时间间隔内,不考虑服务质量和航班延误,飞机一架接一架连续起飞或降落的情况下,机场所能容纳的最大航班数量。如果要实现极限容量,就要有连续不断的供应均衡的运输对象(旅客、货物),但是由于运输需求会出现变动和波动,除了救灾或军事行动,民航运输很难实现极限容量。

2)实际容量

实际容量是指在一定的时间间隔内,所有航班的延误时间均在可接受范围内的情况下,空域系统所能容纳的最大航班数量。延误时间和实际容量的关系如图3-1所示。

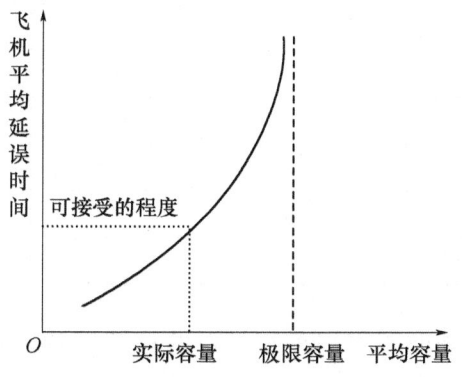

图3-1 延误时间和实际容量的关系

以上两种定义的最大不同在于服务请求是否持续。实际容量考虑了航班延误,随着飞机实际服务需求变化,具有一定的随机性;而极限容量没有考虑航班延误。在实际应用中,极限容量一般比实际容量大,但是比较接近;分析极限容量比分析实际容量简单,因此大多研究极限容量,将其作为评判空域服务能力的标准。

3)机场计划容量和公布容量

在某种约束条件下和某种强度的服务请求下,在指定的时间内,机场的实际容量等于服务请求的最大值,这就是机场计划容量,它表示在合理的服务水平下,机场每小时可以服务的飞机运行架次。延误是服务水平的主要衡量指标,较拥挤的机场常公布一个容量来限制本机场每小时安排的飞机运行架次,这就是公布容量。计划容量主要用于安排航班的飞行时刻和控制机场的流量。如表3-1所示为某机场在两条平行跑道同时运行条件下的计划容量表。

表3-1 某机场一周计划容量表

| 时间段 | 一周内最大计划容量 | | | | |
|---|---|---|---|---|---|
| | 进场着陆架次 | | 离场起飞架次 | | 总架次 |
| | /10min | /h | /10min | /h | /h |
| 07:00—08:00 | 7 | 40 | 8 | 46 | 76 |
| 08:00—09:00 | 8 | 45 | 8 | 47 | 81 |
| 09:00—10:00 | 8 | 45 | 8 | 47 | 84 |
| 10:00—11:00 | 8 | 45 | 8 | 47 | 84 |
| 11:00—12:00 | 8 | 43 | 8 | 47 | 84 |
| 12:00—13:00 | 7 | 40 | 8 | 45 | 80 |
| 13:00—14:00 | 7 | 40 | 8 | 44 | 79 |
| 14:00—15:00 | 7 | 40 | 7 | 42 | 76 |
| 15:00—16:00 | 7 | 40 | 7 | 42 | 77 |
| 16:00—17:00 | 7 | 42 | 8 | 44 | 78 |
| 17:00—18:00 | 8 | 45 | 8 | 45 | 82 |
| 18:00—19:00 | 8 | 45 | 8 | 47 | 84 |
| 19:00—20:00 | 8 | 45 | 8 | 47 | 84 |
| 20:00—21:00 | 7 | 42 | 8 | 47 | 81 |
| 21:00—22:00 | 7 | 40 | 7 | 42 | 76 |
| 22:00—23:00 | 7 | 40 | 7 | 42 | 76 |
| 23:00—24:00 | 7 | 40 | 7 | 42 | 76 |

由于起飞航班与着陆航班之间存在一定的相互影响,所以小时总架次往往小于小时着陆架次和小时起飞架次之和。

2. 其他划分方式

机场系统可划分为飞行区、地面运输区和航站区三个部分,如图3-2所示。飞行区是飞机活动的区域;地面运输区是车辆和旅客活动的区域;航站区是旅客办理各种乘机手续的区域,是飞行区和地面运输区的结合部位。机场又可划分为陆侧和空侧两部分。机场陆侧范围包括候机楼、机场公共交通、停车场等可能制约机场容量的区域,空侧范围包括跑道、滑行道、机坪、停机位、廊桥、除冰坪等。

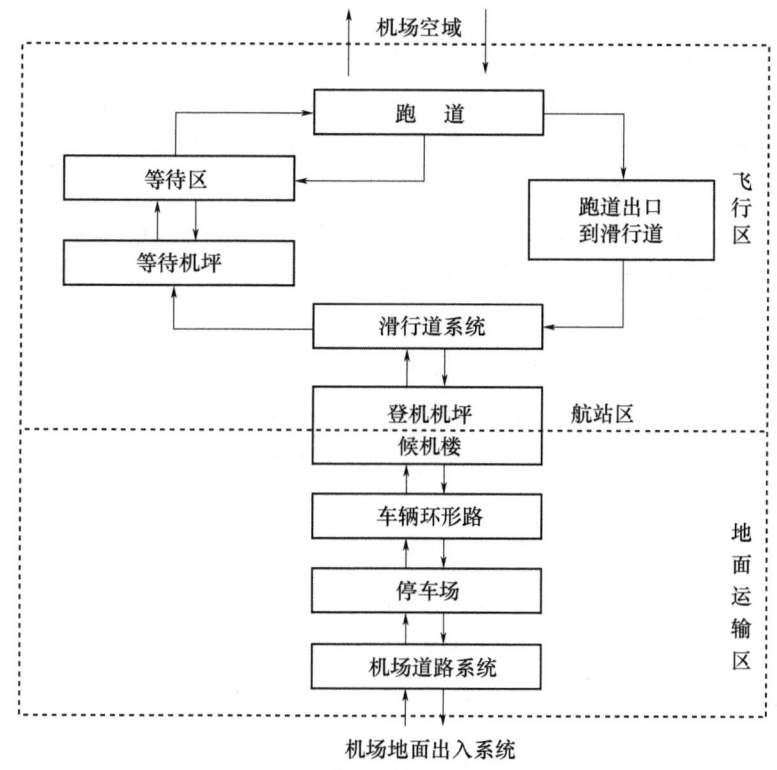

图 3-2　机场系统构成图

机场容量主要受陆侧容量和空侧容量的影响。

1）陆侧容量

（1）陆侧交通容量。

机场的陆侧交通指的是机场与城市相联系的地面交通。由于机场一般选址在城市边缘，其陆侧交通处于城市和机场两个交通系统的次要地位。陆侧交通容量的大小是城市基础设施水平的集中体现，直接影响机场功能的实现。提高机场陆侧交通容量可以通过发展综合交通体系、加快轨道交通网的建设等方式来实现。

（2）候机楼容量。

候机楼容量指在一定的时间内（1小时或1年）可办理完成各项乘机手续的旅客的数量。候机楼的单位小时最大容量，又可以细分为候机楼设计的单位小时最大容量和候机楼实际的单位小时最大容量。例如，深圳机场 T3 候机楼的工程设计保障能力为年旅客吞吐量 4500 万人次。

2）空侧容量

（1）跑道容量。

机场跑道容量反映一个跑道系统处理飞机活动的最大能力。它表示当有连续服务请求时，在规定的时间间隔里，一个跑道系统所能容纳的最大飞机运行架次。明确一个机场的跑道容量，将为实施该机场的空中交通管制指挥和流量控制管理等提供基本依据。

跑道容量分为理论容量(又称饱和容量或跑道最大容量)、实际容量、持续容量和计划容量。理论容量没有考虑任何服务水平(LOS)要求,实际容量、持续容量和计划容量是通过指定可接受的服务水平(延误水平)或通过空管人员工作量定义的。

(2) 滑行道容量。

滑行道容量指滑行道系统每小时能从停机坪向跑道系统转送的飞机架次。由于考虑了设计冗余度等因素,滑行道容量往往大于跑道容量。

(3) 停机坪容量。

停机坪容量分为静态容量和动态容量。静态容量指在特定时刻可以在停机坪上同时停放的最大飞机架次,动态容量指机位每小时可以接纳的飞机架次。由于机场管理部门可以较容易地增加停机坪机位,所以停机坪容量通常也大于跑道容量。

(4) 空域容量。

空域容量指在一定的系统结构(空域结构、飞行程序等)、管制规则和安全等级下,考虑可变因素(飞机流配置、人为因素、气象因素等)的影响,某一空管单元(跑道、扇区、终端区等)在单位时间内所提供或能够提供的航空器服务架次。

### 3.1.3 影响机场容量的因素

影响机场容量的因素很多,主要因素列举如下:
(1) 跑道和滑行道出口的构形、数目及位置。
(2) 停机区里门位的安排、大小和数目。
(3) 到达飞机和出发飞机占用跑道的时间。
(4) 使用设施的飞机的大小和机型组合。
(5) 到达飞机架次相对于出发飞机架次的情况。
(6) 通过飞机连续起飞的次数。
(7) 助航设备的设置和性质。

## 3.2 机场容量评估

机场容量评估,是指按照我国《机场容量评估管理暂行办法》规定的程序和评估方法开展的确定机场容量的评估工作。

### 3.2.1 机场容量评估及管理原则

1. 科学与客观原则

机场容量评估依据科学、规范的程序开展,参与机场容量评估的单位和个人不得有意干扰或影响机场容量评估的程序与结论。

2. 安全与效率兼顾原则

在保证航空安全的基础上,最大化利用有限资源,服务国民经济建设与社会发展。

3. 统一组织原则

机场容量评估应在民航业管理部门的统一组织和监督下开展。

4. 协调合作原则

参与机场容量评估的各方应积极协作,为评估工作提供必要的协助,在充分表达意见的基础上达成共识。

### 3.2.2 机场容量评估的一般程序

机场容量评估的一般程序包括启动、组织评估、评审、上报和审批公布等阶段。

### 3.2.3 机场容量评估的基本要求

1. 机场容量评估的方法

(1) 基于管制员工作负荷的雷达模拟机评估方法。
(2) 基于历史统计数据的容量评估方法。
(3) 基于计算机仿真模型的评估方法。
(4) 基于数学计算模型的评估方法。
(5) 民航局认可的其他方法。

2. 机场容量评估的范围

(1) 空域范围,包括终端区、进离场航线、可能影响机场容量的航路航线、军航使用空域及其他危险区、限制区和空中禁区等。
(2) 机场空侧范围,包括跑道、滑行道、机坪、停机位、廊桥、除冰坪等。
(3) 机场陆侧范围,包括候机楼、机场公共交通、停车场等可能制约机场容量的区域。

3. 机场容量评估应考虑的基本要素

(1) 航空器运行规则,包括飞行规则、空中交通管制规则和地面运行规则等。
(2) 可接受的延误水平和空中交通管制员的工作负荷。
(3) 航空器因素,如航空器性能、机型组合、飞机进离场比例等。
(4) 其他因素,包括气象条件、航空器噪声限制、军航活动、机场空管现有保障能力等影响机场容量的因素。

## 3.3 机场陆侧容量分析评估

机场陆侧容量反映了机场陆侧或其功能组成部分适应旅客、机场来宾、空运货物、地面进场车辆及航空器的能力,通常指在给定的时间内机场陆侧组成部分能为之服务的空运旅客人数。机场陆侧容量评估指标介绍如下。

### 3.3.1 机场最大吞吐量

机场最大吞吐量指的是在一定时间内机场能够保障的最大飞机起降架次和旅客运送数量,该指标可反映机场规模和旅客运送能力。

例如,深圳机场新航站楼于2013年11月正式投入使用,新航站楼的设计保障容量为年旅客吞吐量4500万人次,货邮吞吐量为240万吨,航班起降架次为37.5万架次。2014年深圳机场全年累计旅客吞吐量达到3627.25万人次,小于机场的设计吞吐量,因此可以保证机场正常运行。

### 3.3.2 机场候机楼单位时间容量

候机楼的单位小时最大容量又可以细分为候机楼设计的单位小时最大容量和候机楼实际的单位小时最大容量。

例如,近年来,武汉天河国际机场的航班量大幅增加,民航局原核定的高峰小时27架次的容量标准已无法满足现实的运行需求,武汉天河国际机场航班时刻资源日趋紧张。武汉天河国际机场于2011年下半年启动机场容量评估工作。2012年,民航局审查后正式批复武汉天河国际机场高峰小时容量由27架次提升至33架次。

### 3.3.3 服务水平

服务水平表示陆侧的一个或一组功能组成部分的服务质量及服务情况。例如,等待时间、行进时间、步行时间、拥挤情况及设施等因素,都可以用来衡量服务水平。这些因素都是相互关联的,具体到某个机场可能还有其他重要的因素,可以用不同的方法来评估这些因素,而有的因素可能难以量化。

例如,2013年美兰机场平均每日保障进出港旅客26000余人次。在旅客办理乘机手续环节,通过全面推行"柜台值机""网络值机""自助值机""移动值机""团队预约值机"等多样化值机服务,帮助旅客便利出行。在正常流量时段可使头等舱旅客排队时间低于4min,经济舱旅客排队时间低于6min。

### 3.3.4 服务量

服务量是容量的主要评估指标,是一个或一组功能组成部分在给定的服务水平下,给定的需求所能适应的旅客人数。在旅客不断行进的情况下,服务量可用单位时间内处理的人数来评估;在旅客排队等待的情况下,服务量可用给定的时间内所能适应的旅客人数来评估。

### 3.3.5 容量分析区间

必须在特定的时间段内对一个或一组功能组成部分的服务量和服务水平进行评

估。这个时间段就是分析区间,可以是1小时、若干小时、1天或更长的时间。

机场的繁忙程度和季节、法定假期等有直接关系,春节、五一、十一等假期对机场的吞吐量有很大的影响。例如,2014年2月1日(大年初二),三亚凤凰国际机场完成旅客吞吐量60085人次、起降航班385架次,同比增长9.07%和4.62%。其中,出港旅客达28227人次,进港旅客达31858人次,单日客流量首次突破6万人次大关,刷新了三亚凤凰国际机场通航以来单日客流量最高纪录。

机场的旅客需求每天都在变化,再加上航空公司航线结构、班期时刻及航空器的使用可能会影响陆侧的特定组成部分的使用,不同的航空公司可能在同一机场一天内不同的时间经历高峰小时。因此,陆侧容量的评估应考虑一个以上的分析区间。

## 3.4 机场空侧容量分析评估

机场空侧容量是指在给定条件下,单位时间内所能服务的最大飞机架次(包括出发和到达)。空侧容量反映了空侧系统设施的服务质量,也决定了一个机场的最终容量。

机场空侧容量包括跑道容量、滑行道容量和停机坪(停机位)容量等。

### 3.4.1 跑道容量

1. 跑道容量的分类

跑道容量分为理论容量(又称饱和容量或跑道最大容量)、实际容量、持续容量和计划容量。理论容量没有考虑任何服务水平要求,实际容量、持续容量和计划容量是通过指定可接受的服务水平(延误水平)或通过空管人员工作量定义的。

(1)理论容量。理论容量是指在不考虑延误水平的连续服务需求情况下,假设连续服务需求不违反空中交通规则,每小时跑道系统服务的飞机架次的平均数。这里要指定所使用的ATM间隔要求、跑道的数量和几何构形、飞机机型的组合形式、飞机运行(出发和到达)的先后顺序及气象条件等因素。

(2)实际容量。实际容量是在单位时间内对应某一可接受延误水平的跑道系统所能服务的飞机运行架次。由于各机场飞行区条件不一,可接受延误水平的定义也不同,因此没有统一的标准或协议适用于所有机场飞行区。根据飞机在终端区的进出港流程(图3-3),FAA建议的飞行区可接受平均延误水平如下:

① 在进出港单跑道混合服务和目视飞行规则下,当大型和重型飞机比例超过10%时,出港航班的最大延误为4min。

② 在进出港单跑道混合服务和目视飞行规则下,当大型和重型飞机比例小于或等于10%时,出港航班的最大延误为3min。

③ 在进出港单跑道混合服务和目视飞行规则下,当大型和重型飞机比例小于

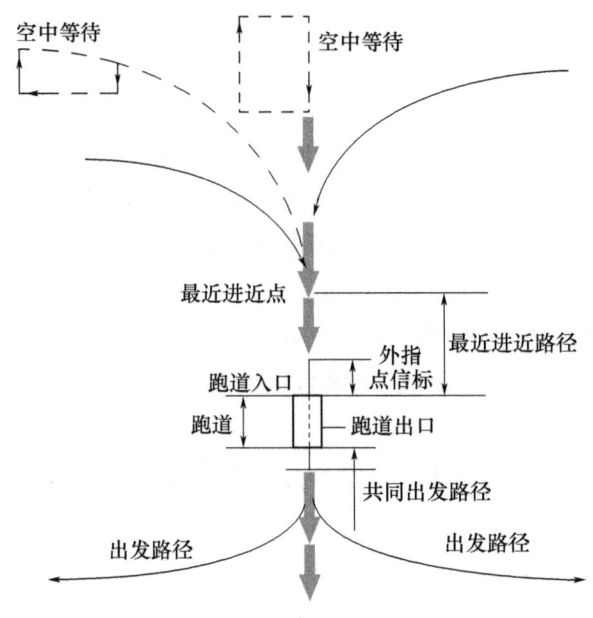

图 3-3 飞机在终端区的进出港流程示意图

1% 时,出港航班的最大延误为 2min。

④ 在进出港单跑道混合服务和仪表飞行规则下,出港航班的最大延误为 4min。

⑤ 在进出港单跑道混合服务和仪表飞行规则下,进港航班的最大延误为 4min。

⑥ 在目视飞行规则下,进港航班的最大延误为 1min。

20 世纪 60 年代,FAA 就提出了实际容量。凭经验估计,实际容量是理论容量的 80%~90%。

(3) 持续容量。持续容量是指 ATM 系统一直保持在良好状态下的持续几个小时内,每个小时的飞行架次。

(4) 计划容量。计划容量是根据机场的实际情况,按 10min 或 1h 的时间段规划出一周内每小时的进场、离场和总计的飞行架次。计划容量主要用于安排航班的飞行和控制机场的流量。

2. 跑道容量的影响因素

1) 跑道的数目和构形

可同时使用的跑道的数目和构形影响同时运行的飞机架次,也就影响跑道容量。从实际角度看,实现机场容量"定量增加"的最有把握的方法是建造一条位置(相对于其他现有跑道位置)和设计俱佳的跑道。不同机场的跑道数目和任何特定时间可使用的跑道数目可能会不同。例如,波士顿的洛根国际机场有 5 条跑道,但是可以同时使用的跑道不超过 3 条,这是由于跑道系统的几何构形和噪声控制的缘故;相比之下,亚特兰大机场有 4 条跑道,在每天最繁忙的时段这 4 条跑道可以同时使用。任一特定时刻特定跑道组合的选择取决于需求量、天气状况(包括能见度、降水量、风速和风向)、运行组合(在进港高峰时段,使用一条或多条跑道各自独立进行到达服务)和噪声控制。对任何跑道组合,精确的几何构形都是极其重要的,跑道构形决定了跑道之间相互依赖的程度。

2) 空中交通管理(ATM)对飞机的间隔要求

空中交通管理中最重要的是空中飞行间隔要求,包括水平方向、垂直方向和斜线方向上的安全间隔(距离或时间)。美国FAA根据飞机的最大允许起飞重量(MTOW),将飞机分为三类:重型(H)、大型(L)和小型(S)。每类都给出了连续运行的两架飞机之间的水平最小间隔要求。可能的运行顺序有"到达-到达"(A-A)、"出发-出发"(D-D)、"出发-到达"(D-A)、"到达-出发"(A-D)。显然,ATM系统需要的间隔越大,跑道容量就越小。

根据《飞行间隔规定》,飞行间隔标准分为一般规则、垂直间隔标准、目视飞行水平间隔标准、仪表飞行水平间隔标准、雷达间隔标准、尾流间隔标准。例如,在仪表飞行规则(IFR)下,对于同航迹、同高度、不同速度飞行的航空器,当前行航空器保持的真空速比后随航空器快40km/h(含)以上时,两架航空器飞越同一位置报告点后应当有5min的纵向间隔(图3-4);当前行航空器保持的真空速比后随航空器快80km/h(含)以上时,两架航空器飞越同一位置报告点后应当有3min的纵向间隔(图3-5)。

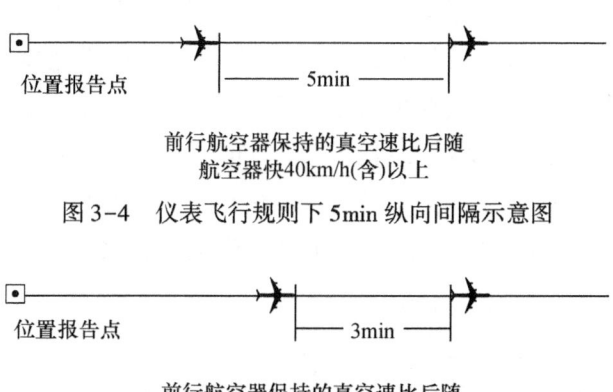

图3-4 仪表飞行规则下5min纵向间隔示意图

图3-5 仪表飞行规则下3min纵向间隔示意图

尾流间隔标准应根据航空器最大允许起飞重量确定。航空器按照最大允许起飞重量分为下列三类:重型航空器,即最大允许起飞重量等于或大于136000kg的航空器,B757按重型航空器计算;中型航空器,即最大允许起飞重量大于7000kg、小于136000kg的航空器;轻型航空器,即最大允许起飞重量等于或小于7000kg的航空器。

当先后起飞离场的航空器为重型和中型航空器、重型和轻型航空器、中型和轻型

航空器时,对于不同的跑道,前、后航空器之间的尾流间隔标准如下:

(1) 同一跑道,该标准为 2min。

(2) 平行跑道,且跑道中心线之间的距离小于 760m,该标准为 2min。

(3) 交叉跑道,且后航空器将在前航空器的同一高度上,或者低于前航空器且高度差小于 300m 的高度上穿越前航空器的航迹,该标准为 2min。

(4) 平行跑道,且跑道中心线之间的距离大于 760m,但是后航空器将在前航空器的同一高度上,或者低于前航空器且高度差小于 300m 的高度上穿越前航空器的航迹,该标准为 2min。

(5) 后航空器使用同一跑道的一部分起飞时,该标准为 3min。

(6) 后航空器在跑道中心线之间距离小于 760m 的平行跑道的中部起飞时,该标准为 3min。

另外,导航、监视设备和辅助着陆系统的紧密程度,终端区空域结构、进离场程序,跑道占用规则及管制员的管制策略等都会对飞机的间隔要求产生影响。

3) 机型和运行组合

不同的机型对尾流旋涡间隔和进近速度的要求不同,因此,飞机的运行组合(到达和出发)及先后顺序(尤其是跑道用于到达和出发混合运行时)会对空管人员的处理时间产生很大影响。通常,从跑道容量的角度看,相似的机型组合比不相似的机型组合更可取。并且,相似的机型组合能为 ATM 系统提供有利的条件,可简化空管人员的工作,空管人员只需对尾流间隔的不同程度、不同的进近速度和其他飞机特性做出少量调整。实际上,当机型组合中飞机类型差别很大时,在多跑道机场,空管人员经常试图通过将不同的飞机类型安排到不同的跑道来"隔离交通量",这在一定程度上反映了在 ATM 系统运行良好的条件下,两条独立运行的平行跑道的组合容量要大于单跑道容量的两倍。两条跑道不仅有利于优化每条跑道上飞机类型的安排,而且有利于优化每条跑道上飞机运行的先后顺序。

4) 每条跑道的运行安排

每条跑道的运行安排,包括到达、出发、混合运行及运行的先后顺序。对于大多数 ATM 系统,给定同样的飞机组合,只用于出发的跑道容量的间隔要求高于只用于到达的跑道容量的间隔要求。

单跑道上的运行先后顺序可能影响跑道容量,特别是当跑道用于混合运行时。一般情况下,考虑到安全、管制员工作量和飞机运行成本等因素,到达比出发更有优先权,但在实践中,不同 ATM 系统和不同机场之间采用不同的运作程序。例如,空管人员先处理一连串出发的飞机,再处理到达的飞机,这在一定程度上加剧了机场的延误。在跑道进行到达和出发的交互是一种最大化整体跑道容量的非常有效的策略,这种先后运行顺序策略可通过拉长一对连续到达飞机之间的距离来实现。必要的

话,可在两架到达飞机之间创造出足够长的距离以允许出发飞机的插入。

多跑道运行时,在给定时刻空管人员经常倾向于到达和出发飞机使用不同的跑道。当到达和出发飞机数目差别很大时,可能出现一条跑道超负荷运转,而另一条未充分使用,也可能在到达和出发延误之间造成严重的不平衡。实际上,有两条平行跑道的机场有更好的运作方法。如果可行,当主要着陆跑道超载时,可将一些到达飞机安排到主要用于出发的跑道上;当组合中出发飞机过量时,则使用相反的方法。在有高效的 ATM 系统且保持良好的运作模式的机场,更有效的方法是将出发和到达飞机混合安排到两条或多条跑道上。

5) 跑道和滑行道的位置关系和类型

机场滑行道的作用是连接飞行区各个部分的飞机运行通路,它从停机坪开始连接跑道两端,在交通繁忙的跑道中段设有一个或几个跑道出口和滑行道相连,以便降落的飞机迅速离开跑道,减少占用跑道的时间。

到达飞机的跑道占用时间是指从飞机降落到跑道的一刹那到飞机到达跑道的入口,并从跑道脱离的时间。出口滑行道的位置对跑道占用时间有很大的影响,在一定程度上影响跑道容量。出发飞机和到达飞机在使用同一条跑道时,先行使用跑道的到达飞机越早离开跑道,出发飞机才能越早开始使用跑道。同样,两架同时到达的飞机不能同时占用一条跑道。

建立适当的快速出口滑行道可有助于减少跑道占用时间和增加跑道容量。然而,一条快速出口滑行道的造价可能远高于联络道,但若考虑额外的跑道容量与额外的造价,则快速出口滑行道的效益要高得多。一般来说,快速出口滑行道不能为只用于出发的跑道提供实质的容量,而是为用于到达的跑道提供一定的容量,并在一些运行先后顺序策略的配合下,为混合模式的跑道提供明显的容量效益。

6) 环境因素

环境因素主要包括气象状况(如能见度、降水量、风向和风速等)和噪声等。

机场容量在很多时候受到气象状况的影响,如能见度、风向、风速等。当侧风在规定范围之内且顺风不超过 5 节或 6 节时,只能用一条跑道。这意味着跑道运行的方向和可使用的跑道组合在很大程度上依赖于特定时间占优势的风的风向和风速。

对于已经运行的机场,噪声问题越来越受到关注;在新机场设计和建设过程中,噪声污染也成为十分重要的问题。噪声是空管人员决定使用哪种跑道构形的主要参考指标。在单跑道运行的机场,天气状况良好、风力很小的时候,空管人员可以在跑道的两个方向上选择其一作为运行方向,这时噪声影响将成为重要参考指标。

7) ATM 系统的状态和性能

性能优良的 ATM 系统与训练有素、积极性高的员工的有机结合,是增加跑道容量的先决条件。

如果离场、进近、着陆的飞机能够保持最紧密的间隔,将大大增加机场跑道的容量。只有满足通过 ATM 系统给空管人员提供关于领先飞机和尾随飞机的位置的精确信息及显示信息,以及空管人员自身熟练掌握在进近过程中精确划分飞机间距的两个条件,才能使连续飞行的飞机在最后进近中保持最紧密的间隔。

空管人员和驾驶员之间的协作非常重要,如果空管人员意识到驾驶员经验不足或对指令理解有困难,出于安全考虑,空管人员将使驾驶员大幅减速行驶,这在一定程度上也会降低机场容量。

3. 跑道容量评估方法

常用的跑道容量评估方法有实证研究法、排队论模型、分析模型和仿真模型(又称计算机模拟)。

(1) 实证研究法对跑道容量的评估基于对现有机场的大量的飞行量调查,并由此绘制统计图表。实证调研也是保证分析模型和仿真模型有效性的重要手段。

(2) 排队论模型认为飞机的实际到达时间和航班时刻安排到达时间之间存在差异,并且差异时间是随机的。E. G. Bowen 和 T. Pearcey 在 1948 年提出飞机的到达(起飞)队列符合泊松分布,并按照"先到先服务策略",推导出平均到达延误的计算公式。因为在实际机场运行中很难连续出现排队论模型中要求的稳态排队情形,所以在 20 世纪 90 年代后,排队论模型就很少使用了。

(3) 分析模型是一种到达间隔模型,是考虑了进近段长度、飞机机型和管制策略等因素后,对到达容量、起飞容量和混合容量进行分析的模型,它也是后面发展起来的仿真模型的核心。分析模型用于容量的初始评估阶段,特点是简单、快捷,常见的分析模型有时间—空间分析模型等。

(4) 仿真模型是随着计算机技术的发展,在分析模型的基础上发展起来的。它通过模拟机场整体的运行过程来计算容量,通过参数化的设置和变化反映交通流及机场管制策略的差异。主要有 Monte Carlo 模拟、SIMMOND、TAAM、The Airport Machine、RAMS 和 HERMES 等仿真模型。其中,SIMMOND 和 TAAM 属于微观、动态、综合型的全面机场仿真模型。

Pitfield 和 Jerrard 于 1999 年提出用 Monte Carlo 模拟方法研究在不同的机场条件下的跑道容量,它主要利用随机过程进行取样累计,最后得出一个稳态的过程。通常先给定已知的或合理的分布,然后进行随机模拟,随着随机模拟次数的增加,就可以得到预期或接近真实情况的结果。

SIMMOD 和 The Airport Machine 是节点连接的微观模型。把机场和空域表示成由节点和连线构成的网络。飞机沿着由一系列节点和连线组成的路径从一个节点向另一节点移动。如果两架及以上的飞机想同时占用同一个节点,将发生冲突。冲突通过在任意特定时间让其中一架飞机占用该节点,而让其他飞机延迟占用该节点来解决。该模型可以通过记录每架飞机在每个节点上的延误,将延误汇总,并对机场和空域的每个地点、每架飞机,生成延误统计分布信息。其优点是可以建立用户自定义的策略及概率分布等方式,满足特殊的需求。

RAMS 和 TAAM 是微观三维模型,它们允许飞机根据特定的运动方程在任意三维路线上飞行,最大的优点是具有可视性,可以将研究区域的地形地貌、净空障碍物等限制因素显示出来。

HERMES 是由英国民航局/国家空中交通服务局(CAA/NATS)开发的微观仿真模型,该模型仅限于对希思罗机场和伦敦盖特威克机场(简称盖特威克机场)的详细仿真,所以能很好地适应当地特殊条件。

### 3.4.2 滑行道容量

滑行道容量指单位时间内,在停机坪系统和跑道系统之间,滑行道系统所能服务的飞机架次。机场滑行道容量可分为最大容量和实际容量(饱和容量或极限容量)。实际容量是在指定时间内,对于一个可以接受的延误水平的航空器的服务架次。最大容量是在指定时间内,持续服务请求下(指总是有航空器在等待进入或离开该空管单元)的最大航空器服务架次。由于考虑了设计冗余度等因素,滑行道容量往往大于跑道容量。

在实际运行中,根据车辆跟驰理论,在航空器队列滑行过程中,管制员为了减少航空器在地面和空中的等待时间,提高机场的利用率,会对航空器进行优化排序,已经排序的航空器队列由于航空器间隔小,不能总是自由通行,如果受到一些干扰,就会改变其滑行状态;而任意一架航空器滑行状态的改变,都会以特定的方式向后传递,从而导致后续航空器的滑行状态随之改变。因此,滑行道实际容量是在保证航空运输安全稳定的前提下所能达到的最大容量。

对机场滑行道容量进行评估需要考虑以下因素:机型参数,这会影响飞机的性能(平均机长、平均滑行速度和平均最小滑行速度等);机型的地面滑行安全间隔。

### 3.4.3 停机坪容量

1. 停机坪容量的定义

航空器到达机场后,靠近航站楼建筑物所在的机坪区,这个区域包含供航空器停放的位置(用于航空器上下客货及检修)和旅客登机或离开飞机的门位。航空器停放位置离航站楼较近则为近机位,较远则为远机位(旅客在机坪区步行一段距离或由摆渡车运送过去)。停机坪容量可定义为在有连续的服务需求的情况下,一个固定的停机位数在一个规定的时间段内所能容纳的最大飞机数。停机坪容量分为静态容量和动态容量。静态容量是指在特定时刻可以在停机坪上同时停放的最大飞机架次;动态容量是指机位每小时可以接纳的飞机架次。由于机场管理部门可以较容易地增加停机坪机位,所以停机坪容量一般也大于跑道容量。

航空器到港和离港的位置及使用设施的组合性能,决定了机场在一定时间内能够适应的航班数量、旅客数量、航空器可能面临的延误等。因此,门位运行影响旅客的需求特征,从而影响整个机场陆侧的服务水平。停机位在运行中存在三种状态:空闲、停机、分配。在停机位使用上,应注意以下几个问题。

(1)假如已经有飞机在该停机位上,就不能再给该停机位分配进场航班。

(2)假如该停机位上没有停留飞机,就不能在该停机位上产生离场航班。

(3)假如在该停机位上目前没有飞机,但是该停机位已经分配给某架航班,该航班可能在地面滑行、在跑道上或在机场周边进近,则不能再将该停机位分配给其他航班。

2. 停机坪容量的影响因素

一般影响停机坪容量的因素有以下几个。

(1)可供飞机使用的停机位的数目和类型。

(2)需要停机位的飞机机型组合,以及不同类型飞机占用停机位的时间,不同机型过站时间表见表3-2。

表3-2 不同机型过站时间表

| 座位数 | 机型举例 | 过站时间 |
| --- | --- | --- |
| 60座以下 | AN-24、Y-7 等 | 不少于30min |
| 60~200座 | B737、MD-82、B757-200、BAE-146 等 | 不少于40min |
| 201~250座 | B767、A310 等 | 不少于50min |
| 251~300座 | A300、B747-SP 等 | 不少于60min |
| 301座及以上 | B747-400P、MD-11 等 | 不少于70min |

(3)停机位可供使用的时间百分数。

(4)对停机位使用的限制。

3. 停机坪容量(停机坪门位容量)评估

评估停机坪容量可采用两种分析模型:一种模型假设所有的飞机都能使用机场的全部停机位,称为"不受限制的停机位使用策略";另一种模型假设某些飞机或航空公司只能使用专门为这些飞机或航空公司设计的停机位,称为"受限制的停机位使用策略"。

第一种情况:当使用停机位不受限制,即所有飞机都能使用所有的停机位时,根据提供的停机位时间大于(等于)需要的停机位时间,可以导出停机坪容量:

$$U_k N_k = E[T_g] C_g \qquad (3-1)$$

$$C_g = U_k N_k / E[T_g] \qquad (3-2)$$

式中，$U_k$——停机位利用系数，或者在 1h 内 $k$ 型门位可供 $i$ 类型飞机使用的时间百分数；

$N_k$——可供 $i$ 类型飞机使用的 $k$ 型门位数；

$E[T_g]$——可使用 $k$ 型门位的飞机所需占用停机位（门位）时间的预期值；

$C_g$——$k$ 型门位的容量。

占用停机位时间的预期值 $E[T_g]$ 可由下式求得：

$$E[T_g] = \sum m_i t_{gi} \qquad (3-3)$$

式中，$m_i$——使用该机场的机型组合中 $i$ 类型飞机的百分数；

$t_{gi}$——机场中 $i$ 类型飞机所需占用停机位的时间。

**【例题一】** 某机场共设有 17 个门位，利用该机场的机队组成如下：B737 机型占 80%，B767 机型占 15%，B747-400P 及以上机型占 5%。各类飞机通用门位，门位的利用系数为 0.8，请分析门位容量。

通过不同机型的过站时间表可知门位占用时间：B737 机型为 40min，B767 机型为 50min，B747-400P 及以上机型为 70min。

$$C_g = U_k N_k / E[T_g] = \frac{0.8 \times 17 \times 60}{(0.8 \times 40 + 0.15 \times 50 + 0.05 \times 70)} = 18.98（架次/小时）$$

因此，该机场的门位容量为 18.98 架次/小时。

第二种情况：对于使用受限制的停机位，停机位的组合和使用该机场的机型组合可能不一样，因此，有必要找出每种类型的停机位容量，然后根据各种类型停机位的最小容量来确定机场的总容量。

**【例题二】** 某机场目前在用的 17 个停机位中，可以停放 B767 及以上机型的有 1 个，其余的 16 个停机位可以停放 B757 及以下机型。请分析门位容量。

可以做简单的计算，大机型停机位有 1 个，每小时只能容纳 1 架飞机；中、小机型停机位有 16 个，飞机的平均过站时间按 30min 计算，那么，16 个停机位每小时就能容纳 32 架飞机。因此，整个机场的所有停机位每小时能容纳 33 架飞机。这样可以简单地估算得出，该机场的理想门位容量为 33 架次/小时。

## 3.5 改善机场容量

### 3.5.1 机场容量和航班延误的关系

减少航班延误和增加机场容量是紧密联系在一起的，机场系统拥挤和延误的产生是由于机场容量不足造成的，即航空需求超过了机场容量。即使航空需求没有超过机场容量,延误也可能产生,这是由航空需求的非连续性,即需求的波动性造成的。

由图3-1可知,当运输需求接近极限容量时,运输对象必然会因等待通过而出现延误,运输需求越接近极限容量,则平均延误时间越长。延误时间和延误造成的经济损失反映了服务水平和服务质量。机场容量取决于最受限制的设施的容量,而机场系统的总延误则为各个组成部分(设施)延误的总和。

### 3.5.2 增加机场容量的措施

航空需求的急剧增长,给机场带来了一系列问题,如高峰时段机场拥挤、延误增加,导致服务质量严重下降。造成这些问题的根本原因在于机场容量的有限性和航空需求的无限增长性之间的矛盾,因此需要改善机场容量。一方面要增加硬件,如扩建或新建机场跑道、候机楼等;另一方面要从管理入手。具体措施如下。

1. 增加硬件

1)扩建机场

扩建现有机场是增加机场容量的重要措施,包括扩建跑道系统、停机坪、滑行道系统、航站楼等。

2)建设新机场

建设新机场是改善机场系统最直接、最有效的途径。根据中国民航局2008年发布的《全国民用运输机场布局规划》,至2020年,布局规划民用机场总数达244个,其中新增机场97个,见表3-3。

2. 加强航空需求管理

1)推行多样化远程服务

民航旅客运输过程一般是购票—乘车(公交车、机场大巴、出租车、地铁及其他地面交通系统)到机场—在机场办理各种手续(如值机、安检、联检等)—登机—空中运输—到达。

远程服务设施可以替代机场服务设施,为旅客办理部分手续(如网上购票、网上值机等)。这样可以简化旅客在机场的乘机流程,旅客可以直接由机场或航空公司送至登机口,从而减轻机场服务设施的压力。

2)发挥枢纽机场的联动效应

航空公司的航线结构普遍采用中心辐射式,这种结构在增强航空公司竞争力、吸引旅客、提高航空公司经济效益的同时,也给机场带来了巨大的压力。这种航线结构一般选择一个大型机场作为枢纽,通过航空器将其他机场的旅客汇集到枢纽机场,再利用此机场丰富的航班将旅客运送至目的站。越来越多的航空公司选择枢纽机场作为辐射中心,提高了机场的航班密度和机场高峰时段的起降密度,因此可能会造成机场拥挤。应发挥枢纽机场的联动效应,将该机场所在城市或周围区域的其他机场和该机场通过地面快速通道或利用其他方式有机地联系起来,进行适当分流,从而减轻该机场的负担。

表 3-3  全国机场布局规划

| 类别 \ 名称 | 北方机场群 | 华东机场群 | 中南机场群 | 西南机场群 | 西北机场群 |
|---|---|---|---|---|---|
| | 北京,天津,河北,山西,内蒙古,辽宁,吉林,黑龙江 | 上海,江苏,浙江,山东,安徽,江西,福建 | 广东,广西,海南,河南,湖北,湖南 | 重庆,四川,云南,贵州,西藏 | 陕西,甘肃,青海,宁夏,新疆 |
| 既有机场(147个) | 北京首都,北京南苑,天津,石家庄,秦皇岛,太原,运城,大同,长治,呼和浩特,包头,海拉尔,满洲里,锡林浩特,赤峰,通辽,乌兰浩特,乌海,沈阳,大连,丹东,锦州,朝阳,长春,延吉,哈尔滨,牡丹江,齐齐哈尔,佳木斯,黑河 | 上海浦东,上海虹桥,南京,无锡,常州,徐州,连云港,南通,盐城,杭州,宁波,温州,舟山,黄岩,义乌,衢州,济南,青岛,烟台,威海,临沂,潍坊,东营,合肥,黄山,安庆,阜阳,南昌,赣州,井冈山,九江,景德镇,福州,厦门,武夷山,晋江,连城 | 广州,深圳,珠海,梅州,汕头,湛江,南宁,桂林,北海,柳州,梧州,海口,三亚,郑州,洛阳,南阳,武汉,宜昌,恩施,襄樊,长沙,张家界,常德,永州,怀化 | 重庆,万州,成都,九寨沟,攀枝花,西昌,宜宾,绵阳,南充,达州,广元,丽江,大理,昆明,西双版纳,芒市,迪庆,保山,临沧,思茅,文山,贵阳,铜仁,兴义,安顺,黎平,拉萨,昌都,林芝 | 西安,延安,榆林,汉中,安康,兰州,敦煌,嘉峪关,庆阳,西宁,格尔木,银川,乌鲁木齐,库尔勒,伊宁,库车,且末,那拉提,克拉玛依 |
| | 既有30个 | 既有37个 | 既有25个 | 既有31个 | 既有24个 |
| 新增机场(97个) | 北京第二机场,承德,张家口,邯郸,衡水,良乡,吕梁,五台山,鄂尔多斯,阿尔山,二连浩特,巴彦淖尔,达来呼布,霍林郭勒,加格达奇,长海,长白山,鸡西,通化,白城,漠河,大庆,大海,伊春,抚远 | 淮安,苏中,丽水,济宁,九华山,蚌埠,芜湖,宜春,赣东北,三明,宁德,平潭 | 韶关,百色,河池,玉林,东方,五指山,琼海,信阳,商丘,神农架,衡阳,岳阳,武冈,邵东 | 黔江,巫山,乐山,康定,亚丁,马尔康,腾冲,怒江,红河,会泽,勐腊,泸沽湖,波密,毕节,六盘水,遵义,兴义,黄平,黔北,阿里,日喀则,曲靖 | 壶口,宝鸡,商洛,天水,夏河,金昌,陇南,玉树,武威,航天城,张掖,花土沟,德令哈,果洛,青海湖,固原,中卫,喀纳斯,吐鲁番,富蕴,哈密,博乐,奎屯,楼兰,塔中,石河子 |
| | 新增24个 | 新增12个 | 新增14个 | 新增21个 | 新增26个 |

3）合理调整通用航空

针对通用航空和商业航空同时运行的机场,如果存在较多通用航空飞机(通用航空一般采用小型飞机),这些飞机与航空公司的大型飞机同时运行,会对机场容量产生极大的影响。适当地将这些通用航空飞机调整到其他小型机场,则可以显著增大机场容量。

4）优化交通运输方式

随着科技的不断进步,其他交通运输方式不断朝快速化方向发展,如高速铁路、高速公路的建设。优化交通运输方式,对运输需求进行合理分流,将某些短距离航空运输转化成其他交通运输方式,可以缓解民航需求量大给机场容量带来的压力。

3. 加强高峰时间管理

由于航空运输需求呈现波动性,高峰小时的运输需求量越大,对机场服务水平与服务质量产生的影响越大,甚至会造成航班延误。随着运输需求量的不断增加,机场系统在规划与设计时确定的高峰小时容量将不能满足需求,与通过改扩建机场来增加机场容量相比,采用经济或行政手段来加强高峰时间管理更加实用。

1）采用经济手段对高峰时间进行管理

（1）采用高峰时间的价格措施。利用价格机制来调整航空运输需求。一般采用加收额外费用的形式,使航空公司避开高峰时间而利用非高峰时间,这样能使航空需求较均匀地分布在一天范围内,使机场系统能在不增加任何设施的情况下满足航空需求。

（2）高峰时间使用市场化。这种方法与前一种方法类似,实际上是基于市场机制来确定高峰时间的额外费用。要注意的是这些措施或方法对于国际航空运输来说,并不完全适用(国际航空运输一般按双边协议进行)。

上述经济手段在实行时不仅会限制航空公司,还会给旅客出行造成很多麻烦,增加旅客出行费用。

2）采用行政手段对高峰时间进行管理

（1）实行高峰时间交通配额。机场的高峰小时起降架次是有限的,因此机场经营者与各航空公司确定了一个高峰时间交通配额,这个配额可以针对机场的任何一个子系统。该配额可以基于高峰时间航空公司的航班数,也可以基于航空公司的旅客运输量。航空公司则根据机场给予的配额来灵活运营,航空公司之间也可协商使用这些配额。

（2）实行航空流量控制。流量控制是针对某个区域或国家的机场系统网络,通过对始发站机场的航班或航路上的航班的动态控制来降低机场的高峰时间交通流量。这种控制一般由空中交通管制部门利用空中交通管制规则来进行。

（3）限制通用航空飞机。通过行政手段来限制通用航空飞机在机场系统高峰时间的运行,可以显著增加机场系统的容量。

4．采取技术措施,提高运行效率

(1) 改进飞机制造技术。通过设计更先进、实用的飞机来满足不同的航空运输需求,从而改善机场系统的使用。

(2) 优化航站楼设计。通过改进航站楼的设计,如减少航站楼的车道边与停机坪门位之间的旅客步行距离,简化旅客办理乘机手续的流程等,提高机场高峰时间的服务能力。

(3) 引入门位分配技术。建立机场系统门位分配模型,使机场系统能根据实际运营情况自动分配门位,以避免由于机械故障、天气等原因造成的门位利用率低导致的机场拥挤情况。

(4) 优化候机楼服务系统。通过改进现有旅客服务系统,可以提高机场的运行效率。例如,增加自助值机、自助行李托运、自动安检等设施,在方便旅客的同时,可以大大提高办票效率,降低机场的拥挤程度。

## 3.6 机场总体规划

机场总体规划是机场建设者对机场的兴建、扩建、改建所提出的长期设想的纲领性规划文件,它必须同时考虑费用效益比、使用需求、环境影响和对当地社会经济的影响。在制定机场总体规划的过程中,机场容量的评估和分析起到至关重要的作用。

### 3.6.1 机场总体规划的制定步骤

1．确定目标

在开始制定总体规划时,要听取地区居民、企业环境保护机构、城市规划机构、航空公司、空军等各方面的意见,然后确定机场的短期和长期目标;同时,收集可靠和有意义的数据,对费用和效益进行初步估算,确定投资来源,组建规划队伍。

2．预测交通流量

要对机场未来的航空活动和交通流量进行预测,包括飞机的起降架次和客货吞吐量,从而确定飞行区、航站区和地面运输区的设施和规模。

3．评估机场容量

评估机场容量时要考虑现有设施和现有其他机场的影响、机场各方面设施的配套和平衡、空中交通管制方面的要求和限制等。

4．选择最佳方案

在上述工作的基础上,确定合适的设施,制定若干个机场总体规划方案,并从中选出最佳方案。

### 5. 选址

如果扩建现有机场无法满足航空运输需求,则要新建机场。选址问题是新建机场的首要问题,选址要符合运行、社会、投资三个方面的要求。在运行方面,主要考虑跑道的数量、长度、方向,以及空管要求、天气情况等;在社会方面,主要考虑旅客的需求、环境要求(特别是噪声要求)等;在投资方面,主要考虑地理条件、建筑材料、其他交通运输方式和服务等情况。

### 6. 确定机场总体规划的各个细节

完成上述工作后,还要确定机场总体规划的各个细节。

机场总体规划基本流程如图 3-6 所示。

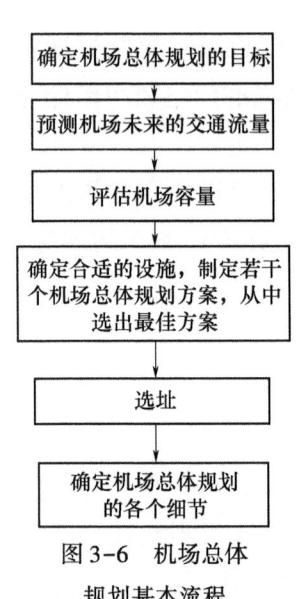

图 3-6 机场总体规划基本流程

### 3.6.2 机场总体规划的内容

#### 1. 机场布局规划

绘制布局规划图,在图中标出机场各设施的大小、位置,附上进近和净空边界区域。

#### 2. 土地使用规划

土地使用规划包括机场边界内的土地使用规划,以及机场边界外周围土地的使用规划。

#### 3. 航站区规划

航站区规划主要包括航站区的建筑和设施,以及周围的道路(停机坪和车辆通过的道路)。

#### 4. 机场进出道路规划

此规划包括两部分:一是市区到机场的道路,如高速公路、高速铁路、地铁、轻轨、港口等和机场的衔接;二是机场内部的道路,包括候机楼下客区域、停车场、旅客离开候机楼的通道(公共车辆、出租车、其他车辆的载客区和出入道路)。

## 3.7 机场高峰时间和航班安排

### 3.7.1 机场高峰时间

机场高峰时间是指机场旅客运输人次或货物运输量最多的时间。

一方面,机场运营者希望将需求平均分配于每个工作日,以便降低设施供应方面的压力;另一方面,航空公司希望最大限度地提高机队的利用率,希望通过在黄金时间(高峰时间)提供服务的方式来提高载运率。因此,机场运营者和航空公司之间存在潜在的冲突。

## 3.7.2 机场高峰时间统计指标

1. 标准繁忙率(Standard Busy Rate, SBR)

许多机场系统被设计成在一年中有几个小时超负荷运转，随之而来的便是延误。图3-7显示了航空运输机场一年中每小时客流量的典型分布。从图3-7中可以看出，每年有几个小时存在极高的客流量，保证足够的能力应付全部流量将导致不经济和浪费性经营。

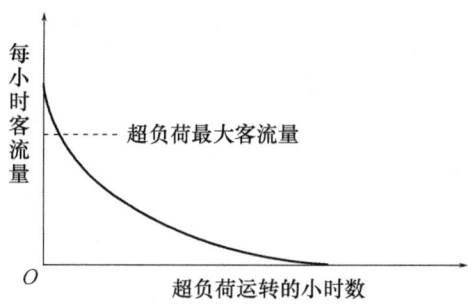

图3-7 航空运输机场一年中每小时客流量的典型分布

可利用SBR来保证机场每年设施超负荷运转时间少于30h。这一数字被认为是合理的。在实践过程中可以利用如下公式：

$$绝对高峰小时流量 = 1.2 \times 标准繁忙率(SBR)$$

就航空器的运动而言，SBR与绝对高峰之比随着年流量的增加而增加，即随着机场交通量的增加，流量的极端高峰将趋于消失。

2. 繁忙小时率(Busy Hour Rate, BHR)

繁忙小时率是对SBR的一种修改。5%繁忙小时率如图3-8所示。通过将运营量按大小排序及计算占年流量5%的累计流量的方法，便可得出BHR。利用BHR需要收集和分析大量数据，非小机场力所能及。

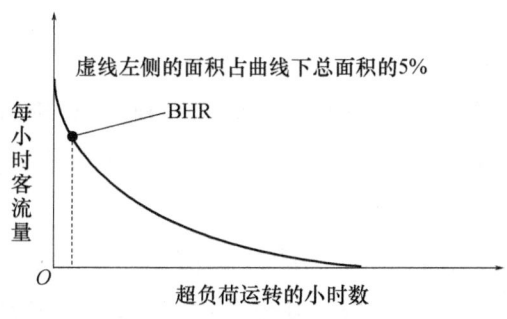

图3-8 5%繁忙小时率

3. 典型高峰小时旅客量(Typical Peak Hour Passengers, TPHP)

典型高峰小时旅客量是用年旅客流量来测量高峰的比率方法，FAA 建议的 TPHP 见表 3-4。

表 3-4　FAA 建议的 TPHP

| 年旅客流量/人次 | TPHP 在年旅客流量中所占的百分比/% | 年旅客流量/人次 | TPHP 在年旅客流量中所占的百分比/% |
| --- | --- | --- | --- |
| 20000000 | 0.030 | 500000～999999 | 0.050 |
| 10000000～19999999 | 0.035 | 100000～499999 | 0.065 |
| 1000000～9999999 | 0.040 | 100000 以下 | 0.120 |

4. 最繁忙时刻小时(Busiest Timetable Hour, BTH)

利用平均载运率和现有或计划时刻表可以计算出 BTH，这种简单的方法对数据有限的小机场是可行的。这种方法受航空公司预测失误、重排航班时刻表、为应对各种意外变化重新调整设备及平均载运率的影响。

5. 高峰轮廓小时(Peak Profile Hour, PPH)

高峰轮廓小时又称平均日高峰。首先选择高峰月，然后以实际天数(如 28 天、30 天、31 天)来计算每小时平均流量，这样便可得出平均高峰日的平均小时流量。高峰轮廓小时是平均高峰日中价值最大的一个小时。经验表明，许多机场的高峰轮廓小时和标准繁忙率十分接近。

### 3.7.3　影响高峰特性的因素

机场高峰的形式和时间在很大程度上取决于机场交通的性质与机场所服务地区的性质，因此高峰的特性受以下因素的影响。

1. 国内旅客与国际旅客之比

因为多数公务旅行人员都乘坐国内航班，所以国内航班趋向于用反映工作日类型的方法来经营。

2. 包机与定期航班之比

确定包机时刻表是为了最大限度地提高飞机利用率，没有必要一定安排在高峰时段。但经营定期航班的航空公司则认为，高峰时段最具有商业竞争力和商业价值。

3. 远程航班和短程航班之比

为了提高飞机利用率，短程航班一般会最大限度地利用一天的时间，因此其去程高峰一般在上午 8:00 至 9:00，返程高峰集中在下午 4:00 至 6:30。而远程航班的安排主要考虑到达时刻，以便于旅客和机组人员合理地休息并避开机场的宵禁。

**4. 地理位置**

航班时刻的安排要考虑时差等因素,以保证旅客在目的地的交通设施及饭店等的营业时间到达。

**5. 机场所服务地区的性质**

机场所服务地区的性质对机场高峰时段有很大的影响。例如,位于季节性很强的度假区附近的机场,如地中海地区,在假期会表现出十分明显的高峰特性。

### 3.7.4 航班安排

1. 影响航空公司航班安排的因素

1) 政府职能和政策保障

我国的航空运输市场是在政府的宏观调控和综合协调下发展的。政府的宏观调控手段主要体现在以下几方面:一是对购买飞机数量的限制;二是对航班数量的控制;三是对部分航线开辟的鼓励和政策支持。因此,在制订航班计划时不能盲目地抢占市场、盲目地增开航线和增加航班,要按市场经济规律办事,科学、合理地增加航班数量和安排航班时刻。

2) 机场容量及航路容量

机场容量受机场设施、空中交通管制(简称空管)等因素的影响。机场设施一般包括机场的场道建筑、导航通信网络、航行管制系统、信号照明系统、客流输送设备、维修设施、候机楼中的物流和客流输送设备及安全检查设备。机场容量限制了航班的数量和起降时间,因此是安排航班时需要考虑的因素。

3) 季节性和飞机的起降时刻

如果存在大量的季节性交通流量(特别是节假日),那么对于夏季和冬季经营,航班安排策略会有很大的不同。例如,我国的季节性航班分为夏秋航班和冬春航班,它们在航班时刻、班次等方面有很大的不同。

飞机的起降时刻是指飞机在机场起飞、降落、经停的时间和航线间飞行的时间。时刻是一种资源,不同时刻可带来不同的经济效益,竞争激烈的航线更是如此。选择航班时刻受到旅客的习惯、机场的保证、空管和航空运输企业运力的调配等因素的制约。

4) 运力保障

这通常包括飞机的机型、数量、性能、使用年限等。每种飞机的保障能力不尽相同。一般来说,B747 机型可连续运营 120h,之后要进行 8h 的维护和保养。对于一个大、中、小型飞机混合运营的航空公司,其选择航线的范围就较广;但对于机型单一、飞机数量较少的航空公司来说,其选择范围就较窄。对于一个特定的航空公司而言,其运载能力有限,加上机场、空管等相关因素的影响,飞机的日利用率(小时/天)也是有限的,因此其所能提供的总的飞行时间是一定的。在制订航班计划时,飞机的运载能力保障是需要考虑的一个重要因素。

5) 航班的客座率和载运率

航班的客座率和载运率是反映航空公司运营水平的重要指标，也是许多外在因素的综合反映，主要包括航班地点的政治条件、经济条件、旅游条件、物产资源、综合交通运输发展程度等。对一些平均客座率不断上升的航段，在制订航班计划时可以考虑多投放运力。若某航段平均客座率一直很低，而且没有上升的趋势，但该航空公司竞争力很强，那么就应该保留这条航线；反之，就应该考虑取消该航线。如果平均客座率季节性波动较大，可根据往年经验在客座率高峰期加班飞行。

6) 地面保障

航空运输系统是个庞大的系统，地面保障环节尤为重要，地面服务、维护和保障人员的数量、素质、服务效率等直接影响飞机的日利用率，进而影响航班计划的制订与实施。

7) 机组

每个航班都要考虑地面、空中、机组、维修等多方面的因素，机组和航班之间存在密切的关系。每架飞机均有几个机组与之对应，可供调配的机组人员的多少直接影响飞机的日利用率。因此，在制订航班计划时要充分考虑机组的影响。

8) 航空公司竞争策略

在航空运输市场竞争中，要充分掌握国家经济发展的特征、航空发展的趋势，如国际交流和合作对民航的促进作用、新老航空公司的更替、新机型的研发和引进等。只有预先掌握这些动向，在制订航班计划时才能有的放矢。

2. 航班安排和管理的基本规定

1) 航班时刻管理机构的职责

根据中国民航局《航班时刻管理实施细则》，民航局统一负责全国民航航班时刻管理工作，地区管理局负责辖区内机场的航班时刻管理工作。空管局和地区管理局承担航班时刻的具体协调、分配与使用监督工作。

民航局负责：

(1) 研究、制定统一的全国民航航班时刻管理政策。

(2) 批准、确定、协调机场及其协调时段。

(3) 批准、确定、协调机场的机场小时保障容量。

(4) 批准、协调机场航班时刻协调委员会的成立和航班时刻协调委员会的书面工作规则。

(5) 基于行业发展与市场调控的需要，确定航班时刻协调优先顺序中在某些时间内应增加的特殊因素。

(6) 批准、协调机场航班时刻协调委员会在确定的机场时刻池中，在换季航班时刻协调中分别应分配给新进入航空公司和基地航空公司的比例。

(7) 确定预留用于特殊航线航班的时刻，批准这些时刻协调分配结果。

（8）保留对全国航班时刻协调与分配结果的最终决定权，对航空公司、机场及其他有关利益方对时刻分配、处理结果的异议进行最终裁决。

（9）研究决定全国航班时刻管理的其他重大问题。

（10）监督和检查全国民航航班时刻管理工作。

民航局成立航班时刻管理领导小组，领导小组组长由主管领导担任，小组成员由政策法规司、运输司、国际司、机场司、纪委（监察局）、中国民航局空管行业管理办公室、中国民用航空局空中交通管理局（简称空管局）领导担任。空管局为领导小组办事机构。

空管局负责：

（1）组织国内航班时刻协调会，组织参加国际航空运输协会（IATA）的航班时刻协调会。

（2）审核、确定、协调机场的跨区航班时刻。

（3）承担外国及我国港澳台地区航空公司在我国内地机场起降航班时刻的申请受理和协调分配工作。

（4）承担专机、要客包机、急救飞行等紧急或特殊情况下航班时刻的申请受理和协调分配工作。

（5）承担特殊航线航班时刻的申请受理与协调分配工作，协调分配结果报民航局批准。

（6）组织设计、开发和维护全国民航航班时刻管理网络系统。

（7）监督和检查航空公司的航班时刻执行情况。

地区管理局负责：

（1）协调解决辖区内航班时刻管理工作的重大问题。

（2）组织成立协调机场的航班时刻协调委员会，指导航班时刻协调委员会开展工作。

（3）组织对辖区内非协调机场的容量评估工作，须成为协调机场的向民航局提出建议。

（4）每航季结束后，组织征求有关利益各方对时刻管理机构的意见和建议。

（5）协调和分配协调机场的区内航班时刻，协调结果向空管局备案。

（6）初步协调和分配协调机场的跨区航班时刻。

（7）协助协调和分配外国及我国港澳台地区航空公司在我国内地机场的航班时刻。

（8）监督和检查航空公司的航班时刻执行情况。

2）航班时刻的申请和协调

国内航空公司在非协调机场和协调机场的非协调时段的航班时刻无须协调，按照"先到先得"原则申请获得。任何航空公司未得到航班时刻协调机构协调分配的航班时刻,不得在协调机场的协调时段起降航班。航班时刻的申请,统一由持有运行合格审定证书的航空公司提交。地区管理局须为每个协调机场的协调时段建立相应时刻池,时刻池中所有时刻应注明起止时间。时刻池中所有时刻应通过时刻管理网公布。

(1) 航班时刻的协调应遵循如下原则、标准和规定。

① 主辅机场协调原则。协调机场的时刻协调以主协调机场为主,辅协调机场的时刻协调要配合主协调机场的协调要求,同为主协调机场或同为辅协调机场则以起飞机场为主。

② 有利于促进竞争的原则。

③ 有利于促进枢纽建设的原则。

④ 机场开放时限。

⑤ 标准航段运行时间和使用机型的最少过站时间。

⑥ 因机场改扩建或设施改造等方面影响的限制规定。

⑦ 空中交通管理及其他安全方面的相关规定。

(2) 换季航班时刻的协调应当遵循如下优先顺序。

① 历史航班时刻。

② 历史航班时刻的调整。

③ 顺延上一航季的航班时刻。

④ 在该航季中执行时间较长的航班时刻。

⑤ 新开航线的航班时刻。

⑥ 民航局基于行业发展和市场调控需要的特殊规定。

⑦ 已执行航班时刻的使用率较高的航空公司。

(3) 日常定期航班时刻的协调应当遵循如下优先顺序。

① 在执行航班时刻的调整。

② 新进入航空公司申请的航班时刻。

③ 基地航空公司优先于非基地航空公司。

④ 新开航线的航班时刻。

⑤ 民航局基于行业发展和市场调控需要的特殊规定。

⑥ 已执行航班时刻的使用率较高的航空公司。

3. 航班安排流程

航空公司航班安排问题涉及公司内部大量的分支机构和人员,一般航空公司的航班安排流程如图 3-9 所示。

航空公司航班安排计划确定后,最终由运营和控制部门负责执行。

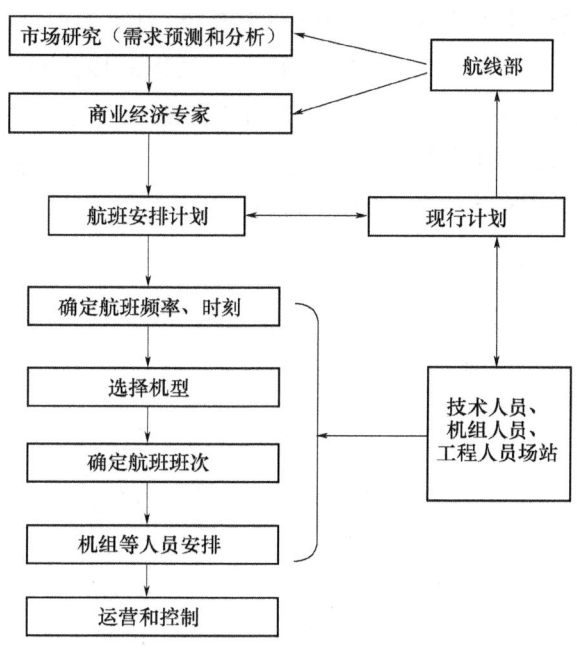

图 3-9 航空公司的航班安排流程

**本章小结**

目前我国民航正处于快速发展时期,随着旅客运输量的剧增,对机场基础设施建设规模和机场空域容量的需求也不断加大;同时,机场容量和航班延误之间关系密切,机场容量的评估对机场规划和建设有重要参考价值。因此,应采取一定的措施来增加机场容量,减少航班延误,提高机场的利用价值。一方面,应从硬件环境上改善现有的交通状况,如通过新建和扩建机场、改善空中交通管制设施等来增加机场容量;另一方面,应更加有效地利用现有的硬件设备,增加机场容量,使机场发挥更大的功用。

高峰时段是机场运输量最大的时段,应认识和了解机场高峰时段的评价方法,并有效地确定机场的高峰时段,使机场能够更加高效地进行航班管理,促进航空企业及航空运输市场的发展。

## 自我检测

(1) 机场容量指的是什么?
(2) 机场容量怎么分类?
(3) 机场容量的评估原则有哪些?
(4) 机场陆侧容量的评估指标有哪些?

(5) 某机场停机位使用不受限制,共设有25个门位。利用该机场的机队组成如下:A320机型占75%,A300机型占21%,B747-400P及以上机型占4%。各类飞机通用门位,门位的利用系数为0.75。请分析门位容量。

(6) 机场高峰时段统计指标有哪些?

(7) 影响航空公司航班安排的因素有哪些?

# 模块 2　机　场　运　营

## 第 4 章
# 机场航站区运营

航站区是机场的一个非常重要的组成部分。航站楼的布局、流程设置等和旅客直接相关，航站楼机坪门位数目会对机场的日常运营产生重大影响。

**知识目标**

（1）了解机场航站区的规划原则。
（2）了解机场航站楼、航站楼机坪的布局设计原理。
（3）掌握航站楼的流程组织原则。

**能力目标**

（1）掌握航站楼旅客流程。
（2）了解航站楼基本设施。
（3）熟悉飞机驶停方式。

航站区是机场的客货运输服务区，是为旅客、货物、邮件空运服务的。航站区是机场空侧与陆侧的交界区，是地面与空中两种不同交通方式进行转换的场所。航站区主要由三部分组成：①航站楼、货运站；②航站楼、货运站前的交通设施，如停车场、停车楼等；③航站楼、货运站与飞机的连接地带——站坪。本章主要讨论航站楼和航站楼机坪，货运站和交通设施将单独设置章节进行讨论。

## 4.1　机场航站区的规划

### 4.1.1　航站区的规划原则

航站区是机场的一个重要功能区，在规划时应遵循以下原则。

(1) 与机场总体规划相一致。

(2) 坚持"一次规划,分期实施",使航站区规模与旅客运输量相适应,各区域容量平衡,并具有未来扩建发展的余地。

(3) 相对于飞行区和机场的其他功能区的间距、方位合理。

(4) 航站区陆侧应便于交通组织,并与城市地面交通系统有良好的衔接。

(5) 航站区空侧应根据飞机运行架次、机型组合、地面保障服务设施等合理规划,使飞机运行安全、顺畅、高效。

(6) 航站区应地势开阔、平坦,排水条件好,并尽可能少占地。

(7) 注意航站区的群体建筑效应,注意绿化、美化和保护航站区及其周围环境。

### 4.1.2 航站区的位置确定

在考虑航站区具体位置时,尽管有诸多影响因素,但机场的跑道条数和方位是制约航站区定位的最重要因素。航站区—跑道构形及两者的位置关系是否合理,将直接影响机场运营的安全性、经济性和效率。航站区应布置在从它到跑道起飞端之间的滑行距离最短的地方,并尽可能使着陆飞机的滑行距离也最短。即应尽量缩短到港飞机从跑道出口至机坪、离港飞机从站坪至跑道起飞端的滑行距离,尤其是离港飞机的滑行距离(因其载重较大),以提高机场运行效率,节约油料。在跑道条数较多、构形更为复杂时,要尽可能避免飞机在离开或驶向机坪时跨越其他跑道。同时,应尽可能避免飞机在低空经过航站区上空,以免发生事故而造成重大损失。

交通量不大的机场,大都只设一条跑道。此时,航站区宜靠近跑道中部,如图4-1(a)所示。

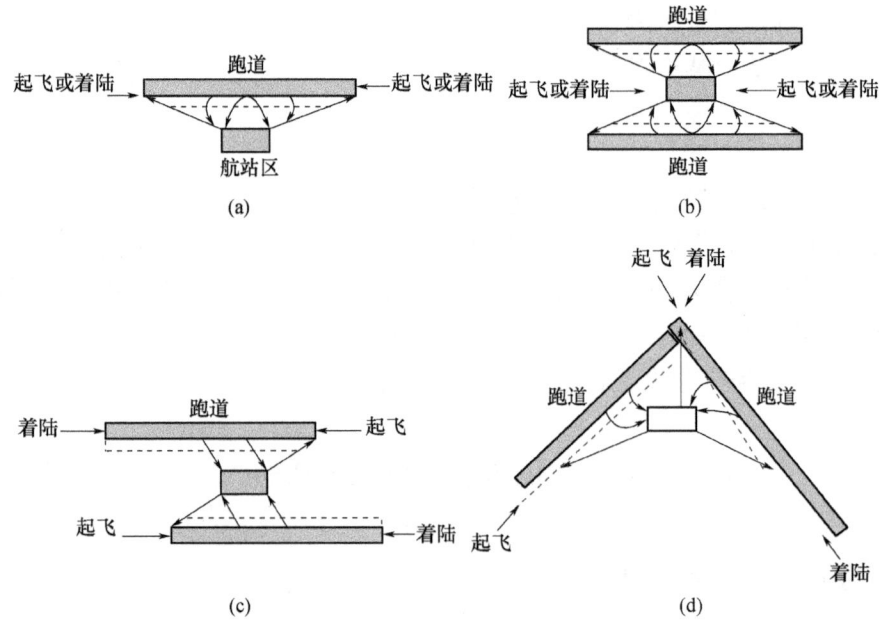

图4-1 航站区与跑道的位置设计

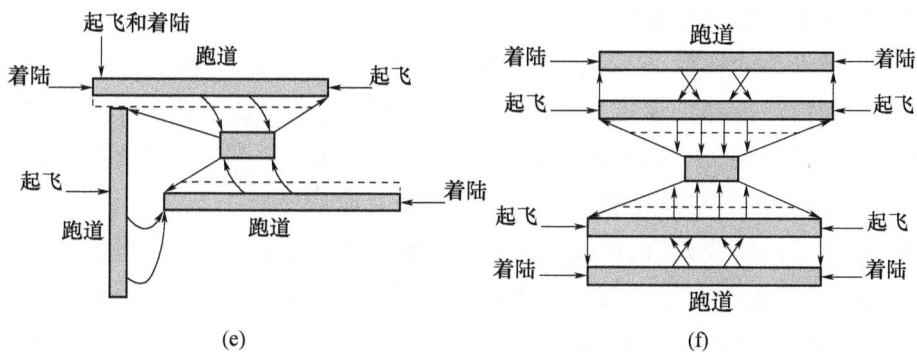

图 4-1 航站区与跑道的位置设计(续)

如果机场有两条互相平行的跑道(包括入口平齐和相互错开)且间距较大,一般将航站区布置在两条跑道之间,如图 4-1(b)、(c)所示。

若机场具有两条呈"V"形的跑道,为缩短飞机的离港、到港滑行距离,通常将航站区布置在两条跑道所夹的场地上,如图 4-1(d)所示。

如机场的交通量较大,必须采取 3 条或 4 条跑道,则航站区位置可以参考图 4-1(e)、(f)。

## 4.2 航 站 楼

航站楼是航站区的主体建筑,是一个地区或国家的窗口。航站楼通过各种服务与设施,不断集散旅客及其迎送者。

### 4.2.1 航站楼的规划设计

航站楼是航站区最主要的建筑物。特别是国际机场,航站楼在一定意义上就是一个国家的大门,代表着国家的形象。因此,在建筑上要求它具有一定的审美价值、地域或民族特色,并采用豪华的装饰,这也是与航空旅行这种迄今为止最高级的旅行方式相适应的。

在航站楼建筑设计中,我国历来比较注重其外形、具有的地方特色或象征意义。应该说这也是一种设计风格,运用得当,的确能给一个机场甚至一个省、市增色许多。但在设计中,要反对那种庸俗化、表面化的地方特色和象征手法。相比之下,世界上的发达国家更重视航站楼内的功能、环境效应、艺术氛围及人与自然的和谐统一,其设计风格的成功之处也是我们应该汲取的。不管航站楼采用何种设计风格,归根结底,是服务于航空客运的功能性交通建筑物。因此,其规划、设计、布局应本着方便旅客、利于运营和管理的原则来展开。

航站楼的规划设计,在技术上应注意以下问题。

(1) 确定合理的规模和总体布局概念(集中式或单元式),以便航站楼设施与当前及不远的将来的客运量相适应。

（2）选择合理的构形，便于空域与飞机、陆侧与地面交通进行良好的衔接，并具有未来扩建的灵活性和扩建时尽可能较低程度地影响航站楼运营。扩建的灵活性对航站楼来说非常重要，因为机场的建设不可能毕其功于一役。随着客、货运量的增加，机场做分阶段扩建在投资和运营等方面都有其合理性。

（3）航站楼设施要先进，流程要合理、简捷、明确、流畅，不同类型的流程应有良好的分隔；各控制点设施容量要均衡协调，使旅客、行李的处理迅速、准确。

（4）航站楼结构与功能要协调，内部较大的营运区应具有可隔断性（采用大柱网），以适应灵活多变的布局。航站楼结构应便于各种建筑设备（供电、照明、供热、空调、给排水、垂直和水平输送设备、消防、监控等）的布置与安装，还应在采光、结构、建筑材料等方面注意建筑节能。

（5）要适应商业化趋势，提供多方面、多层次的旅客消费、休闲、业务等服务设施。航站楼要合理地进行功能分区，使相关的功能区既具有相对独立、互不干扰的特点，又能实现方便、迅捷的联系。要适应建筑智能化趋势，在投资许可的条件下，提高航站楼的智能化程度。

（6）航站楼的主要功能是便利、迅速和舒适地实现两种交通运输方式的转换。航站楼规划要体现这一点，一方面，要处理好它与机坪及地面交通运输系统的布局关系；另一方面，要安排好楼内各项设施单元的布局，使楼内的各项设施与出入机场地面交通系统的通过速率匹配。

航站楼的具体规划过程大致可分为以下四个阶段。

1. 确定设计旅客量

根据制定机场总体规划时预测的年旅客量，可初步估计航站楼的规模。确定各项设施所需建筑面积时，应依据高峰小时旅客量来计算。典型高峰小时旅客量与年旅客量有一定的比例关系，一般为年旅客量的 0.03% ~ 0.06%。表 4-1 是美国 FAA 给出的高峰小时旅客量与年旅客量的关系。

表 4-1　高峰小时旅客量与年旅客量的关系（FAA）

| 年旅客量/1000 人次 | 高峰小时旅客量占年旅客量的比例/% |
|---|---|
| ≥20000 | 0.030 |
| 10000 ~ 20000 | 0.035 |
| 1000 ~ 10000 | 0.040 |
| 500 ~ 1000 | 0.050 |
| 100 ~ 500 | 0.065 |
| <100 | 0.120 |

2. 估算面积

估算面积的计算需要航站楼及其各项设施提出尺寸要求，并不要求确定各单元的具体位置。

各项设施所需面积,应根据其功能和特点来确定。表4-2是FAA提出的设计标准。

航站楼的面积要求与预期达到的服务水平有关。FAA建议航站楼面积要达到每个登机旅客占$0.007\sim0.011m^2$,高峰小时旅客航站楼面积国内部分是$14m^2$/人,国际部分是$20.5m^2$/人。我国目前的实际控制面积指标国内部分是$14\sim30m^2$/人,国际部分是$24\sim40m^2$/人。

表4-2 各项设施的空间设计标准(FAA)[①]

| 国内航站楼设施 | 高峰小时旅客量所需面积/$m^2$ | 国际航站楼设施 | 高峰小时旅客量所需外加面积/$m^2$ |
| --- | --- | --- | --- |
| 办票大厅 | 1.0 | 健康 | 1.5 |
| 航空公司经营办公室 | 4.8 | 移民 | 1.0 |
| 行李领取 | 1.0 | 海关 | 3.3 |
| 候机室 | 1.8 | 农业 | 0.2 |
| 饮食设施 | 1.6 | 来宾候机室 | 1.5 |
| 厨房和储藏室 | 1.6 | 流通、行李、公用设施、墙 | 7.5 |
| 其他特许经营 | 0.5 | 总计 | 15.0 |
| 厕所 | 0.3 | | |
| 流通、机械、维护、墙 | 11.6 | | |
| 总计 | 24.2 | | |

3. 确定总体布局方案

估算出各单元设施面积后,结合计算的航站楼总面积,按不同功能区对各项设施进行组合。组合时,应使旅客的流动路线简单、明确、短捷,各项设施的功能要分明。同时,根据总规模、预期的旅客舒适程度要求和方便运营等因素,确定总体布局方案。

4. 提出设计方案

这一阶段是根据估计面积和总体布局方案,绘出航站楼的各项平、立面图。图上要标明各单元位置、形状和尺寸,从而建立起各单元、各功能区间的联系,并按规定的要求进行评价。评价的内容主要包括:

(1) 旅客和行李的流动路线是否短捷,有无其他流动路线干扰或交织,是否有层位的变化等。

(2) 设立的检查或控制点是否有重复,可否减少。

(3) 旅客能否依靠自己行进,能否相继认清各种导向标志。

(4) 各单元的容量能否满足具体需要,它们的流动速率是否相互匹配等。

(5) 可扩展性。

根据评价的结果和航站楼的具体功能要求反复修改,方能得到较理想的方案。

---

① 汪泓,周慧艳. 机场运营管理[M]. 北京:清华大学出版社,2008.

## 4.2.2 航站楼的布局

1. 水平布局

1) 概述

航站楼的水平布局是否合理,对航站楼运营有至关重要的影响。确定航站楼水平布局方案时,要考虑许多因素,主要有旅客流量、飞机起降架次、航班类型、使用该机场的航空公司数量、场地的物理特性、出入机场的地面交通系统等。为合理选择水平布局方案,应处理好以下三个问题。

(1) 集中与分散(图4-2给出了集中式和分散式航站楼的概念示意,分散式航站楼也叫单元式航站楼)。所谓集中,是指一个机场的全部旅客和行李都集中在一个航站楼内处理。目前,我国大多数机场都采用集中式航站楼。但是,随着客流量迅猛增长,集中式航站楼的规模越来越大。例如,芝加哥的奥黑尔国际机场(简称奥黑尔机场)航站楼两个相距最远的门的距离竟达1.5km。同时,航站楼陆侧的停车设施规模往往也比较庞大。这样,旅客在航站楼内外的步行距离常常很大,有时甚至到了令人无法容忍的程度。

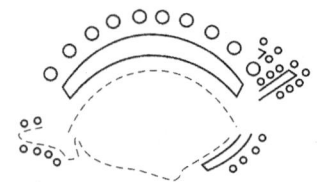

图4-2 集中式和分散式航站楼的概念示意

为使旅客舒适地进行航空旅行,参照IATA的建议,目前普遍认为应将旅客在航站楼内的步行距离控制在300m之内。这样,当客流量非常大时,如仍采用集中式航站楼就很难达到要求。于是,便出现了分散式航站楼。其具体思路如下:在一个机场设若干个(两个或两个以上)单元式航站楼,每个航站楼的服务旅客类型相对单一化。例如,分设国内旅客航站楼、国际旅客航站楼,不同的航空公司使用不同的航站楼等。美国达拉斯的福特·沃尔斯机场就是一个比较典型的具有单元式航站楼的机场,该机场共设14个单元式航站楼。

形成单元式航站楼格局可能有两个原因。一是有的机场一开始就设计成单元式,如福特·沃尔斯机场,还有戴高乐机场、多伦多皮尔逊国际机场(简称皮尔逊机场)等。二是随着客运量增加,扩建原有的航站楼不可能或不合适,又新建了航站楼,如英国的希思罗机场、法国的奥利机场、西班牙的马德里机场等。随着1999年新的航站楼竣工并投入运营,北京首都国际机场成为我国第一个拥有分散式航站楼的机场。随着2008年3月26日上海浦东国际机场的T2航站楼和北京首都国际机场的T3航站楼投入使用,分散式航站楼或单元式航站楼在我国得到进一步的发展。

没有一种方案能满足所有的要求。单元式航站楼的优点如下:提高了整个机场的旅客通过能力,每个航站楼及停车场等设施都能保持合理的规模,旅客在航站楼内外的步行距离也能保持合理的长度等。但是,单元式航站楼也有其突出弊端:每个航站楼都要配置几乎相同的设施,规模经济效益差。如果航站楼之间相距较远(如福特·沃尔斯机场最远的两个航站楼相距竟达 4.5km),会给中转旅客和对机场不熟悉的旅客带来极大的不便。为此,有时必须考虑能够沟通各单元的城市捷运交通系统,这无疑又增加了额外投资,并使航站区交通变得越发复杂。采用单元式航站楼时,航站区一般占地较大,不利于节约土地。因此,在决定采用单元式航站楼时务求慎重。只有大型枢纽机场在客运量确实太大(年客运量大于 2000 万人次)时,才有必要考虑单元式航站楼的水平布局设计概念。集中式航站楼的优点是显而易见的,它可以共用所有设施,投资和维护、运营费用低,便于管理,占地较少,有利于航站楼开展商业化经营活动等。但当旅客流量很大,航站楼规模也很大时,可能会给空侧、陆侧的交通组织和旅客、行李在航站楼内的处理带来难度,进而影响旅客的通过能力和舒适程度。因此,集中式航站楼的关键是保持合理规模。

影响航站楼布局的基本形式的主要因素有以下几个。

① 航空业务量的大小及其构成。

② 机场构形及航站区与飞行区的关系。

③ 航站区的场地条件、几何形状、大小及地形地貌。

④ 近期旅客航站楼的建设规模及机场未来的发展前景。

⑤ 进出旅客航站楼的地面交通系统。

(2)航站楼空侧对停靠飞机的适宜性。航站楼空侧要接纳飞机。一般情况下,停靠飞机以上下旅客、装卸行李所需占用的航站楼空侧边,要比按旅客、行李等的空间要求所确定的建筑物空侧边更长,特别是飞机门位较多时更是如此。为适应空侧飞机门位的排布要求,一般航站楼空侧边在水平面要做一定的延展和变形,以适宜飞机的停靠和地面活动。

(3)航站楼陆侧对地面交通的适宜性。由于航站区地面交通的多样性(汽车、地铁、轻轨等),在考虑航站楼水平布局时,必须使方案便于航站楼陆侧与地面交通进行良好的衔接。当进出航站区的旅客以汽车作为主要交通工具时,航站楼设置合理的车道边(长度、宽度)对陆侧交通非常重要。

2)航站楼水平布局方案

为妥善处理航站楼与空侧的关系,人们提出过多种航站楼水平布局方案。

(1)线型。线型是一种最简单的水平布局形式。航站楼空侧边不做任何变形,仍保持直线。飞机机头向内停靠在航站楼旁,旅客通过登机桥上下飞机,如图 4-3 所示。楼内有公用的票务大厅和候机室(也可为每个或几个飞机门位分设候机室,但此时要设走廊以连接各候机室)。

这类航站楼进深较小,一般为 20～40m。在飞机门位较少时,旅客从楼前车道边步入大厅办理各种手续后,步行较短距离即可到达指定门位。客流量增大时,航站楼可向两侧扩展,这样可同时增加航站楼的空侧长度(以安排门位)和陆侧长度(延长车道边)。但扩建后,如门位较多,必然使旅客的步行距离增加许多。在这种情况下,可以考虑将航站楼分为两个大的功能区,如国际区、国内区,各有一套办理旅客手续的设施单元和若干个门位。

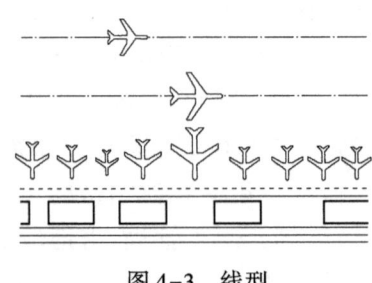

图 4-3　线型

目前,我国大多数机场客运量较少,因此普遍采用这种水平布局方案。

(2)指廊型。指廊型也叫廊道型。为了延展航站楼空侧,指廊型布局从航站楼空侧边向外伸出若干个指形廊道,廊道两侧安排门位,如图 4-4 所示。这种布局的优点是进一步扩充门位时,航站楼主体可以不动,而只需扩建作为连接体的指廊,因此在基建投资方面比较经济。缺点是当指廊较长时,部分旅客步行距离加大;飞机在指廊间运动不方便;指廊扩建后,由于航站楼主体未动,陆侧车道边等不好延伸,有时会给交通组织造成困难。通常,一条指廊适合 6~12 个机位,两条指廊适合 8~20 个机位。机位超过 30 个时,宜采用多条指廊。

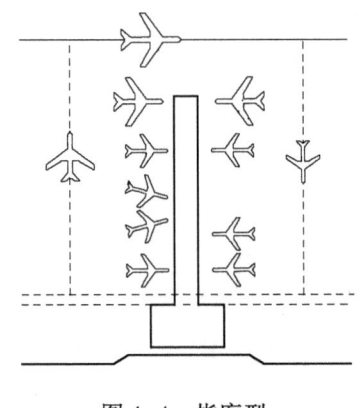

图 4-4　指廊型

(3)卫星型。这种布局是在航站楼主体空侧的一定范围内,布置一座或多座卫星式建筑物。这些建筑物通过地下、地面或高架廊道与航站楼主体连接。卫星建筑物上设有门位,飞机环绕在它的周围停放,如图 4-5(a)、(b)所示。

卫星型布局的优点如下:可通过增加卫星建筑来延展航站楼空侧;一个卫星建筑上的多个门位与航站楼主体的距离几乎相同,便于在连接廊道中安装自动步道接送旅客,从而并未因卫星建筑距办票大厅较远而增加旅客步行的距离。

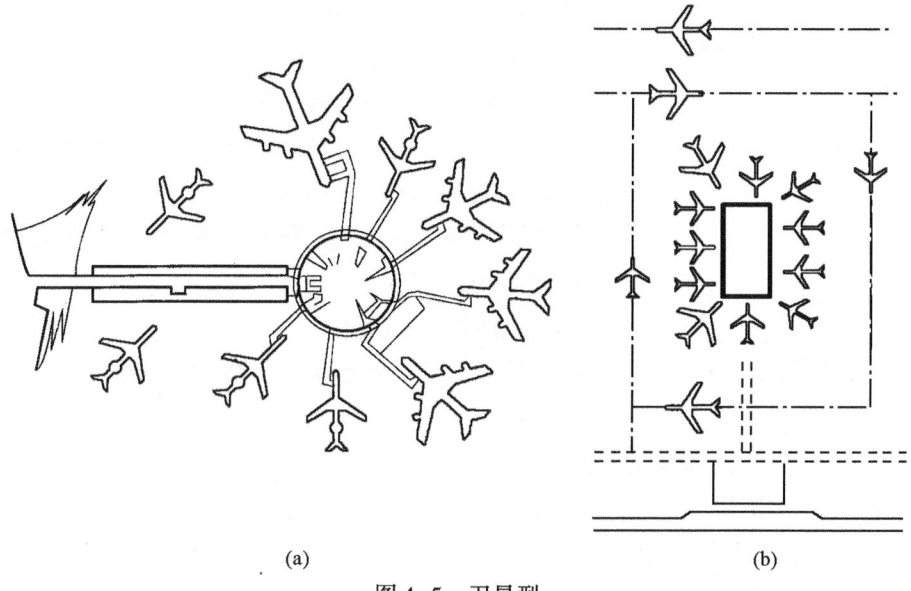

图 4-5 卫星型

最早的卫星建筑都设计成圆形,旨在使卫星建筑周围停放较多的飞机。但后来发现,圆形卫星建筑具有一定的局限性。一是不好扩建。扩建时,要么拆掉旧的,再建一个直径更大的圆形建筑,这显然是不合理也不经济的;要么采用在已有圆形建筑旁附设圆形或矩形建筑的做法,但是,如果飞机的起降架次没有达到一定的数量,建设第二个卫星建筑不免有些浪费。二是对圆形建筑旁两架相邻飞机进行地面服务时,往往非常拥挤。图 4-6 是圆形建筑旁和矩形建筑旁飞机地面服务情况的比较。显然,矩形建筑旁的飞机地面服务更好安排、更有秩序,对运行造成的影响小。三是未来的大翼展飞机必须停在距圆形卫星建筑较远的地方,才能满足飞机间距的要求。这样,登机桥就必须加长。四是远停的大飞机还会对其他飞机在机位滑行道或机坪滑行道上的运行造成影响。因此,现在许多机场都采用矩形的卫星建筑。

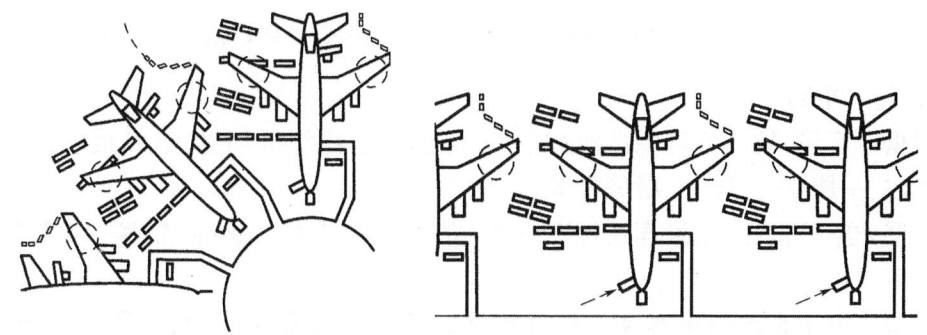

图 4-6 圆形建筑旁和矩形建筑旁飞机地面服务情况的比较

(4) 转运车型。在这种布局下,飞机不接近航站楼,而是远停在站坪上,通过接送旅客的转运车来建立航站楼与飞机之间的联系,如图 4-7 所示。

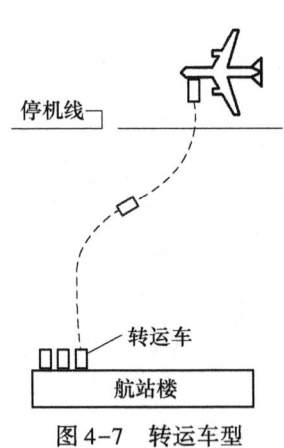

图 4-7 转运车型

这种方案的优点如下：

① 可以高效率地使用航站楼，只需要供地面转运车用的门位，而不需要供飞机用的门位，因而可降低基建和设备（登机桥等）投资。如果采用可以升降的转运车，那么连舷梯车的费用都可以节省。

② 提高了航站楼的利用率，增强了对不同机位、机型和航班时间的适应性。

③ 航站楼扩展方便。

但利用转运车，会使旅客登机时间增加，且易受气候、天气因素的影响。

3) 航站楼水平布局方案的组合与变化

实际上，许多机场并非单一地采用上述某种布局方案，而是将多种布局方案进行组合。航站楼水平布局方案的组合与变化如图 4-8 所示。显然，水平布局方案有多种选择，设计者必须全面、综合地考虑各个因素，方能得出技术合理的方案。

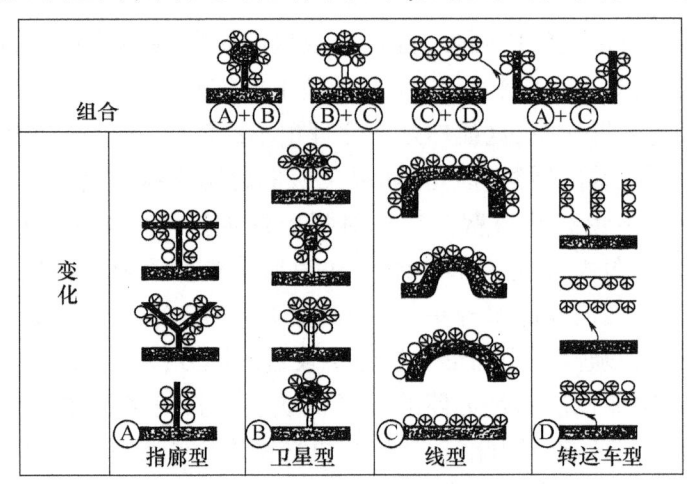

图 4-8 航站楼水平布局方案的组合与变化

**2. 竖向布局**

根据客运量、航站楼可用占地和空侧、陆侧交通组织等因素，航站楼竖向布局可采用单层、一层半、二层、三层等方案。

单层方案是进、出港旅客及行李流动均在机坪层进行。这样，旅客一般只能利用舷梯上下飞机。

一层半方案是出港旅客在一层办理手续后到二层登机，登机时可利用登机桥。进港旅客在二层下机后，赴一层提取行李，然后离开。

二层方案是旅客、行李流程分层布置。出港旅客在二层下机，然后下一层提取行李，转入地面交通。进港旅客在二层托运行李，办理手续后登机。二层方案如图 4-9 所示。

三层方案的旅客、行李流程基本与二层方案相同,只是将行李房布置在地下室或半地下室,如图4-10所示。

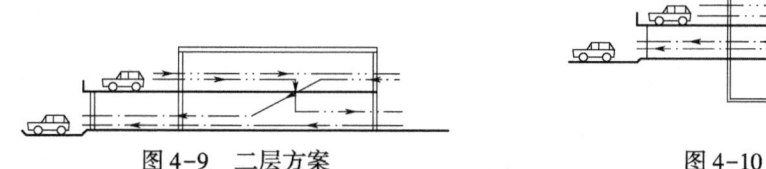

图4-9　二层方案　　　　　　　　图4-10　三层方案

在实际应用中,除了旅客流程和行李流程的设计,还要考虑餐饮、酒吧、商店等特许经营,以及航空公司和联检机构必需的用房,有时还要把地铁和停车设施引到楼内。因此,航站楼的设计是一个非常复杂的过程。以上四种方案只是竖向布局的简单分类,现实中的方案可能要复杂得多,但都是在这四种方案的基础上演变而成的。

3. 总体布局方案的选择

航站楼的总体布局主要是指水平布局和竖向布局。显然,航站楼总体布局的确定涉及诸多因素,必须经过多方面的反复论证才能得出可较好满足航站楼各方面功能要求的方案。表4-3是美国FAA关于航站楼总体布局方案的参考意见。

表4-3　旅客航站楼布局方案的选择(FAA)

| 年旅客登机人数/1000人次 | 水平布局 | | | | 竖向布局 | | | |
|---|---|---|---|---|---|---|---|---|
| | 线型 | 廊道型 | 卫星型 | 转运车型 | 单层路边 | 多层路边 | 单层航站楼 | 多层航站楼 |
| <25 | √ | | | | √ | | √ | |
| 25~75 | √ | | | | √ | | √ | |
| 75~200 | √ | | | | √ | | √ | |
| 200~500 | √ | √ | | | √ | | √ | |
| 500~1000 始发终程旅客 | | | | | | | | |
| >75% | √ | √ | √ | | √ | | √ | |
| <75% | √ | √ | √ | | √ | | √ | |
| 1000~3000 始发终程旅客 | | | | | | | | |
| >75% | | √ | √ | √ | √ | √ | | √ |
| <75% | | √ | √ | | √ | √ | | √ |
| >3000 始发终程旅客 | | | | | | | | |
| >75% | | √ | √ | √ | √ | √ | | √ |
| <75% | | √ | √ | √ | √ | √ | | √ |

### 4.2.3 航站楼旅客流程

进行航空旅行的旅客,根据其旅行是否跨越国界,可分为国际旅客和国内旅客。国内、国际旅客可进一步分为以下四类。

(1) 出发旅客。这些旅客通过城市地面交通系统抵达航站楼,然后经过办票、交运行李等程序,准备登机离港。

(2) 到达旅客。他们在机场结束航空旅行,下机后到航站楼提取行李,再经有关程序后离开航站楼,转入地面交通。

(3) 中转旅客。这些旅客只在机场转机,即由一个到达航班换乘另一个出发航班。这类旅客可再细分为四种:①国内转国内;②国内转国际;③国际转国内;④国际转国际。其中,第三类旅客较多。

(4) 过境旅客。这类旅客所乘航班只在机场做短暂停留,旅客可以下飞机到过境候机室休息,准备登机。

在上述四类旅客中,中转和过境旅客只在空侧进出航站楼,不与地面交通发生联系。过境旅客无行李的转运问题。

在航站楼中,不同类型的旅客所经历的程序是有差异的。图4-11是比较典型的航站楼旅客与行李流程图。

在上述流程中,安全检查是由公安部门实施的对旅客及所携行李、物品的检查,防止将武器、凶器、弹药和易燃、易爆等危险品带上飞机,以确保飞机和乘客的安全。卫生检疫是对国际到达旅客及所携动、植物进行检查,以防从境外带入人类传染病或有害的动、植物瘟疫、病菌等,造成危害性传播。海关的职能是检查旅客所带的物品,以确定哪些应该上税。出入境检查由移民局或边防检查站负责执行,主要检查国际旅客出入境手续的合法性,其中最重要的内容是护照检查。

由于各国政府政策和控制力度的不同,不同国家的机场要求旅客经历的程序和检查的严格程度也是有差异的。

旅客旅行目的的不同和旅客类型的差异等因素,都会影响航站楼的流程设计和设施配置。例如,因公旅行的旅客,一般对航站楼设施、程序及航班动态等了解得比较清楚。因此他们在航站楼内逗留的时间较短,而且很少有迎送者,所带行李也较少,而因私旅行(旅游、探亲)的旅客则恰恰相反。另外,特殊旅客如要客(VIP)、残疾人等,也会对航站楼流程、设施等造成影响。

### 4.2.4 航站楼流程的组织原则

在组织、设计航站楼内的各种流程和设施布局时,应遵循以下原则。

(1) 应避免不同类型流程交叉和干扰,严格将进、出港旅客分隔。出港旅客在海关、出境、安检等检查后与送行者及未被检查旅客分隔;到港旅客在检疫、入境、海关等检查前与迎接者及已被检查旅客分隔;国际航班旅客与国内航班旅客分隔;旅客流程与行李流程分隔;安全区(隔离区)与非安全区分隔等,以确保对走私、贩毒、劫机等非法活动的控制。

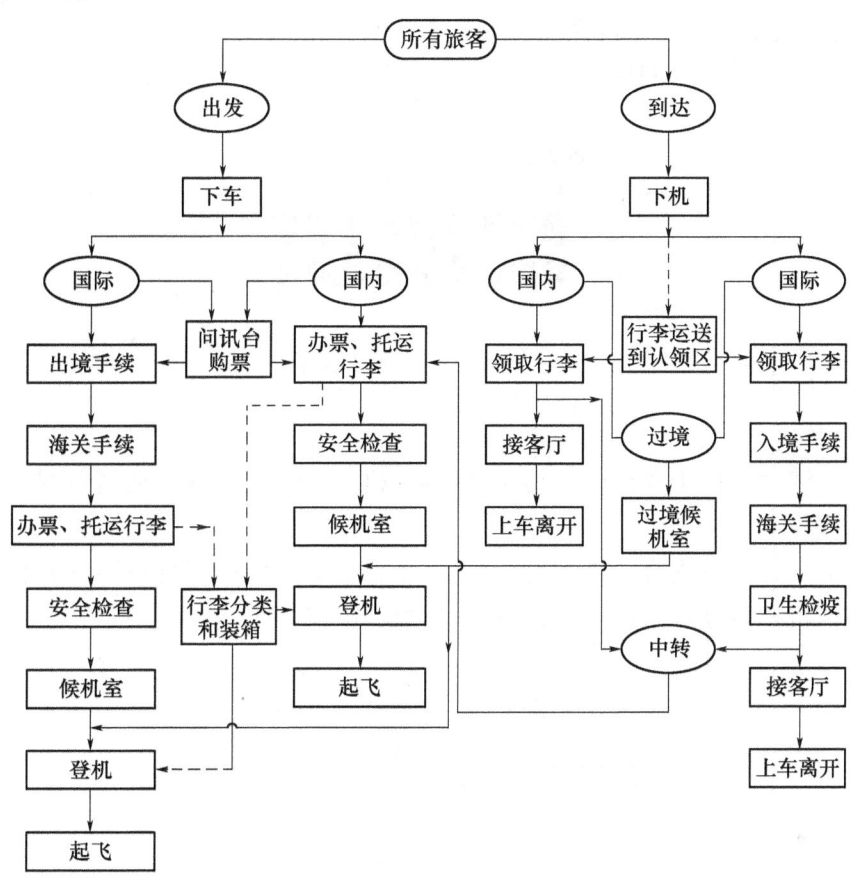

图 4-11　航站楼旅客与行李流程图

（2）流程要简捷、顺畅、有连续性,并借助各种标志、指示,力求做到"流程自明"。

（3）在人员流程中,应尽可能避免转换楼层或变化地面标高。

（4）在人流集中的地方或耗时较长的控制点,应考虑提供足够的工作面积和旅客排队等候空间,以免发生拥挤或受其他人流的干扰。

## 4.2.5　航站楼的基本设施

航站楼的使用者可分为四类,即旅客及迎送者、航空公司人员、机场经营者及有关工作人员、商业经营者。航站楼及设施应该最大限度地满足上述四类人员,特别是旅客及迎送者的各种需求。航站楼的基本设施包括以下内容。

1. 车道边

车道边是航站楼陆侧边缘外,在航站楼进出口附近所布置的一条狭长地带,如图 4-12 所示。其作用是使接送旅客的车辆在航站楼门前做短暂停靠,以便上下旅客、搬运行李。旅客较少时,航站楼可只设一条车道边;客流量较大时,可与航站楼主体结构相结合,在不同高度的层次上分设车道边。例如,我国北京首都国际机场就分别在一、二层设到达、出发两个车道边。总之,车道边的长度、层次,应根据航站楼结构、客流量及车型组合等因素来确定。

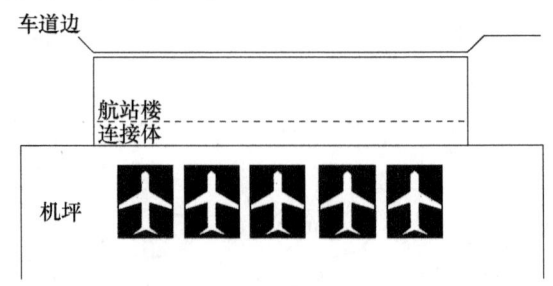

图 4-12　航站楼车道边

### 2. 大厅

航站楼大厅用于实现以下功能:旅客值机、交运行李、旅客迎送等候、安排各种公共服务设施等。

作为多数出发旅客的最初目标,值机柜台应一进大厅就能看到,如图 4-13 所示。旅客在值机柜台办理值机手续,将行李称重、挂标签、托运。

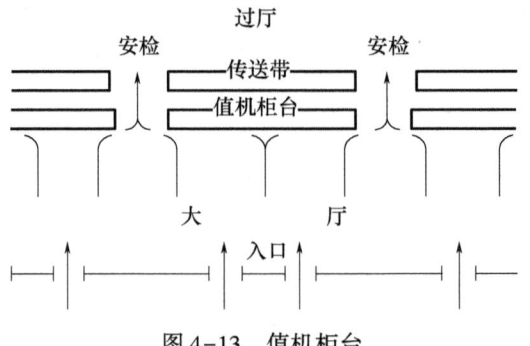

图 4-13　值机柜台

办票柜台通常有三种布置形式,即正面线型、正面通过型和岛型,分别如图 4-14(a)、(b)、(c)所示。正面线型的背面是行李传送带。这种形式是最传统的,虽然它能直接看清旅客,但是等候的队列使空间不能得到有效的利用,而且一旦旅客办理完手续就得往后退,以致穿过仍在等候的队伍。正面通过型提供了一种使旅客单向移动而不后退的流动方式。虽然其不需要像正面线型那么宽阔的空间,但是需要纵深的大厅,因此,通常在设计阶段就得考虑。岛型能更加有效地使用传送带,但是,等候的旅客与办理完手续准备离开的旅客又会发生冲突。

值机区域的面积、办票柜台的数量和布置形式,与高峰小时客流量、旅客到达航站楼的时间分布、柜台工作人员办理手续的速度及行李处理设施水平等诸多因素有关。

大厅通常还设有问讯台、各航空公司售票处、银行、邮政、电信等设施,以及供旅

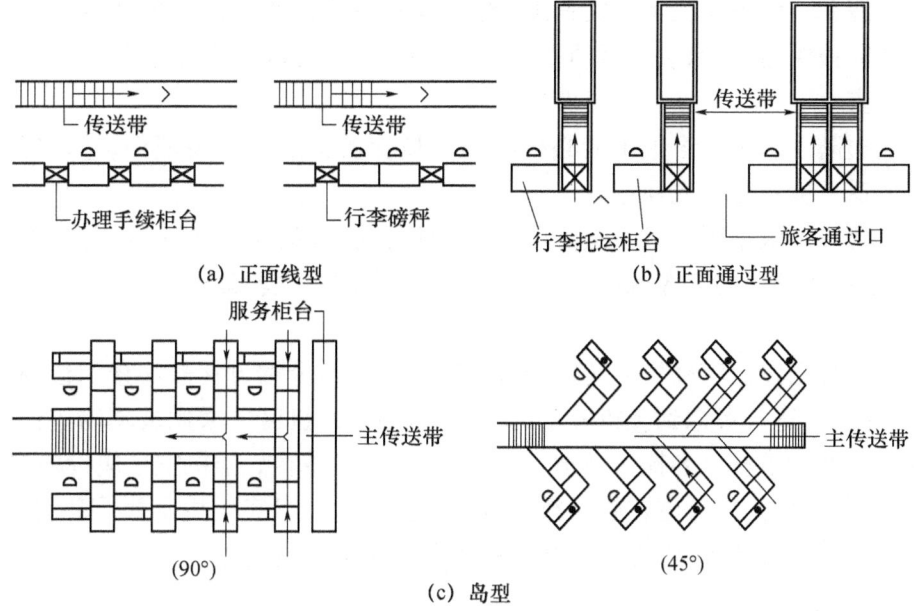

图 4-14 办票柜台布置形式

客和迎送者购物、消闲、餐饮的服务区域。

3. 安全检查设施

出发旅客登机前必须接受安全检查(简称安检),安检一般设在值机区和出发候机室之间,具体控制点可根据流程类型、旅客人数、安检设备和安检工作人员数量等做非常灵活的布置。目前,我国许多繁忙机场常常安检口拥堵,致使安检成为阻塞客流的瓶颈。因此,安检在选点、确定设计时,要根据客流量认真筹划。常用的安检设备有磁感应门(供人通过时检查,如图 4-15 所示)、X 射线机(查手提行李)、手持式电子操纵棒等。

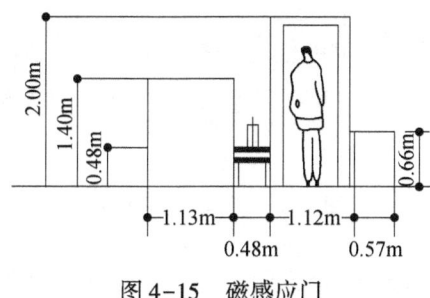

图 4-15 磁感应门

4. 政府联检设施

政府联检设施包括海关、边防和卫生检疫,是国际旅客必须经过的关卡。各国的管制要求和办理次序不尽相同。我国要求的次序如下:出发旅客先经海关,再办票,最后经过边防;到达旅客先经边防,再经检疫,最后经过海关。

（1）海关。为提高旅客过关速度，航站楼海关检查通常设绿色、红色两条通道。红色为主动报关通道，绿色为无须报关通道。海关对旅客所携带行李一般用 X 射线检查仪检查。

（2）边防。国际旅客进出港必须在边防口交验护照和有关证件。为严格检查，检验口通道一般只容一人通过。

（3）检疫。根据国际卫生组织的规定，对天花、霍乱等十几种疫情，各国应严密监控，严禁患传染病的旅客入境。旅客入境时要填表并交验证件。

5. 候机室

候机室是出发旅客登机前的集合、休息场所，通常分散设在航站楼门位附近。候机室应宁静、舒适。考虑到飞机容量的变化，航站楼候机区可采用玻璃墙等做灵活隔断。候机室要为下机旅客提供通道，使之不干扰出发旅客。候机室还应设验票柜台。

当贵宾较多时，应考虑在航站楼专设贵宾候机室。贵宾候机室要求环境幽雅、舒适。有时还设保安装置，因为贵宾常常是犯罪分子袭击的对象。

6. 行李处理设施

航空旅行要把旅客和行李分开，因此行李处理比其他交通方式复杂许多。这在一定程度上也使航站楼设计复杂化，因为要配置许多设施才能保证旅客在航站楼内准确、快速、安全地托运或提取行李。行李处理流程如图 4-16 所示。进、出港行李处理流程应严格分开。

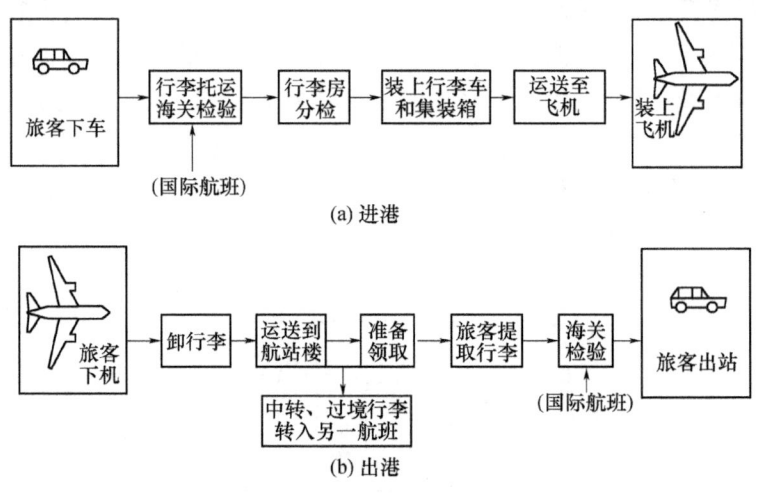

图 4-16 行李处理流程

按照行李提取层行李输送装置的形状，行李装置可分为直线式、长圆盘式、跑道式和圆盘式四种布置方案，如图 4-17(a)、(b)、(c)、(d)所示。

7. 机械化代步设备

航站楼内每天都有大量的人员在流动。为方便人们在航站楼内活动，特别是增强旅客在各功能区转换时的舒适感，航站楼常常装设机械化代步设备。常见的机械化代步设备有电梯、自动扶梯、自动人行步道等。自动人行步道运行安全、平稳，使用后可大大增加人员交通量并避免人流拥挤；断电停运时，可作为路面供人行走。图4-18是北京首都国际机场航站楼内通往卫星厅的自动人行步道。

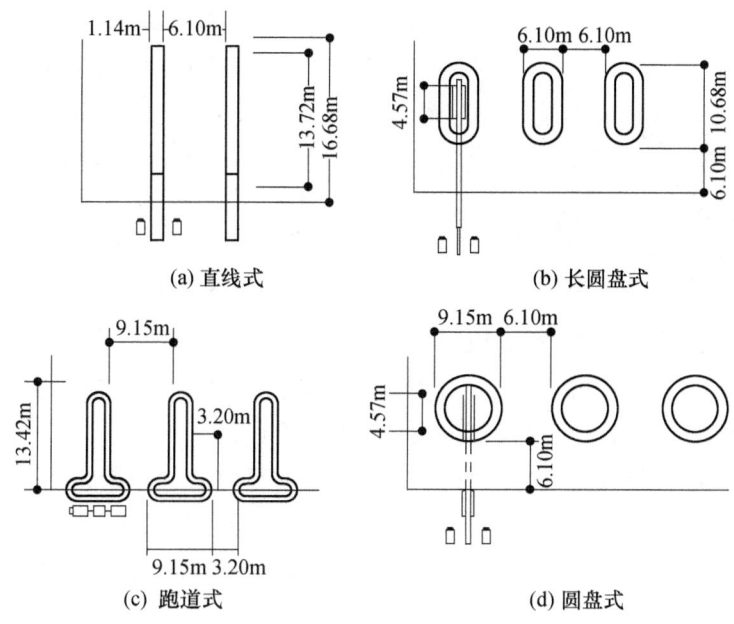

图4-17 行李装置的布置方案

图4-18 自动人行步道

机械化代步设备的发展，不仅会增强旅客在航站楼内的舒适感，还会对航站楼设计概念的发展和变化造成影响。

8. 登机桥（廊桥）

通常，航站楼在空侧要与飞机建立联系，登机桥（图4-19）就是建立这种联系的设备，它是航站楼门位与飞机舱门的过渡通道。采用登机桥，可使下机、登机的旅客免受天气、气候、飞机噪声、发动机喷气吹袭等因素的影响，也便于机场工作人员对出发、到达旅客客流进行组织和疏导。

登机桥是用金属外壳或透明材料做的密封通道，本身可水平转动、前后伸缩、高低升降，因此能适应一定的机型和机位变化。登机桥须由专职人员操纵，与飞机舱门

图 4-19 登机桥

对接后,桥内通道向上和向下坡度均要大于 10%。

9. 商业经营设施

应该指出,各方人士对航站楼内是否应该开展商业经营曾经是有争议的。反对者认为,机场的商业经营会干扰航站楼的正常业务,使航站楼的建设投资无谓地增加。但是,随着航空客运量的迅猛增加,特别是率先在航站楼内开展大规模商业经营的机场的巨大成功,许多人改变了看法,认为在航站楼设计、经营中,确实需要更新观念。商业经营设施,既应作为对旅客服务的航站楼的一个有机构成部分,还应作为机场创收的一个重要渠道。

目前,在商业经营方面卓有成效的机场都有项目完备、规模庞大的航站楼商业经营设施。商业经营收入一般占机场总收入的 60% 以上,有的甚至高达 90%。机场航站楼商业经营的收益会完全消除或减少政府对机场的补贴,弥补机场在航空业务方面的经营亏损。

航站楼可以开展的商业经营项目繁多,如免税商场、银行、保险、会议厅、健身厅、娱乐室、影院、书店、理发店、珠宝店、旅馆、广告、餐厅、托儿所等。

一定规模的商业经营设施,势必对航站楼设计、运营、管理乃至建设集资等产生一系列新的影响。

10. 旅客信息服务设施

旅客信息服务设施主要指旅客问讯查询系统、航班信息显示系统、广播系统、时钟等。

11. 其他设施

以上所列举的设施都直接与旅客发生联系。实际上,航站楼的运营还需要其他许多设施,如机场经营者、航空公司、公安部门,以及各职能、技术、业务部门的办公、工作用房和众多的设施、设备。

## 4.3 航站楼机坪

航站楼空侧设机坪,供飞机操纵滑行、停靠门位以上下旅客。

### 4.3.1 门位数目

门位数目与机场高峰小时起降架次、每架飞机占用门位时间和门位使用率有关。门位数目的具体计算有多种方法,计算结果也有一定的差异。美国的 Robert Horonjeff 给出的计算公式为

$$G = CT/u \tag{4-1}$$

式中，$G$——门位数目(个)；

$C$——到达或出发飞机设计量(架次/小时)；

$T$——加权平均占用门位时间(h)；

$u$——门位利用系数，$0.5 \sim 0.8$。

飞机在门位处的作业内容、作业所需时间见表4-4。

表4-4 飞机在门位处的作业内容、作业所需时间 （单位：min）

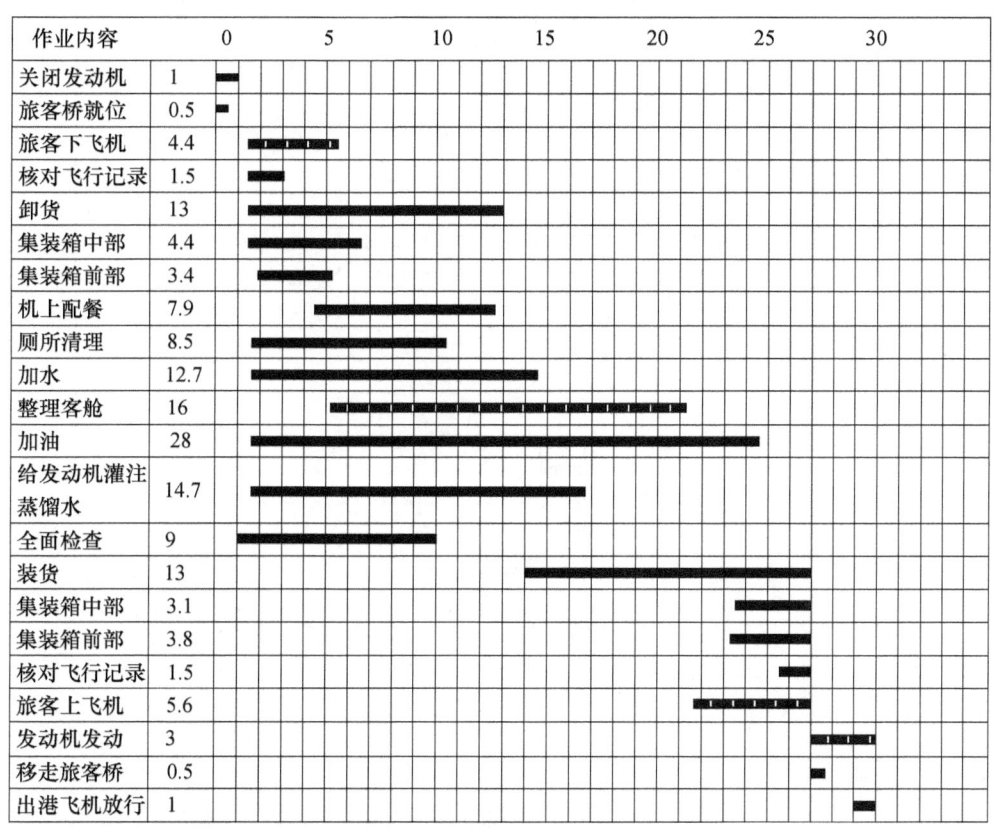

| 作业内容 | 时间 |
|---|---|
| 关闭发动机 | 1 |
| 旅客桥就位 | 0.5 |
| 旅客下飞机 | 4.4 |
| 核对飞行记录 | 1.5 |
| 卸货 | 13 |
| 集装箱中部 | 4.4 |
| 集装箱前部 | 3.4 |
| 机上配餐 | 7.9 |
| 厕所清理 | 8.5 |
| 加水 | 12.7 |
| 整理客舱 | 16 |
| 加油 | 28 |
| 给发动机灌注蒸馏水 | 14.7 |
| 全面检查 | 9 |
| 装货 | 13 |
| 集装箱中部 | 3.1 |
| 集装箱前部 | 3.8 |
| 核对飞行记录 | 1.5 |
| 旅客上飞机 | 5.6 |
| 发动机发动 | 3 |
| 移走旅客桥 | 0.5 |
| 出港飞机放行 | 1 |

根据经验，大部分机场的门位数目在每年百万旅客量3~5个。

## 4.3.2 飞机驶停方式

飞机进出站坪机位，既可依靠自身滑行(滑入、滑出)，也可依靠飞机牵引车(拖入、推出)，还可依靠自身滑行与牵引车相结合的方式(滑入、推出)。

飞机停靠方式有三种，分别如图4-20(a)、(b)、(c)所示。

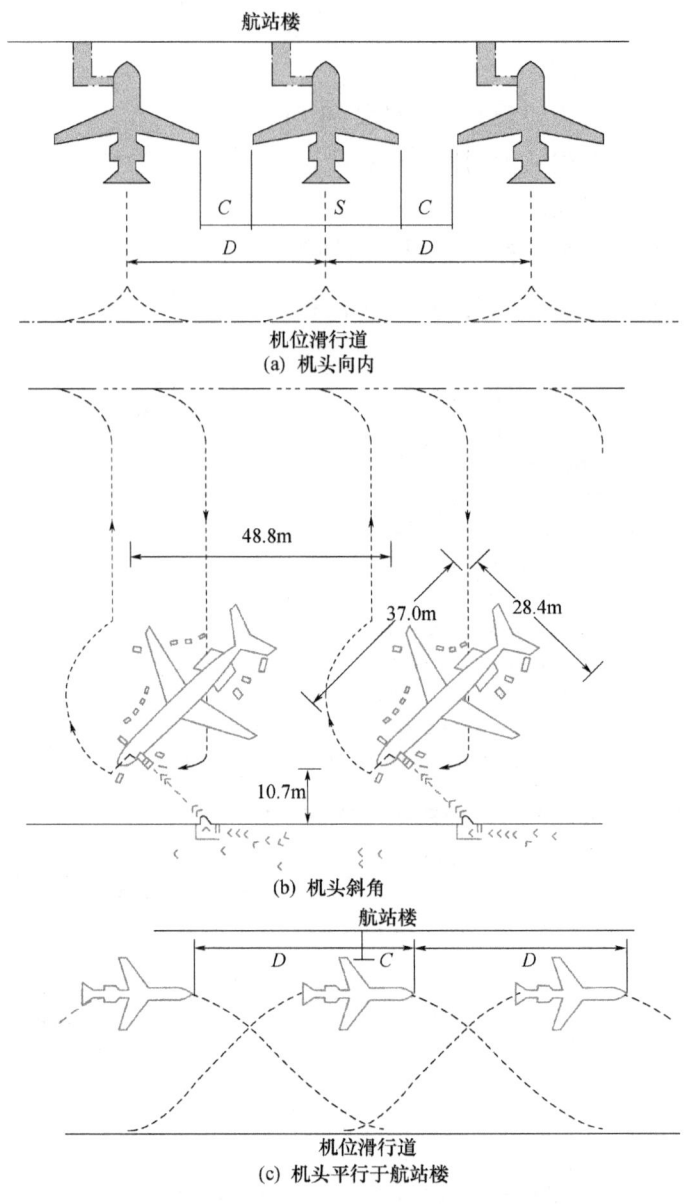

图 4-20 飞机停靠方式

第一种方式是飞机自行操纵进入,机头向内,由牵引车推动飞机后退到机位滑行道,同时转 90°,然后驶离。这种方式所需机位尺寸最小,机头到航站楼的净距较小,噪声低,对航站楼没有喷气吹袭,便于与登机桥相接,因而是一种较有效的方式。其主要缺点是需要牵引车和驾驶员。

第二种方式是飞机自行操纵进入和退出,机头斜角向内停放时,由于飞机退出时要转 180°,所需机位尺寸较大。同时,飞机会产生较大的噪声。其主要优点是不需要牵引车,但是,飞机启动时的喷气吹袭和噪声指向航站楼。

第三种方式是飞机自行操纵进入和退出,机头平行于航站楼停放。这种方式会占用很大的机位。

### 4.3.3 机位尺寸

机位尺寸主要取决于以下因素:飞机的大小(翼展和机身长度)和进出机位的驶停方式;为飞机服务的各项设施所占的范围,即考虑地面服务的方便性;停放飞机与相邻停放飞机、滑行飞机或建筑物之间的净距。

飞机推出和滑出时所需要的尺寸见表 4-5。

表 4-5　飞机推出和滑出时所需要的尺寸　　　　　　　　　　　(单位:m)

| 机型 | 推出 | | 滑出 | | 机头与航站楼外墙之间的净距 |
| --- | --- | --- | --- | --- | --- |
| | $L$ | $W$ | $L$ | $W$ | |
| B737 | 36.57 | 34.44 | 44.39 | 43.06 | 9.14 |
| B747 | 73.71 | 65.73 | 191.41 | 73.35 | 3.04 |

飞机在机位停靠时,有许多地面服务设备要对飞机进行地面服务。常见的地面服务设备有加油车、空调车、发动机启动车、行李装卸车、清水车、食品车、电源车、牵引车、污水车、载货升降平台车、登机桥等。在确定机位尺寸时必须考虑这些设备运行、就位、移动的方便性。如图 4-21 所示为各种地面服务设备。可见,由于地面服务,站坪有时会显得很拥挤,对飞机及其安全运行不利。因而,近年来出现了无车辆站坪的概念。所谓无车辆站坪,就是用固定在站坪机位下的各种设备取代地面车辆,从而减少在站坪上活动的地面服务车辆。但由于固定设备都是根据一定的机型设计的,因此使用性降低了。

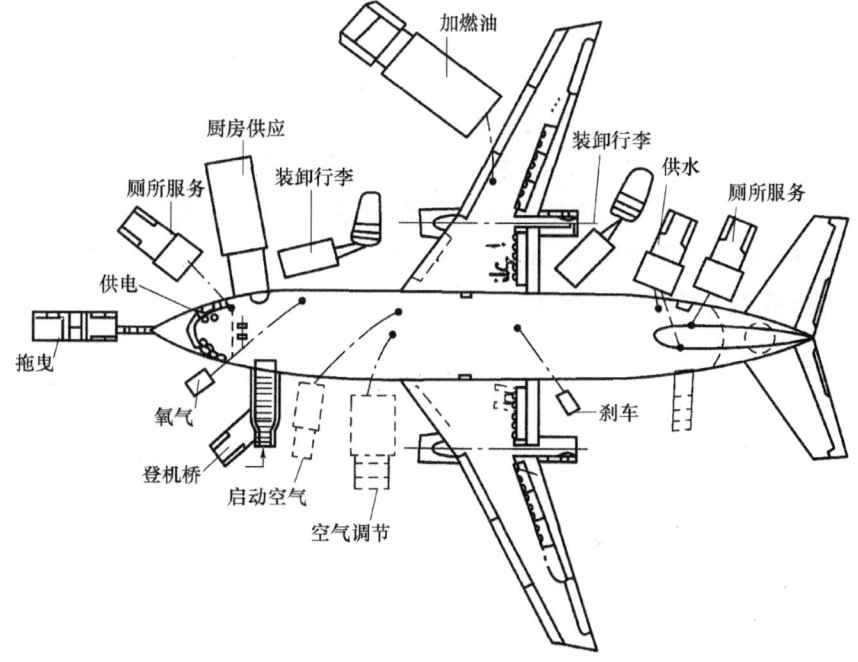

图 4-21　飞机停放时的地面服务设备

确定机位尺寸时,飞机与相邻的停放飞机、滑行飞机、建筑物或固定物的净距应符合要求,具体见表4-6。

表4-6 飞机在机坪上的净距要求　　　　　　　　　　　　(单位:m)

| 飞行区等级指标Ⅱ | A | B | C | D | E |
| --- | --- | --- | --- | --- | --- |
| 主滑行道上滑行飞机与机坪上停放飞机的翼尖间距不小于 | 6 | 7.5 | 10.7 | 16.5 | 16.5 |
| 机坪上滑行飞机的翼尖与停放飞机或建筑物的间距不小于 | 4 | 6 | 8 | 10 | 10 |
| 停放飞机之间及停放飞机与相邻建筑物或固定物体之间的最小间距不小于 | 3 | 3 | 4.5 | 7.5 | 7.5 |
| 主起落架外轮边缘与机坪道面边缘的净距不小于 | 1.5 | 2.5 | 4 | 4.5 | 4.5 |

**本章小结**

　　航站区是机场的客货运输服务区,是为旅客、货物、邮件空运服务的。航站区是机场空侧与陆侧的交界区,是地面与空中两种不同交通方式进行转换的场所。

　　航站楼是航站区最主要的建筑物。它的规划设计、布局、旅客流程、流程的组织原则、基本设施的布置等都直接影响航站楼的日常运营。

　　航站楼空侧设机坪,供飞机操纵滑行、停靠门位以上下旅客。

## 自我检测

(1) 航站区的规划需要遵循什么原则?

(2) 航站区的位置如何确定?

(3) 航站楼的具体规划过程大致可分为哪几个阶段?

(4) 航站楼水平布局方案有哪些?各具有什么特点?

(5) 在组织、设计航站楼内的各种流程和设施布局时,应遵循什么原则?

(6) 航站楼的基本设施有哪些?

(7) 飞机停靠方式有哪几种?

# 第 5 章
# 飞行区运营

飞行区分空中部分和地面部分。空中部分实质上是机场的空域,包括进场和离场的航路;地面部分包括跑道、滑行道、停机坪和登机门,以及一些为维修和空管服务的设施和场所。

**知识目标**

(1) 了解机场飞行区的划分。
(2) 熟悉机场飞行区的基本设施。
(3) 了解机场地面检查和维护的内容。

**能力目标**

(1) 了解机场道面情况的评价。
(2) 熟悉通信与导航设备的功能。
(3) 熟悉地面作业活动中的安全管理要求。
(4) 熟悉飞机地面服务内容。

## 5.1 机场道面

### 5.1.1 机场道面情况的评价

机场道面尤其是跑道应尽量清除污染物和碎屑,以保证飞机的运行安全,这是十分必要的。污染物定义为沉积或存留在道面上的物质,如雪、冰、积水、泥、沙、灰尘、润滑油和橡胶等,这些物质对于路面的制动性能是不利的。碎屑是指松散的杂物,如石头、纸屑、木头、铁屑,以及路面建筑材料的碎屑等。碎屑对运行也是有害的,它们可能损害飞机的结构和发动机,干扰飞行系统的正常运行。特别是喷气式飞机,由于起降时的高速和喷气发动机吸入物体的特点,增加了杂物碎屑的危害。

飞机在潮湿的跑道上着陆时,滑行距离要比在干燥的跑道上长,其危险性也相对较大。在泥水覆盖的跑道上,喷气式飞机对牵制效应非常敏感,泥水会严重影响飞机起飞时的安全速度。对此，国际民航组织制定了专门的建议性文件，提出了具体的运行措施，以解决如何在泥水覆盖的跑道上起降的问题。可以通过清除跑道上的污染物和碎屑，使之保持清洁。但在清扫过程中，雪、泥浆和扬沙仍可能覆盖跑道，在这种情况下连续运行时，道面条件要差得多。因此，要测量跑道表面的摩擦和制动性能，并提供给飞行员，以便在突发情况下，飞行员能适当调整他们的操作。概括地说，评价跑道表面的状况，须从如下几方面进行。

（1）对于干燥跑道，只要求做不经常的监测，主要评定跑道表面的纹理、磨损状况及其修复的需求。

（2）对于潮湿跑道，要求对道面的摩阻特性做定期测量，以确定其是否能达到运行的标准。特别要注意由橡胶轮胎造成的沉积物可能使摩擦系数大大降低，从而对飞机造成严重影响。

（3）在跑道积水的情况下，必须检查积水的范围和深度，判断是否有飞机漂滑的可能。

（4）在跑道溜滑的情况下，要经常测量道面的特性，及时对摩擦和抽动状况做充分的评估。一定范围和深度的冰雪很可能对滑行的飞机造成危害。

在一个极其繁忙的机场，往往会出现因污染物而降低飞机制动性能的情况，因此，必须配备使跑道保持清洁的足够设备。这些设备要保证是可用的，一般通过测量跑道的摩擦和制动性能来检查这些设备的清扫效果。在一个不太繁忙的机场，因道面污染而降低飞机制动性能的情况并不多见，但必须保证运行是连续的，测量清扫效果的设备也必须是可用的，测试结果能使飞行员在突发情况下调整他们的操作。

机场跑道摩擦系数直接影响飞机的安全起降。为随时掌握跑道摩擦系数的变化，切实保证机场飞机起降安全，可通过摩擦系数测试车来进行测试。

在机场，杂物碎屑容易被涡轮喷气发动机吸入，飞机轮胎由于和道面上的尖状物及破损的道面之间的摩擦而缩短寿命，飞机表面也可能因道面上弹起的石子等物体而受损，因此，要充分重视杂物碎屑的清扫，并将其纳入日常工作。通过对整个运行区域的常规检查和清扫，可以减少因碎屑引起的危害。为了有利于对特定地区进行清扫工作，通常把铺筑地面划分为 $500m^2$ 左右的若干个区域，对碎屑出现较多的区域要重点管理。跑道、滑行道及机坪最容易被道旁的废弃物污染，因此，要对道旁的废弃物做封闭处理。要利用便利的交通工具和设备运走垃圾，如大功率的清洁汽车、真空吸尘器、高压空气清扫器和磁力清除器等。

### 5.1.2 标志

为了引导飞机在跑道、滑行道和机坪上运行，道面上用不同颜色的线条和数字作为标志。跑道标志采用白色，有跑道识别、入口、中线、中心圆、定距、边线和接地地带七种标志。滑行道标志和机位标志必须为黄色，滑行道上设置中线标志、等待标志、交叉标志，机位标志包括机位识别标志、引入线标志、转弯开始线标志、转弯线标志、对准线标志、停止线标志和引出线标志。机坪安全线的颜色必须鲜明并与机位标志的颜色反差较大,以便用安全线标出地面设备停放区、工作道路和旅客通道等。

## 5.2 通信、导航与监视设备

### 5.2.1 通信设备

通信设备是民航客机用于和地面电台或其他飞机进行联系的设备,包括高频(HF)通信系统、甚高频(VHF)通信系统和选择呼叫(SELCAL)系统。

1. 高频通信系统

一般采用两种制式工作,即调幅制和单边带制,以提供飞机在航线上长距离空对地或空对空的通信。该系统工作在短波波段,频率范围一般为2~30MHz。其基本组成部分如下。

(1) HF通信控制盒:用于提供制式、频率选择和收发机射频灵敏度调节。

(2) HF通信收发信机:包括发信机和收信机,采用调幅或单边带方式工作。

(3) HF天线耦合器:包括射频调谐元件和一个闭合调谐环路的控制电路,可在2~30MHz的范围内调谐频率。

(4) 音频选择盒:控制系统的发射或接收状态,输出音频信号。

高频通信系统的工作过程如下。

(1) 接收方式:接收的射频信号经过天线馈线进入HF天线耦合器,并通过一个收发转换继电器,进入内部自动增益控制和射频放大器,调谐电路完成频率变换,变换成的中频信号经调幅输出到音频选择盒的耳机插孔或扬声器。调幅单频也输出到选择呼叫系统。

(2) 发射方式:在频率选择和耦合器被调谐后,按下发话按钮使系统处于发射状态,经过音频选择盒提供的音频信号输入调制在调幅或单边带的射频上,放大后的信号通过收发转换继电器、天线耦合器向空间发射电磁波。

2. 甚高频通信系统

甚高频通信系统一般采用调幅方式工作,主要提供飞机与地面塔台、飞机与飞机之间近距离视线范围内的话音通信。其工作于超短波波段,频率范围一般为113~135.975MHz。其基本组成部分如下。

(1) VHF通信控制盒:对收、发信机频率进行调谐,控制收信机的音量,对系统进行测试。

(2) VHF通信收、发信机:用于发射或接收甚高频调幅信号。

(3) VHF天线:通常为刀形天线,用于发射或接收射频信号。

(4) 音频选择盒:控制系统收发状态,同时输出和接收音频信号。

3. 选择呼叫系统

选择呼叫是指地面塔台通过高频或甚高频通信系统与指定飞机或一组飞机进行联系。当被呼叫飞机的选择呼叫系统收到地面的呼叫后,指示灯亮、钟响,告诉飞行员地面在呼叫本飞机。该系统的基本组成部分如下。

(1) 选择呼叫控制盒:包括指示灯、选择转换旋钮,用于指示对本飞机的选择呼叫码并选择不同通道接收。

(2) 选择呼叫译码器:包括译码电路和选择开关,用于调谐所选择的频率并控制指示灯和钟声装置。

(3) 钟声装置。

选择呼叫系统的工作原理如下:在选择呼叫译码器上选定飞机呼叫码后,系统就处于待用方式;当地面通过高频或甚高频发射机呼叫飞机时,飞机上接收到的信号进入译码器;当地面呼叫代码与飞机的代码相同时,译码器便使控制盒上的指示灯亮、钟响,飞行员即可用高频或甚高频通信系统与地面联系。

### 5.2.2 导航设备

民航客机的导航主要依赖于无线电导航系统,主要设备有甚高频全向信标/测距仪(VOR/DME)系统、无方向性信标(NDB)系统、仪表着陆系统(ILS)等。

1. 甚高频全向信标/测距仪系统

甚高频全向信标(VOR)系统是一种近程无线电导航系统,1994 年被 ICAO 定为国际标准航线的无线电导航设备。它由地面设备和机载设备组成。地面设备通过天线发射从 VOR 台到飞机的磁方位信息,机载设备接收和处理该信息,并通过电磁指示器指示出飞机到 VOR 台的磁方位角。

安装在机场的 VOR 台称为终端 VOR,使用 108～112MHz 范围内的 40 个波段,发射功率为 50W,工作距离为 25n mile。它在航路上的安装地点叫航路点。根据长短,一条空中航道可以设置多个 VOR 台。这样,飞机可以从一个航路点到另一个航路点沿预定航道飞行。

机载 VOR 一般由以下部分组成。

(1) 接收机:接收和处理地面 VOR 台发射的磁方位信息。

(2) 控制盒:用来选择和显示系统的工作频率,并对系统进行测试检查。

(3) 天线:一般和航向信标(LOC)共用天线。

(4) 指示器:显示接收机提供的导航信息,包括无线电磁指示器和水平姿态指示器。

测距仪(DME)是为驾驶员提供距离信息的设备。1959 年,它成为 ICAO 批准的标准测距系统。它由测距机和地面测距信标台组成。一般情况下,地面测距信标台与 VOR 台安装在一起,形成极坐标近程定位导航系统。它是通过询问应答方式来测量距离的。工作方式如下:机载测距机的发射电路产生脉冲询问信号,通过天线发射出去;测距信标台收到这一信号后,发射相应的应答信号;机载测距机在接收到应答信号后,即可根据询问脉冲之间的时间延迟,计算出飞机与测距信标台之间的视线距离。

**2. 无方向性信标系统**

无方向性信标系统即导航台,是用来为机上的无线电罗盘提供测向信号的发射设备。其发射天线是一根长70m,架在两个高30m铁塔上的T形天线。它在150～1600kHz波段内发射垂直极化波信号。根据要完成的导航任务,导航台可以设置在航线上的某些特定点、终端区和机场。航线上的导航台可以引导飞机进入空中走廊的出、入口,或者到某一相应的导航点以确定新的航向。终端区的导航台用来将飞机引导到所要着陆的机场,并保证着陆前飞机的机动飞行和穿云下降,也用来标记该机场的航线出口位置。机场着陆导航台用来引导飞机进场,完成机动飞行和保持着陆航向。

无线电罗盘又称自动定向机(ADF),是一种用途广泛的机载无线电导航设备,各种飞机、直升机都普遍装备。其构造简单,使用方便,易于利用专用的NDB电台及地区性的民用广播电台的信号,测量飞机与地面导航台的相对方位。它是利用环形天线的方向特性来工作的。当环形天线的环面对着电台来波方向时,环形天线的感应电动势等于零;当环面顺着电台来波方向时,环形天线的感应电动势最大。ADF的基本组件包括定向接收机、控制盒、方位指示器、环形天线和垂直天线。它工作于中、长波段,频率范围通常为150～1800kHz。导航距离是由地面导航台发射成功率及机上接收机的灵敏度决定的。一般以导航台为中心的有效导航距离可达300km左右。

**3. 仪表着陆系统**

仪表着陆系统于1949年被ICAO确定为飞机标准进近和着陆设备。它能在气象恶劣和能见度差的条件下,给驾驶员提供引导信息,保证飞机安全进近和着陆。

ILS包括三个子系统:提供横向引导的航向信标、提供垂直引导的下滑信标、提供距离引导的指点信标。每个子系统由地面发射设备和机载设备组成。

航向信标台天线产生的辐射场,在通过跑道中心延长线的垂直平面内,形成航向面,用来提供飞机偏离航向面的横向引导信号。下滑信标台天线产生的辐射场形成下滑面,用来产生飞机偏离下滑面的垂直引导信号。航向面和下滑面的交线为下滑道。飞机沿这条交线着陆,就对准了跑道的中心线和规定的下滑角,在离跑道入口约300m处着地。航向信标台发射垂直向上的扇形波束,只有在飞机飞越其上空的不大范围时,机载接收机才能接收到发射信号。驾驶员可以据此判断飞机在哪个信标台的上空,即知道飞机离跑道端部的距离。

航向信标和下滑信标的机载设备均包括天线、控制盒、接收机和航道偏离指示器。指点信标的机载设备包括天线、接收机、高低灵敏度控制开关和指示灯。

## 5.2.3 监视设备

目前实施空中交通监视的主要设备是雷达。它利用无线电波发现目标,并测定其位置。雷达一般分为两种:一次雷达(包括气象雷达、航行雷达、多普勒雷达及监视雷达)和二次雷达。

1. 一次雷达

一次雷达是依靠目标对雷达天线所发射的射频脉冲能量的反射来探测目标的。它的基本组成部分如下。

（1）发射部分：用于产生大功率高脉冲信号，其结构包括触发器、调制器和发射机。

（2）接收部分：用于检测和处理在雷达作用范围内由目标反射回来的能量。

（3）天线部分：将从发射机输出的电磁能量发射出去，接收反射回来的电磁波。

（4）显示部分：显示接收机处理后的信号。

一次雷达通常工作于L波段（1000～2000MHz）和S波段（2000～4000MHz），具有很高的脉冲功率，其探测距离可达400km或更远，因而发射设备和天线都相当庞大。

2. 二次雷达

二次雷达的工作方式与一次雷达不同，它是采用询问—应答方式工作的。地面二次雷达发射机产生询问脉冲信号，由其天线发射出去；机载应答器在接收到询问信号后，发射相应的应答信号；地面二次雷达接收这一应答信号，在进行一系列处理后获得所需的飞机代码等信息。目前，二次雷达可以获得的信息主要有：

（1）飞机的距离与方位信息。

（2）目标的识别信息，即飞机的代码。

（3）飞机的气压高度信息。

（4）一些紧急告警信息，如飞机发生紧急故障、无线电通信失效或飞机被劫持等。

在同时装备一、二次雷达的空中交通管制系统中，通常二次雷达的天线安装在一次雷达天线的上方，二者同步扫描，协同工作。二次雷达的地面部分包括发射电路、编码器及接收电路等；机载应答器包括接收电路、译码器、编码器和发射电路等。二次雷达工作于L波段，其询问信号发射频率为1030MHz，接收频率为1090MHz，作用距离与配合工作的一次雷达相适应，但发射成功率远低于一次雷达。

## 5.3 目视助航设施

为了满足驾驶员的目视要求，保证飞机的安全起飞、着陆、滑行，应在跑道、滑行道、停机坪及相关区域内设置目视助航设施。

### 5.3.1 助航灯光系统

目视助航设施中最重要也最复杂的是助航灯光系统。该系统主要包括跑道引入灯光系统、进近灯光系统、目视进近坡度指示系统、盘旋引导灯、跑道和滑行道灯光系统、机场灯标、机坪泛光照明、目视停靠引导系统、机位操作引导灯、应急灯光等。

### 5.3.2 标志

为了引导飞机在跑道、滑行道和机坪上运行，道面上用不同颜色的线条和数字作为标志,以显示某项特定的功能。

### 5.3.3 其他目视助航设施

机场必须设置风向标和着陆方向标、信号灯等指示标和信号设施。为了向驾驶员提供各种不同信息,需要设立各种标记牌,如强制性标记牌、通知性标记牌等。强制性标记牌用来传达必须照办的指令。通知性标记牌用于标明活动区内某个具体位置或目的地,或者提供其他信息。在不具备设置标志(或灯光)条件的地方,可以用标志物显示出边线、中线等。

## 5.4 地 面 活 动

### 5.4.1 地面作业的范围

航站是旅客和货物的集散地,也是空中与地面服务的交汇点。旅客、货物、行李和邮件的运送,以及飞机的移动,都是通过航站的地面作业来完成的。这些作业活动是由机场经营者、航空公司和一些专门的代理机构共同承担的。机场规模和机场经营者的经营思想决定了它们之间的分工。表5-1给出了地面作业的范围。

表5-1 地面作业的范围

| 航站楼 | 外 场 | | | |
|---|---|---|---|---|
| | 客机坪服务 | 客机坪飞机服务 | 机上服务 | 客机坪设备 |
| 行李检查<br>行李处理<br>行李领取<br>售票和值机<br>旅客上下飞机<br>中转旅客处理<br>老年人和残疾人的服务<br>信息系统<br>政府控制<br>配载<br>治安<br>货物 | 监控<br>飞机引导<br>飞机发动<br>飞机移动和推拉<br>安全措施 | 故障检修<br>加油<br>轮子和轮胎检查<br>地面动力供应<br>除冰<br>冷热气<br>洗手间服务<br>饮用水<br>过滤矿物质水<br>日常维护<br>非日常维护<br>驾驶舱窗清洁<br>机翼、客舱窗清洁 | 清扫<br>餐食供应<br>舱内供应<br>舱内细小服务<br>座位改装 | 客梯<br>餐食车<br>升降平台<br>邮件和设备的装机<br>货机机组客体 |

### 5.4.2 客机坪控制

飞机在地面期间,客机坪是众多活动的中心。必须采取一些控制措施来保证各项活动之间的有效配合,以避免不必要的飞机延误。这项工作一般由协调员来完成。在客机坪还要求有指挥飞机停靠机位的服务,以便使飞机驾驶员能够在飞面降落后或起飞前在其机位附近移动飞机。驾驶员是通过观察站立在客机坪的一位信号员的手势移动飞机的。信号员的手势是国际统一的。地面指挥活动包括飞机定位、取放轮挡、取放机组客梯等，一般通过头盔（耳机）来保持地面与机组人员之间的通信。地面电源车为飞机提供所有必需的电源。如果飞机需要在地面停留较长一段时间，则地面指挥活动中还包括为飞机安排停机位置和机库。客机坪的处理过程还包括负责提供启动发动机的合适的设备，如发动机启动电源车。

为了保证客机坪安全，还应提供消防器材和必要的保护设备及保安人员，避免飞机在客机坪停留期间受到各种可能的损害。下面是关于加强客机坪安全管理方面的一些建议。

（1）由客机坪安全委员会制定和执行提高客机坪安全性的措施。由机场经营者召集航空公司、地面服务单位、加油公司和其他有关方面举行会议，解决常见问题，提高客机坪环境的安全性。

（2）为在空域工作的员工定期举行关于安全行为的培训和教育活动，内容包括驾驶规则和专用车辆与地面设备的使用方法。

（3）不定期地向工作人员发送安全信函和公告。

（4）对异物损害给予特别关注，许多机场都将其作为一个重要问题。建议步行检查并在航空器停靠处设置异物箱，将异物损害问题列入客机坪安全委员会的议事日程。

（5）定期进行设备和车辆安全测试。许多机场都把这种测试作为一项事故预防措施。

（6）使用雷达、激光和其他设备，监控车辆速度。

（7）采取奖励措施，鼓励员工参加安全活动。

（8）实行"危险接近"报告制度，便于预防事故。

（9）在全球范围内采用年度主题，以强调在促进客机坪安全方面的相互依赖性；对在空域作业的公司的安全表现进行评定。

（10）妥善维护客机坪标志。

### 5.4.3 地面服务

绝大多数进出港飞机都需要一些地面服务，这些服务一部分是由负责航线维护的工程人员来完成的。

1. 日常维护

在技术记录中，机长已经通报了那些不至于影响飞机使用的小故障。航站的工程技术人员就要监视这些故障而不使其恶化。

2. 油料供应

负责监督供油的工程人员必须监视整个加油过程，以保证燃油的纯度、正确的油量及加油的安全方式。油料供应的方式有两种：加油车和机坪的管道系统。许多机场同时使用两种方式,以便获得较低的油价,并使机坪在供油方面具有较大的灵活性。

### 3. 轮子和轮胎检查

对飞机轮子和轮胎进行检查是为了确保飞机在前一次的起飞和降落中,轮子和轮胎没有损坏,仍然可以使用。

### 4. 地面动力供应

尽管许多飞机自身备有电力供应装置,这种装置可以为在地面停留的飞机提供动力,但对航空公司来说,仍有一种趋势:宁愿使用地面动力供应,以减少油料成本和降低机坪的噪声。典型的地面动力供应是在航站工程技术人员的监督下,通过一辆动力车来进行的。许多机场也利用动力供应中心来供应动力,动力供应中心一般通过机坪电缆或廊桥上的电缆为飞机提供动力。

### 5. 除冰和冲洗

清洗车可以使用除冰液冲洗机身和机翼,以及用清水清洗飞机。这种车可以通过操作一个稳定的升降平台来喷洒液体,或者为常规的宽体客机完成各种维护任务。

### 6. 冷热气供应

当飞机停留在机坪上时,在许多天气条件下,如果飞机不启用自身附带的动力供应装置,就必须使用地面的冷热源车,用于在机舱内维持适当的温度。航站的工程人员负责保障这种车辆的使用。

### 7. 舱内清扫

在舱外服务进行的同时,还要进行舱内清扫、机上餐食供应等舱内服务活动。舱内清扫主要包括:毛毯和靠垫的撤换;地毯的除尘和清洗;烟头和其他垃圾的清除;座椅后面袋子的整理;厨房和洗手间的清扫和布置;所有光滑部位,包括座椅扶手的擦洗。

### 8. 餐食供应

旅客走下飞机,厨房就应立即打扫干净。当放入食品时,不能出现撒溢。供应给旅客的食品和饮料必须达到国际统一的卫生标准。当沿线航站的食品和饮料不能满足这一标准时,必须从主要基地携带食品和饮料。有两种不同的餐食车:一种是为窄体客机提供餐食,升降幅度不大的餐食车;另一种是为宽体客机提供餐食,可升得很高的餐食车。

## 5.4.4 车辆运行

出港的飞机都需要一系列的地面服务,这些服务往往都是由工作人员操作各种车辆来完成的。这些车辆包括:牵引车、电源车、气源车、空调车、加油车、清洗车、食品车、污水车、垃圾车、除胶车、行李车、客梯车、摆渡车等。另外,为了保证飞机在飞行区正常运行,机场还配备了维护、检测设备(清扫车、吹雪车、推雪车、割草机、道面摩擦系数测试车等)及驱鸟设备等。

车辆在航空器活动区行驶时,应当遵守下列规定。

(1) 在划定的道路上行驶。

(2) 按指定的滑行道口进入航空器活动区并自觉接受值勤人员的查验、指挥。

(3) 时速不得超过25km。接近航空器或牵引航空器时,时速按关于特种车辆的其他有关规定执行。

(4) 行驶到客机坪、停机坪、滑行道交叉路口时,应当减速慢行,观察航空器动态,在确认安全后,方可通行。

(5) 遇有航空器滑行或拖行时,在航空器一侧50m外避让,不得在滑行的航空器前200m内穿行或50m内尾随,不得从机翼下穿行。

(6) 除须接近航空器作业的特种车辆外,其他车辆不得接近航空器。

(7) 机动车辆穿行跑道、滑行道或在跑道、滑行道作业时,应当事先征得航管部门同意,并告知民航公安机关,按指定的时间、区域、路线穿行或作业。驶入跑道、滑行道作业的机动车辆,应当配备能与航管部门保持不间断通信联络的双向、有效的通信设备。

### 5.4.5 人员管理

机场所有的工作人员、航空公司的地面人员及机组人员进入飞行区执行工作任务时,都应持有特殊的通行证。通行证的发放要严格控制,要根据工作需要,发给有关人员。持有通行证的工作人员应在规定的区域内活动。

### 5.4.6 地面活动引导和管制系统

地面活动引导和管制系统是由助航设备、设施和程序组成的系统。该系统主要用于确保机场能安全地解决运行中提出的地面活动需求,防止飞机与飞机、飞机与车辆、飞机与障碍物、车辆与障碍物及车辆之间的碰撞等。该系统可以是简单的,如能见度高、交通量不大的小机场,可用目视标记牌标记机场交通规则;也可以是复杂的,如能见度低和(或)交通繁忙的大机场大多采用较复杂的系统。

极为复杂的地面作业必然要求有高水平的管理,以保证员工和设备资源得到合理、有效的使用。要做到对地面作业的有效控制,就必须建立相应的控制系统。这个控制系统能够在出现低效率后及时将信息反馈到管理层,将措施落实到地面作业操作过程中。每个机场所使用的控制方法是不同的,这主要取决于由谁来完成地面作业,即是由航空公司自己完成,还是由一个代理公司完成,还是由机场经营者完成。

为保证地面作业的运营具有较高的水平,必须定期检查地面作业所用的地面设备。表5-2列出了地面作业控制检查清单。这个清单可以作为检查地面作业能否达到要求的标准,在评估时应尽量使用量化标准,避免主观性标准。

表 5-2　地面作业控制检查清单

| | |
|---|---|
| 旅客服务:值机 | 地面作业:飞机的装卸 |
| 　值机柜台运作能力 | 　检查飞机内、外部及装货设备 |
| 　头等舱值机服务 | 　装货的指导和培训 |
| 　等待值机时间 | 　设备的计划和供应 |
| 　座位选择程序 | 　设备在飞机周围的停放位置 |
| 　信息展示 | 　装卸监控 |
| 　值机人员的礼貌和能力 | 　安全、限制、分散装货 |
| 　接收旅客的控制 | 　装货设备的操作 |
| 　准备的控制、晚到旅客、机票超售、争吵等 | 　机上系统的操作 |
| 　超重行李、特别行李和超大行李的接收 | 　不完全装货的杜绝 |
| 　为中转和头等舱行李挂标签 | 　客机坪的治安 |
| 　登机、售票、现金和信息卡的安全 | 　盗窃的防止 |
| 　最短和平均值机时间 | 地面作业:清洁和餐食供应 |
| 　旅客名单的准备 | 　驾驶舱和客舱清洁标准 |
| 　订餐控制 | 　洗手间用水和饮用水的供应 |
| 　售票和预订座位 | 　食品的装卸 |
| 旅客服务:安全 | 　地面气源的供应 |
| 　旅客的有效寻找 | 　气流防护操作 |
| 　旅客的不方便和等待时间 | 地面作业:装货控制(仅指航空公司) |
| 　手提行李的有效寻找 | 　准确的舱单和详尽的内容 |
| 旅客服务:引导和登机 | 　装货计划 |
| 　广播和通知的有效性 | 　预先零燃油计算、飞行准备 |
| 　等待和登机点有无问讯人员 | 地面作业:飞机离港 |
| 　政府控制点有无协助人员 | 　正点记录 |
| 　登机程序的控制 | 　停场和中转监控 |
| 　值机人员与机组人员的协作 | 　旅客下机 |
| 特殊服务:年幼和残疾旅客 | 　登机口旅客等待时间 |
| 旅客服务:到达 | 　飞行记录和文件 |
| 　接飞机的服务人员 | 　实际起飞时间记录和准确性 |
| 　到达和中转旅客的信息服务 | 　飞行计划 |
| 　中转程序 | 　气象资料 |
| 　政府控制点的协助服务 | 地面作业:延误起飞 |
| 特殊服务:年幼和残疾旅客 | 　延误飞机的时间记录和准确性 |
| 　行李发放标准 | 货物处理:到达 |
| 　行李发运协助 | 　包装损坏 |
| 旅客服务:延误、改线和取消航班 | 　出关 |
| 　旅客信息服务 | 　通知收货人 |
| 　安慰程序 | 　货物存放时间 |
| 　目的地和经停点信息 | 货物处理:出港 |
| 　地面行进程序 | 　接收程序 |
| 　餐食、茶点、住宿 | 文件:程序和准确性 |
| 旅客服务:行李 | 预订舱位:程序及其实施 |

续表

| | |
|---|---|
| 丢失登记、损坏报告<br>行李查找程序<br>旅客服务：设备<br>　　全部设备安全和现状检查<br>　　特殊车辆的可利用率和状况<br>　　客机坪设备的可利用率和外观<br>　　设备和车辆的维修<br>　　设备和车辆的控制<br>　　操作标准和安全程序<br>通信：电话、地空报话机、地地报话机 | 入库存：程序及其实施<br>　　货物性质<br>　　重量检查<br>　　货盘化和货物包装<br>　　丢失、损坏货物的处理程序<br>　　货物发运证明程序<br>　　限制物品处理程序<br>　　保值物品处理程序<br>　　邮件处理<br>地面作业的管理：<br>　　办公楼外观<br>　　办公用具和设备状况<br>库存记录：机坪设备、车辆、办公设备和用具<br>预算：准备和控制<br>控制：现金、票据、会计、销售收入、保险柜、钥匙、机场记录、文具<br>　　意见登记<br>　　职工面貌<br>　　手册、地方文件、急救程序、办公文件汇编、议事规则 |

## 5.5 机场检查与维护

通过对机场日常工作的例行检查,可以发现故障隐患的征兆,这通常是机场经营者的职责。在特定情况下,可由空中交通管制部门进行自检;在一般情况下,则由机场经营者进行检查。无论采取何种方式,检查的目标和对象都是一样的,一般包括以下两个方面。

(1) 检查地面故障、障碍物和杂物碎屑。

(2) 检查引导飞行的导航设备是否适用。

在大多数情况下,不需要对飞机离港进行检查。通常,机场经营者可以规定检查的最少次数。虽然检查的频度取决于当地的实际状况,但多数机场的实际检查次数往往大大超过规定次数。在一些繁忙的机场,每 2h 就要检查一次;而在那些不太繁忙的机场,可能一天只检查一次。首次检查一般都在清晨运行前进行。当机场发生意外事故时,要进行特殊的专业性检查。

场道区域的检查,一般可由检查车来进行。保持机场交通管制中心与检查车之间的无线通话是非常重要的,它可以防止人为差错。检查车应开得很慢,如有必要就停车,以便对特定区域或杂物碎屑进行仔细观察。在检查中,必须仔细观察以下八个方面。

(1) 跑道、滑行道、等待坪、停止道和净空道的道面状况。

(2) 道面上的积水、冰雪、泥沙、飞机轮胎的橡胶沉积、溢出的燃油等污染物的分布状况。

(3) 杂物碎屑的分布区域及其移动趋势。

(4) 机场工作的进展状况(废弃物、障碍物碎屑及有可能危及地面安全的其他物体的存在状况)。

(5) 日光移动和屏幕显示的情况,以及包括界标在内的信息标志。

(6) 灯光设备的损坏情况和碎玻璃等。

(7) 草和树木的生长,以及可能遮挡灯光使之模糊的其他情况。

(8) 鸟群和动物的出现,以及无关人士的进入等。

如果准备夜间运行,必须在天黑前检查整个灯光系统。在检查中,尤其要注意以下部分的灯光:跑道和滑行道的灯光、障碍物灯光、机场的转动灯标和指示灯标、保持运行活动区域安全的交通照明灯光、目视进近坡度指示灯光、机场边界范围内的目视进近灯光。对于较大的灯光系统,可以采用照相记录的方式进行检查。

在机场检查的日常工作中,建议采用一个较为详细的检查方案,列一个项目清单,以确保全面检查。另外,还要把不安全因素的检查结果记录下来,并采取措施予以纠正。如暂时不能纠正,则要查明隐患所在,并发布航行通知(NOTAM),通知那些即将飞离的航班。

大多数航空运输机场都具有庞大的电气系统,这些系统中的大量设备需要专门的维护系统来进行维护。维护系统的范围取决于机场的运行类别、繁忙程度等因素。必须制定日常维护进度表,建立记录维护状况的综合系统,并培养维护人员的快速反应能力和维修能力。

针对这一需求,机场增设了自动监视系统,以便及时对设备故障提出警告,并全面记录设备的使用及维修状况。随着计算机性能的不断提升,自动监视系统的使用范围也进一步扩大,并成为定期维护管理信息系统的一个组成部分。

预防性维修主要是对某一系统及其所有的组成部件进行日常检查,其目的是探测任何可能导致系统或部件发生故障的隐患,并采取相应措施来防止故障的发生。

> **本章小结**
>
> 　　飞行区分空中和地面两个部分,主要包括进场和离场的航路、跑道、滑行道、停机坪和登机门,以及一些为维修和空管服务的设施和场所。飞行区主要通过地面标志、助航灯光来保障运行。

## 自我检测

(1) 机场的飞行区包括哪些部分?

(2) 机场跑道如何影响飞机的起降?

(3) 民航客机通过哪些途径和地面保持联系?

(4) 如何保证飞行区的安全运行?

# 第6章
# 出入机场地面交通系统

　　由于出入机场地面交通系统不畅,航空旅行时的地面交通时间与乘机时间持平甚至超过后者,已是司空见惯。长此以往,势必减少航空旅行对中、短途旅客的吸引力。因此,合理规划出入机场地面交通系统对于一个机场的发展非常重要。目前,已经有很多国家正在考虑建立"一体化交通系统"来适应机场的发展需要。

## 知识目标

（1）了解出入机场地面交通系统现状。
（2）熟悉机场地面交通布局。

## 能力目标

（1）熟悉机场地面交通方式。
（2）熟悉机场的停车场和车道设置。
（3）熟悉机场地面道路布局。

　　很显然,机场是一个开放系统。在空侧,机场通过跑道、停机坪、飞机等与外界进行客货交流;在陆侧,机场又借助各种道路、停车场、车站、车辆与外界实现沟通。只有机场交通的各个环节(图6-1)达到均衡,机场才能正常运营。由于地面交通形式的多样化和航站区陆侧的多功能,出入机场地面交通系统的组织及其与城市交通系统的衔接变得非常复杂,甚至成为制约机场发展的瓶颈。

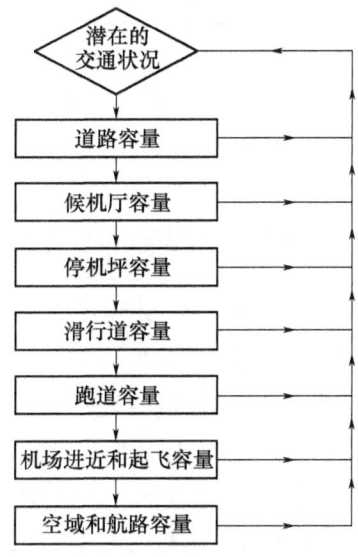

图 6-1 机场交通的各个环节

## 6.1 出入机场地面交通系统现状

对早期的航空旅客来说,出入机场的地面交通是没有任何问题的。20 世纪 20 年代和 30 年代的民用机场大多位于所服务城市的边缘,旅客到机场的路途较近。加之当时航空旅行费用较火车等交通方式高许多,故只有少数人在经济上能够接受。于是,为数不多的旅客行进在交通量很小的通往机场的道路上,交通绝不会出现问题。

第二次世界大战以后,各国的科技和经济都快速发展。如今,航空旅行已变得非常快捷、舒适,成为受大众青睐的一种交通方式。机票价格也不再高得令人生畏,加之个人拥有小汽车在一些国家已非常普遍,许多旅客自己驾车出入机场,通往机场的道路不再像以前那样宁静。许多机场进出道路交通拥挤,乃至时常堵塞,成为机场等有关方面十分头疼的问题。

图 6-2 是 1950 年和 1990 年旅客做同样的短途航空旅行所花费的总时间对比。显然,由于飞机速度提高所节省的时间,几乎已被进出机场的地面交通时间的增量给抵消了。现在,大、中型运输机的巡航速度一般在 900km/h 左右,因而国内航线乘机时间大都在 1~3h。由于出入机场地面交通系统不畅,航空旅行时的地面交通时间与乘机时间持平甚至超过后者,已是司空见惯。长此以往,势必减少航空旅行对中、短途旅客的吸引力。

在规划出入机场地面交通系统时,应该考虑出发旅客从启程至航站楼和到达旅客从航站楼至目的地的全部进程。在规划中,通常有以下三个问题要慎重考虑。

(1) 如何在市中心或市区其他旅客流量较大的地方设置旅客集散点(站)。

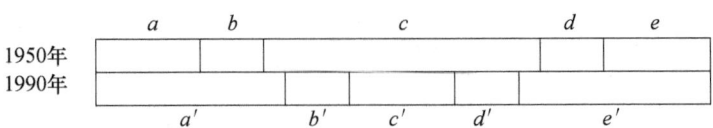

$a$、$e$ 为赶到、离开机场所花费的时间；
$b$、$d$ 为在航站楼所花费的时间；
$c$ 为空中飞行时间

图 6-2　1950 年和 1990 年短途航空旅行所花费的总时间对比

(2) 通过何种交通方式将旅客运往(出)机场。

(3) 航站区内部交通如何组织，机场道路如何布设。

在考虑出入机场地面交通系统容量时，应改变一种错误观念，即认为出入机场地面交通系统设施只是服务于旅客的。实际上有相当一部分机场，其进出人员中旅客只占少数。机场进出人员的成分是比较复杂的，主要包括旅客及其迎送者、观光者、机场工作和服务人员。对于不同的机场，各类人员的构成比例可能相差很大，这主要与机场的规模、性质、坐落位置等有关。表 6-1 给出了十几个机场的人员构成情况。值得说明的是，即使是同一个机场，在不同的时间，人员构成比例的变化也是较大的，表中给出的数值是平均值。

表 6-1　机场人员构成情况

| 机场 | 旅客/% | 接送机者/% | 工作人员/% | 其他/% |
| --- | --- | --- | --- | --- |
| 法兰克福 | 0.6 | 0.06 | 0.29 | 0.05 |
| 维也纳 | 0.51 | 0.22 | 0.19 | 0.08 |
| 奥利 | 0.62 | 0.07 | 0.23 | 0.08 |
| 阿姆斯特丹 | 0.41 | 0.23 | 0.28 | 0.08 |
| 多伦多 | 0.38 | 0.54 | 0.08 | 不计在内 |
| 亚特兰大 | 0.39 | 0.26 | 0.09 | 0.26 |
| 洛杉矶 | 0.42 | 0.46 | 0.12 | 不计在内 |
| 纽约肯尼迪 | 0.37 | 0.48 | 0.15 | 不计在内 |
| 波哥大 | 0.21 | 0.42 | 0.36 | 忽略不计 |
| 墨西哥城 | 0.35 | 0.53 | 0.13 | 忽略不计 |
| 库拉索 | 0.25 | 0.64 | 0.08 | 0.03 |
| 东京羽田 | 0.66 | 0.11 | 0.17 | 0.06 |
| 巴耶拉巴 | 0.23 | 0.61 | 0.16 | 忽略不计 |
| 墨尔本 | 0.46 | 0.32 | 0.14 | 0.08 |
| 美国机场 | 0.33～0.56 | — | 0.11～0.16 | 0.31～0.42（包括接送机者） |

民用机场，特别是枢纽机场的规模是很大的，拥有众多的雇员。据统计，20 世纪 80 年代末，伦敦希思罗机场拥有雇员 48000 人，法兰克福机场拥有雇员 41000 人，洛杉矶国际机场(简称洛杉矶机场)拥有雇员 35000 人。这样的人数，即使不算旅客及其迎送者，也接近一个小城市的人口规模。在机场内部和附近，其交通要求与一个城市差不多，甚

至有些方面更复杂。根据对洛杉矶机场的一项调查,每天仅出入航站楼附近的车辆数量就达120000。由此不难理解,在机场规划、运营中,地面交通是一个十分重要的方面。

机场陆侧可采用多种交通方式,如小汽车、出租车、机场班车、包租车、公共汽车、火车、地铁、城市捷运公交系统,甚至直升机等。每种方式都各有特点,都需要相应的设施。为了方便旅客,还要在城区合理地布设集散点(站)。根据目前的统计,大部分机场至少有不低于70%的交通量是由公路来承担的。

因为并非人人有汽车(在美国这个私车拥有率最高的国家,仍有1/4的人没有自己的汽车),或者即使有车,由于停车等问题,旅客也未必开自己的车去机场。因此,在机场采用某种公共交通方式来输送旅客是必要的。对于某些机场,公共交通还是缓解地面交通压力最有效的措施。

## 6.2 确定地面交通方式的方法

在确定采用何种交通方式或交通方式组合之前,必须知道在一定时间内旅客及其迎送者、机场工作和服务人员、航空货运等的交通流量。然而,除非对已有机场做过详尽的调查可得到上述数据,否则对于新建机场是无法用调查方法获取交通流量的。在这种情况下,可根据有关预测方法建立数学模型来估算。

图6-3显示了确定交通方式的方法。先假定机场内外乘客集散点(站),如环绕机场的卫星式车站或市内车站。然后,根据预期的投资和服务水平等因素初选交通方式,并罗列出此种交通方式的优、缺点。下一步就是根据已有交通量数据或由模型估算的交通量数据进行定型交通分流,并在此基础上对所选交通方式从载客率(量)、社会、环境、经济、技术等方面进行评价。如果评价结果不理想,则改变初选方案,再按图6-3所示的步骤重新选择交通方式,最后总能得出比较满意的结果。

## 6.3 出入机场的地面交通方式

出入机场的地面交通方式是多种多样的,本节将介绍常见的交通方式及其特点。

### 6.3.1 小汽车

在世界各地,特别是发达国家,个人或工作单位的小汽车已成为进出机场的最普遍的交通工具。

小汽车的优点是具有极大的灵活性。人们可以驾车从家一直行驶到航站楼附近,如果旅客行李较多,或者旅客是老人、孩子或残疾人,使用小汽车的便利更是显而易见的。在公路交通顺畅时,小汽车可以很快地往返机场。尤其是几个人同乘一辆车时,在经济上更划算。

这种交通方式的缺点之一是易受公路交通状况的影响,交通拥挤或发生阻塞时,

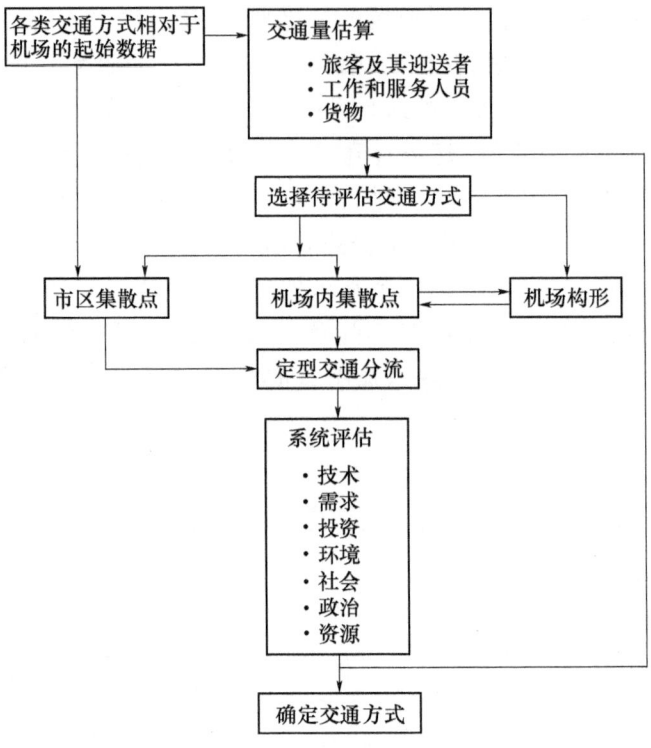

图 6-3 确定交通方式的方法

到达机场的时间就没有保障。其次就是对机场的道路和停车设施有较高的要求。为了容纳小汽车，必须在本已十分拥挤、繁忙的航站楼前划出一大片场地作为停车场，给地面交通组织带来了很大困难。如果将停车场置于距航站楼较远的地方，又会给旅客，特别是携带大量行李的旅客带来不便。

## 6.3.2 出租车

出租车也是机场常见的交通方式，特别是当因公务旅行的旅客较多或机场距市区较近时。出租车的优点类似于小汽车，缺点是个人花费较大，也要占用道路和交通设施，容易受到非机场交通车辆的影响而被迫减速或停滞。出租车本身也可能在航站楼附近造成交通问题。例如，出租车在招揽生意或停车下客时，常常会较长时间地占用道路、车道边而影响交通。为此，在有些繁忙的机场，常常在距航站楼一定距离范围内专门给出租车划出一块集结区域。当航站楼出口有人要车时，管理人员才放行。这样就避免了长龙似的出租车在航站楼陆侧造成拥塞。

## 6.3.3 包租车

在节假日，欧洲的许多机场常常有飞往地中海或冰雪地区的度假包机，接送包机乘客往往用包租车。包租车从起点发车后中途不设站，可较快地往返机场。包租车载客率较高，乘客的花费并不大。与小汽车相比，包租车不会给机场道路带来明显的交通压力,但在机场航站区要为包租车安排上下乘客的车站。若包租车很多,机场还要专设停车场,如奥地利的维也纳机场。包租车只能为一小部分特定旅客服务,其他人则不能享用。如果公路出现交通问题,包租车当然也会受到影响。

### 6.3.4 公共汽车

在有些城市,人们可以乘公共汽车进出机场。这样,公共汽车就将机场与城市交通网联系起来,这在一定程度上会给旅客,特别是机场的工作和服务人员带来方便。当较多的机场人员和旅客乘公共汽车时,机场的停车数量会大为减少。但实际上,为了缓解航站区的交通压力,公共汽车站往往设在距航站楼较远的地方。这样就给到达和出发旅客带来了不便。公共汽车中途设站较多,运行时间长。航空旅客要与许多其他乘客混杂在一起,有时非常拥挤。凡此种种,都给旅客,尤其是携带了许多行李的旅客造成了很大麻烦。因此,利用公共汽车进出机场的旅客并不多。

### 6.3.5 机场班车

机场班车也是机场中常见的交通方式。通过在市区定点设立车站,机场班车将这些车站与机场联系起来。机场班车的票价比出租车要便宜许多。由于中途很少设站,所以运行时间较公共汽车要短得多。

机场班车的缺点是只能给在班车站附近的旅客带来较大方便。班车在公路上行驶时并无优先权,也易受到公路交通状况的影响。除非乘客较多,一般班车的车次间隔较大,这使部分旅客的等候时间加长。为了方便旅客,有些机场已将班车站扩展到市郊。但因载客率锐减,运营成本大大提高,有的不得不提高票价。

### 6.3.6 火车

有些机场邻近铁路,于是接铺一条较短的支线即可将铁路与机场联系起来,且这种建设方式投资非常少。与铁路相通的机场目前还为数不多,但一些有铁路车站的大机场,如法兰克福机场、苏黎世国际机场(简称苏黎世机场)和盖特威克机场等确实受益匪浅。铁路不像公路,交通非常可靠,可由市中心直达机场车站,而不像有的城市捷运公交系统,中途要设许多站。另外,机场火车站一般不需要太多的专有设施,这是一个突出的优点。

火车尽管速度快、中途不设站,但由于车次少,乘客等候时间长,所以旅客往返机场的交通时间不一定短。火车在市区的车站一般设在市中心或邻近市中心,故也是市中心附近的旅客感觉最方便。通常,即使是非高峰交通时间,往返机场的旅客也要与其他乘客碰在一起,上下车、搬运行李的不便可想而知。另外,这种交通方式只解决了旅客的一段路途问题,往返市区火车站还需要借助其他交通工具。

### 6.3.7 城市捷运公交系统

城市捷运公交系统是指有轨公共交通工具,如地铁、有轨电车、单轨车辆等。在有些机场,如戴高乐机场、亚特兰大机场等,都有与市区交通系统沟通的城市捷运公交系统。在一些城市,市区也有四通八达的城市捷运公交系统,这样旅客可从城市不同地点利用捷运公交非常方便地进出机场。与汽车相比,城市捷运公交系统交通通畅,不会出现拥塞,行驶速度也较快。与汽车相同的是,旅客也要与其他乘客混在一起,且中途设站较多。值得注意的事,城市捷运公交系统在机场的车站要十分靠近航站楼,这样旅客才乐于搭乘,否则难以实现预期的交通分流。伦敦的希思罗机场是较成功地利用城市捷运公交系统(地铁)的范例。图 6-4 是该机场的平面图。由于中心地铁站与航站楼比较近,故很多旅客愿意乘坐地铁出入机场。相比之下,有的机场,如奥利机场、波士顿洛根国际机场(简称波士顿机场)等因为城市捷运公交系统车站距航站楼太远,乘客便不愿乘坐。为了充分利用城市捷运公交系统,机场经营者不得不在捷运车站与航站楼之间开通穿梭公共汽车。结果收效并不显著,因为旅客不愿拖着行李屡次遭受上下车之累。

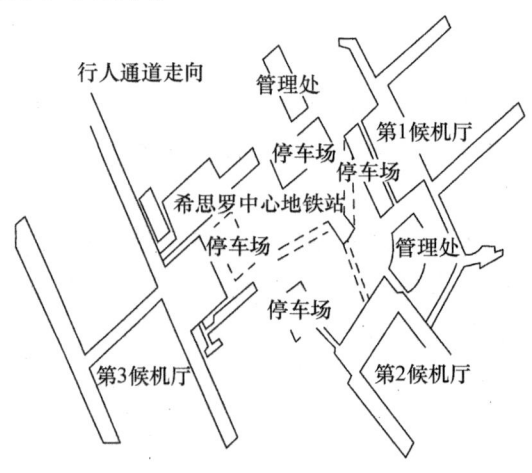

图 6-4 希思罗机场的平面图

## 6.3.8 机场专用捷运系统和专用高速公路

尽管这两种交通方式类别不同,但还是有许多共同之处。机场专用交通系统的优点是显而易见的。它能在市区和机场之间提供中途无站的、快速而可靠的交通,交通舒适性大为提高,特别是专用捷运交通车辆的舒适程度堪与航空旅行相媲美。但是,不论是一次性建设投资,还是日常维持运营,专用交通系统的投入都是惊人的。为了建设专用交通线,要么开掘隧道,要么建立交桥、高架路,工程都非常巨大。现在,有些专家对这类工程持强烈的反对态度。他们认为,这些构筑物及其建设过程不仅投资巨大,浪费资源,而且对环境造成很大破坏。例如,有人曾估计,1970 年若根据一些人的建议,在英国 Maplin 公司和希思罗机场之间建快车轨道,拆除的建筑将相当于英国当时年建设量的 2/3。

专用捷运交通线的建设一定要慎重,必须在建设前对载客量做详细的调查、分析

和预测。有人曾就美国的 20 个最繁忙机场和英国的 13 个机场建设专用捷运交通线的可行性做过研究(英国的 13 个机场不包括服务于伦敦的 5 个机场,这些机场因为诸多因素从根本上排除了建专用交通线的可能性)。尽管两个国家的机场、机场周围城市及人口构成等情况差异较大,但得出的结论是十分类似的。表 6-2 是通过调查研究所得到的各机场到中心商业区的距离,以及由机场去中心商业区旅客的比率。从表中不难看出,各机场去中心商业区的旅客通常不超过 30%。也就是说,大部分旅客分布在城市的不同地点。这些人一般是利用小汽车、出租车进出机场的。因此,如果贸然建设专用捷运公交线,因载客量小,可能达不到预期的交通分流目的。例如,日本东京与东京羽田国际机场(简称羽田机场)间的专用有轨快车就是因为乘客少而导致入不敷出的。根据成本分析,专用捷运系统的年载客量只有达到 300 万～500 万人次,运营起来才会有较好的效益。因此,只有大型机场才有必要考虑这种交通方式。

表 6-2 各机场到中心商业区的距离和从机场到中心商业区旅客的比率

| 城市 | 从机场到中心商业区的距离/km | 去中心商业区旅客的比例/% |
| --- | --- | --- |
| 美国 | | |
| 　洛杉矶(LAX)(Los Angeles) | 11.0 | 15 |
| 　纽约(JFK)(New York) | 11.5 | 47 |
| 　亚特兰大(Atlanta) | 7.5 | 24 |
| 　旧金山(San Francisco) | 12.0 | 25 |
| 　迈阿密(Miami) | 10.0 | 35 |
| 　华盛顿(Washington) | 2.0 | 25 |
| 　波士顿(Boston) | 2.5 | 14 |
| 　费城(Philadelphia) | 6.3 | 14 |
| 　丹佛(Denver) | 7.5 | 30 |
| 英国 | | |
| 　利物浦(Liverpool) | 6 | 37 |
| 　曼彻斯特(Manchester) | 8 | 11 |
| 　格拉斯哥(Glasgow) | 6 | 28 |
| 　伯明翰(Birmingham) | 7 | 25 |
| 　纽卡斯尔(Newcastle) | 6 | 17 |
| 　伦敦(希思罗)(London Heathrow) | 15 | 29 |
| 　伦敦(盖特威克)(London Gatwick) | 24 | 21 |

相比之下,许多机场为了解决地面交通问题,往往与市政当局合作,更青睐于专用高速公路的建设。除了有轨车辆,大多数地面交通工具都可以利用高速公路。通过适当收费,建设投资和维护费用也能较快地收回。

## 6.3.9 直升机

采用直升机运送往返机场的旅客也许是最快捷、最不受地面交通状况影响的交通方式。20世纪40年代后,美国联邦政府通过资金补贴,鼓励在纽约、芝加哥和洛杉矶三个城市利用直升机运载航空旅客。尽管大部分直升机承运公司都因资金、事故和客源少等原因而经营惨淡,但在美国得克萨斯州的国家航空航天局、休斯敦之间和希思罗机场、盖特威克机场之间的直升机运营却非常成功。事实证明,如果城市和机场之间存在天然屏障(大山、河流等),或者二者之间的地面交通非常糟糕,采用这种交通方式也许是比较合适的。

直升机的优点是快捷、方便、舒适,但对旅客来说价格太高,故只能吸引那些为公务目的旅行的人。由于直升机的目的地就是机场,遂导致客源进一步减少。另外,直升机的噪声也是这种交通方式的一个致命弱点,其起落点附近的公众是绝对反对开展这种经营的。

### 6.3.10 水运

如果机场靠近江河海湾,可以考虑以水运方式运送旅客。通过这种特殊的进出机场方式,旅客还可以欣赏沿途风景,就像在威尼斯马可·波罗国际机场(简称威尼斯机场)和伦敦城机场那样。但如果水运的码头设施不完备,就有可能给旅客带来不便。旧金山国际机场(简称旧金山机场)曾试图利用穿梭于旧金山湾的气垫船来载客,但其服务的可靠性常常令人不满意。

## 6.4 机场的停车场

机场如何合理地设置停车场是一个非常复杂的问题。停车场需求与许多因素有关,如进出机场的人数、类型、交通方式、停车费用、停车时间等。值得注意的是,中转、过境旅客根本不与地面交通发生联系,当然这些旅客也无停车需求。因此,在考虑停车场时,务必将中转、过境旅客排除。表6-3给出了一些美国机场的中转、过境旅客所占的比例。从表中可以看出,不同机场的中转、过境旅客比例相差较大。

表6-3 美国机场的中转、过境旅客比例

| 机场名称 | 中转、过境旅客比例/% | 机场名称 | 中转、过境旅客比例/% |
| --- | --- | --- | --- |
| 亚特兰大 | 67 | 旧金山 | 35 |
| 福特·沃尔斯 | 64 | 迈阿密 | 30 |
| 芝加哥 | 48 | 明尼阿波利斯 | 49 |
| 费城 | 35 | 底特律 | 32 |
| 丹佛 | 57 | 波士顿 | 11 |
| 堪萨斯城 | 9 | 纽约 | 33 |

例如,亚特兰大机场每年吞吐众多的旅客,但据表6-3,其中有2/3的旅客是中转和过境的。另外,如前所述,有些机场旅客只占进出机场人员的少数,大部分是机

场工作、服务人员。这种人员构成也会对机场停车场的设置造成影响。

表6-4给出了一些机场的停车位数量。

表6-4 机场的停车位数量

| 机场名称 | 年旅客总数量/百万人次 | 出港旅客量（不含国内航线）/百万人次 | 每千位旅客的停车位数量/个 | 年出港旅客每千人停车位数量（不含国内航线）/个 |
|---|---|---|---|---|
| 华盛顿 | 14.28 | 5.17 | 0.30 | 0.81 |
| 戴高乐 | 9.99 | — | 0.53 | — |
| 杜塞尔多夫 | 6.85 | 3.24 | 1.21 | 2.56 |
| 法兰克福 | 16.64 | 4.72 | 0.50 | 1.78 |
| 盖特威克 | 8.70 | 4.08 | 1.24 | 2.65 |
| 伦敦 | 27.98 | 11.68 | 0.36 | 0.86 |
| 蒙特利尔-多维多 | 6.15 | — | 0.59 | — |
| 蒙特利尔-米拉贝尔 | 1.53 | — | 2.29 | — |
| 奥利 | 14.78 | 5.96 | 0.53 | 1.32 |
| 东京羽田 | 20.54 | — | 0.11 | — |
| 东京成田 | 7.26 | — | 0.62 | — |
| 多伦多 | 13.71 | 4.92 | 0.62 | 1.73 |
| 维也纳 | 2.77 | 1.09 | 0.69 | 1.74 |
| 苏黎世 | 7.51 | 2.54 | 1.11 | 3.27 |
| 巴尔的摩 | 3.77 | 1.31 | 1.20 | 3.45 |
| 波士顿 | 15.20 | 6.35 | 0.60 | 1.45 |
| 芝加哥 | 47.84 | 11.98 | 0.36 | 1.42 |
| 福特沃尔斯 | 22.58 | 8.50 | 0.64 | 1.71 |
| 纽约（JFK） | 26.98 | 9.72 | 0.49 | 1.36 |
| 纽约（LGA） | 18.39 | 8.52 | 0.40 | 0.86 |
| 洛杉矶 | 34.92 | 13.17 | 0.57 | 1.51 |
| 迈阿密 | 19.63 | 5.25 | 0.28 | 1.06 |
| 纽约（EWR） | 9.30 | 4.30 | 1.24 | 2.62 |
| 奥克兰 | 2.68 | 1.32 | 1.33 | 2.69 |
| 旧金山 | 23.05 | 9.74 | 0.43 | 1.03 |

为了进行停车场规划，美国联邦航空局给出了如图6-5所示的停车位数量与出港旅客数量的关系。利用该图，可根据出港旅客数量确定机场停车场的停车位数量。另外，惠特洛克和克利里还将高峰小时出港旅客数量与机场短期停车位数量联系起来，如图6-6所示。

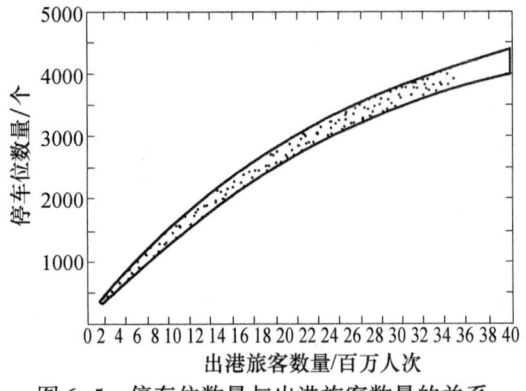
图 6-5 停车位数量与出港旅客数量的关系

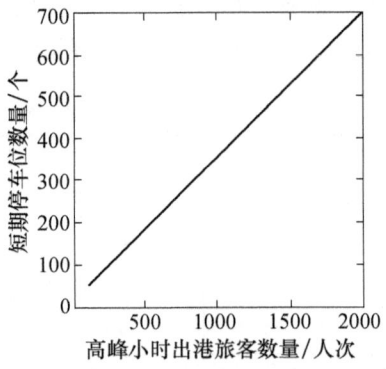
图 6-6 短期停车位数量与高峰小时出港旅客数量的关系

为了提高航站楼附近的短期停车场的利用率,其停车费通常要比距航站楼较远的长期停车场高。停车场的数量、大小、形状和类型与航站区水平布局有关,航站区道路布局也会影响停车场的规划。但停车场配置没有绝对的标准,在很大程度上,通过停车费的浮动可以调节停车量。有些机场为引导更多的旅客利用公共交通或出租车,往往把停车费提得很高。但值得注意的是,提高停车费对限制公务旅客的停车几乎不发生作用。

如果航站区难以划出较大的停车场,而旅客的停车需求又确实较大,则可以考虑建设停车楼。其优点是在不增加占地的情况下,大幅度地增加停车位数量,实现车辆的立体分层存放,并使车辆处于遮蔽之下而免受日晒、雨淋、风吹。停车楼内应配有使车辆上下移动的设施或设备,即坡道或升降机。图 6-7 为螺旋坡道停车楼的平面图和剖面图。

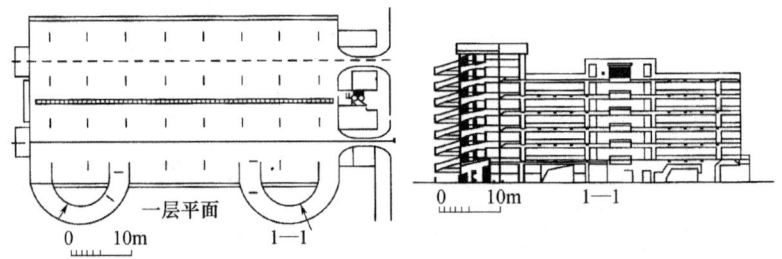
图 6-7 螺旋坡道停车楼的平面图和剖面图

## 6.5 航站楼车道边

在规划时,可按年度每百万出发(到达)旅客 35m 估计车道边长度。做精确设计时,车道边长度应根据交通工具类型、流量等做详细计算后得出。下面通过一个案例来说明。

已知某机场高峰小时出发、到达旅客所用车辆类型和数量见表 6-5。根据美国佛罗里达州的劳德代尔-好莱坞国际机场的调查,可知每种车型的长度、停车时间和车长与停车时间的乘积(LT),见表6-6。

表6-5 高峰小时出发、到达旅客所用车辆类型和数量

| 车型 | 出发旅客乘车数量/百万辆 | 到达旅客乘车数量/百万辆 |
| --- | --- | --- |
| 私人小汽车 | 100 | 350 |
| 出租车 | 50 | 70 |
| 机场班车 | 30 | 20 |
| 宾馆大客车 | 10 | 10 |
| 公共汽车 | 10 | 10 |
| 其他 | 20 | 30 |

表6-6 每种车型的长度、停车时间和车长与停车时间的乘积(LT)

| 车型 | 车长/ft | 平均停车时间 | | LT/(英尺·分) | |
| --- | --- | --- | --- | --- | --- |
| | | 出发 | 到达 | 出发 | 到达 |
| 私人小汽车 | 25 | 2′10″ | 2′50″ | 55 | 70 |
| 出租车 | 25 | 1′15″ | 2′10″ | 30 | 55 |
| 机场班车 | 35 | 3′00″ | 6′40″ | 105 | 230 |
| 宾馆大客车 | 40 | 1′20″ | 3′00″ | 45 | 105 |
| 公共汽车 | 40 | 4′30″ | 6′40″ | 180 | 265 |
| 其他 | 35 | 6′00″ | 3′10″ | 210 | 110 |

根据表6-6和该机场高峰小时车流量(表6-5),可算出该机场高峰小时各种车型出发和到达时的乘积(LT),见表6-7。

表6-7 机场高峰小时各种车型出发和到达时的乘积(LT)

| 车型 | 出发LT/(英尺·分) | 到达LT/(英尺·分) | 车型 | 出发LT/(英尺·分) | 到达LT/(英尺·分) |
| --- | --- | --- | --- | --- | --- |
| 私人小汽车 | 5500 | 24500 | 公共汽车 | 1800 | 2650 |
| 出租车 | 1500 | 3850 | 其他 | 4200 | 3300 |
| 机场班车 | 2100 | 4600 | 总计 | 15550 | 39950 |
| 宾馆大客车 | 450 | 1050 | | | |

## 6.6 出入机场地面道路布局

出入机场地面道路通常包括航站正面道路(毗邻航站楼车道边)、航站区进出道路、重复循环道路、工作道路、机场进出道路等。概括起来,常见的出入机场地面道路布局有以下四种。

1. 集中布局

当航站区建有集中式航站楼或有连续的建筑群时,可采用集中布局,如图6-8所示。采用这种布局,所有与旅客有关的车辆几乎通过相同的道路系列。停车场和租车场也集中设置。美国许多民用机场都采用了这种道路布局,如奥黑尔机场、旧金山

机场、洛杉矶机场等。

2. 分区布局

将道路系列划分为不同的区域,如划分为出发、到达两个区域,或者按不同的航空公司划分为若干个区域。每个区域都有属于自己的航站正面道路。如图 6-9 所示为一个划分为两个区域的分区布局道路系统。美国奥兰多国际机场(简称奥兰多机场)、杰克逊维尔国际机场(简称杰克逊维尔机场)即采用分区布局概念设计陆侧道路。

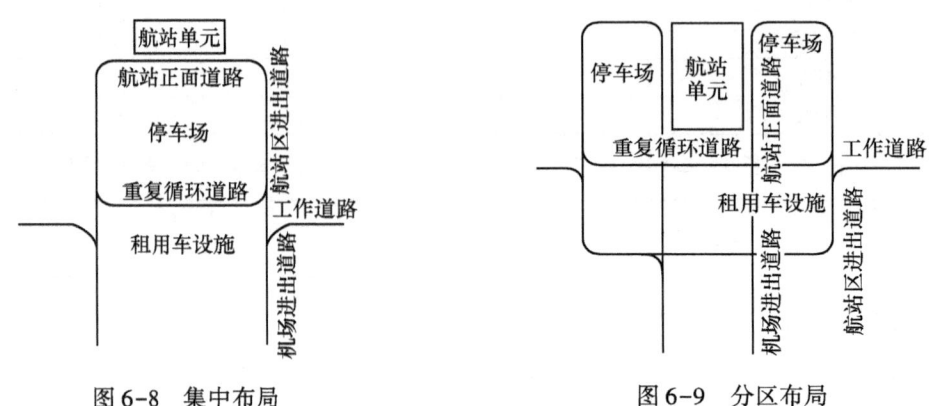

图 6-8　集中布局　　　　　　　　图 6-9　分区布局

3. 环形分散布局

当单元航站楼构成半环形时,可采用如图 6-10 所示的环形分散布局。美国纽约约翰·菲茨杰拉德·肯尼迪国际机场(简称肯尼迪机场)和堪萨斯城国际机场(简称堪萨斯城机场)均采用这种布局。

4. 组合式布局

当单元航站楼分布在一条直线上时,可采用如图 6-11 所示的组合式布局。美国的福特·沃尔斯机场、休斯敦乔治·布什洲际机场(简称休斯敦机场)等即采用这种布局。

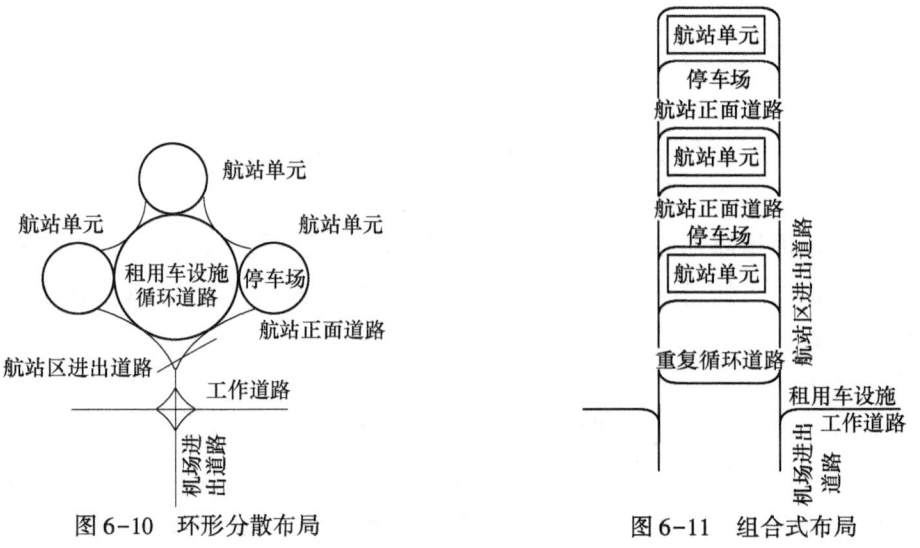

图 6-10　环形分散布局　　　　　　图 6-11　组合式布局

## 6.7 地面交通的总体规划

由于种种原因,机场经营者或机场规划者无法对机场外的交通实施完全控制。但显而易见的是,机场内外的交通是相互作用、相互影响的。为使进出机场的交通畅行无阻,机场附近的道路必须具备容纳高峰交通量的能力。不幸的是,机场高峰交通时间与城市高峰交通时间是重合的,都是每天早晚的上下班时间。这在一定程度上增加了机场附近道路的交通压力,因为除非是专用道路,否则道路上会有许多与机场无关的车辆在行驶。

在进行机场内外各种道路、公交线路的规划或扩充时,规划设计者必须对各种交通设施的交通能力有所了解。表 6-8 给出了机场内外一些常见交通设施的车(客)流量,可供参考。

表 6-8 常见交通设施的车(客)流量

| | 线路类型 | 每小时平均流量 |
| --- | --- | --- |
| 公路 | 主进场路和支线快车道(中途无信号,但进出口实施流量控制) | 1000~1600 辆/车道 |
| | 交通干道(双向交通,有交叉路口) | 900~1600 辆/车道 |
| | 主进场路(存在有信号控制的交叉路口) | 700~1000 辆/车道 |
| | 交通辅路 | 600~1200 辆/车道 |
| 公共交通 | 公共汽车等单独车辆道路 | 6000 人次/车道 |
| | 城市捷运公交 | 30000 人次 |
| | 铁路 | 2500 人次/轨道 |

出入机场地面交通系统设计受到机场构形和场址的限制。从机场运营的角度看,其地面交通至少应与目前空侧交通容量相平衡。但是,根据以往的经验,考虑机场的发展潜力,地面交通应具有一定的超前性。如果可能,甚至应使地面交通能力与机场远期规划相适应,因为机场具有一定的规模和设施后,地面交通的扩充是非常困难和麻烦的。

一般来说,当年客流量达到 1000 万人次时,航站楼到达、出发旅客道路、车道边宜布置为两层。如果年客流量为 1000 万~1500 万人次,则必须分为两层。在做航站楼及道路规划时,应尽可能准确地预测客流量,合理地选择方案。特别是单元式航站楼,在进行航站区道路布设时,既要满足每个航站单元的需求,又要考虑各单元间联系的便捷性和整个道路系统的和谐,合理地进行水平、垂直两个方向的分隔与联系。同时,还要顾及航站区未来扩建的灵活性。

航站区陆侧区域应拿出一部分作为停车场或建停车楼。过去,曾有一些机场在商业利益的驱使下在航站楼前建起了旅馆、会议中心之类的建筑,结果给旅客停车、航站区交通组织及扩建带来很多困难,最后不得不将这些建筑拆除。

许多机场已经认识到,在未来一段时间内,小汽车仍会是机场陆侧的主要交通方式。因此,在机场内外合理布设公路是每个机场必须面对的问题。有些机场的公路交通能力扩充已非常困难,此时除了可以考虑发展城市捷运公交系统,增加公共汽车交通也是对策之一。为了克服公共汽车的缺点,可在公路上为其开辟专用车道(至少在高峰交通时间这样做)。机场的公共汽车站如果距航站楼较远,可考虑由机场经营者在航站楼和公共汽车站之间开行机场公共汽车接送旅客。

随着科学技术的进一步发展和人们对交通系统认识的深化,出入机场地面交通系统肯定会发生较大的变化。目前,欧洲和美国已提出了"一体化交通系统"的概念,并已开始付诸实施。所谓一体化交通,就是把一个城市或地区,甚至一个国家的交通系统作为一个整体进行统一规划,使航空、铁路、公路、水路等各种交通方式集成为一个协调一致的统一体,这样就可避免配合不当、相互脱节。这种全新的交通概念,必然会对航空运输和出入机场地面交通系统提出新的要求。

### 本章小结

由于地面交通形式的多样化和航站区陆侧的多功能,出入机场地面交通系统的组织及其与城市交通系统的衔接变得非常复杂,甚至成为制约机场发展的瓶颈。

在确定采用何种交通方式或交通方式组合之前,必须知道在一定时间内旅客及其迎送者、机场工作和服务人员、航空货运等的交通流量。

机场的地面交通方式是多种多样的。机场如何合理设置停车场也是一个非常复杂的问题。

出入机场地面道路布局与航站楼构形、集散程度(集中式或单元式)、附属设施(停车场、车站等)等因素有关,同时还要考虑航站区未来扩建的灵活性。概括起来,常见的出入机场地面道路布局有以下四种:集中布局、分区布局、环形分散布局、组合式布局。出入机场地面交通系统设计受到机场构形和场址的限制。从机场运营的角度看,其地面交通至少应与目前空侧交通容量相平衡。但是,根据以往的经验,考虑机场的发展潜力,地面交通应具有一定的超前性。

### 自我检测

(1) 在规划出入机场地面交通系统时,通常要考虑哪些问题?
(2) 常见的出入机场地面交通方式有哪几种?各有什么特点?
(3) 常见的出入机场地面道路布局有哪几种?
(4) 何谓"一体化交通系统"?机场应如何适应一体化交通趋势?

# 第 7 章 机场收支结构

机场的收入和支出是密不可分的。使机场的收入最大化,并使机场的支出即机场运营成本保持在较低的水平,能有效促进机场的发展。

**知识目标**

(1) 了解机场收入的构成。
(2) 了解机场运营成本的结构。

**能力目标**

(1) 熟悉机场的收支结构。
(2) 掌握机场的经济特性。

## 7.1 机场收入的构成

机场收入来自两方面:一是航空性业务收入,或称与航空运输活动有关的收入;二是非航空性业务收入,或称商业性收入。

### 7.1.1 航空性业务收入

航空性业务收入直接来源于机场对飞机、旅客和货物的管理,主要包括以下几部分。

1. 起降费

起降费是指机场对航空公司征收的跑道、滑行道及机坪的使用费,以及提供照明和机场管制服务的费用。

2. 旅客服务费

旅客服务费主要是指因乘机旅客使用候机楼及其他与上下飞机有关的服务设施而向航空公司收取的费用(如登机桥、旅客摆渡车的服务等)。

3. 货运费

货运费主要是指机场因提供货物分拣、装运服务和场地等而向航空公司收取的费用。

4. 飞机停场、牵引及机库费

这主要是指机场向航空公司征收的飞机停场及牵引飞机和使用机库的费用。

5. 保安费

保安费指机场向航空公司收取的为保护飞机、旅客行李、货物安全所提供的保安服务的费用。

6. 噪声费

国外一些机场还向航空公司收取飞机使用机场时产生的噪声的费用。

7. 其他航空性业务收费

这主要是指机场向航空公司收取的为保证航班正常运营而提供的各项服务费用，如为飞机供水、供电和清洁服务及配餐等。

8. 机场建设管理费

这是向旅客征收的、专项用于机场建设的费用。

### 7.1.2 非航空性业务收入

非航空性业务收入主要包括以下几部分。

1. 航空油料的特许经营费

这是指油料公司为获得在机场的特许经营权而向机场支付的特许经营费。

2. 餐厅、酒吧、机上配餐服务收入

这是指饮食行业或其他经济实体为获得在机场经营餐饮业，包括提供机上配餐服务的特许经营权而支付的费用，也包括由机场自营类活动所获得的收入。

3. 免税店收入

这是指企业为获得在机场经营免税商店的特许经营权而向机场支付的费用，也包括机场本身经营此类免税商店所获得的全部收入。

4. 停车场收入

这是指机场外的企业或其他经济实体为获得在机场经营停车场的特许权而支付的费用，也包括机场自身经营这项服务的收入。

5. 其他特许经营活动及机场自营的商业活动所获得的收入

这包括机场外的经济实体为获得在机场提供其他各项服务，如汽车租赁、银行业务和外币兑换等的特许经营权而向机场缴纳的费用，也包括机场自身经营这类活动所获得的收入。

6. 租金收入

这是指机场外的企业和其他经济实体为使用机场所拥有的土地、建筑物空间、房屋或其他设备和设施而支付给机场的租金。

7. 其他辅助活动收入

这是指机场从其他非航空性活动中所获得的收入，包括机场提供的暖气、空调、照明、水、电、清洁卫生及电话服务。

8. 银行业务及现金管理收入

这是指从银行利息、国库券、债券等银行业务及现金业务管理中所获得的收入或其他类似收入。

9. 捐款

这是指机场得到的不需要以资产转让或提供相应服务为报偿的任何捐赠款项。

图7-1是机场收入来源分类。在欧洲,机场收入约有56%来自航空性业务收入,约有44%来自非航空性业务收入,如图7-2所示。在20世纪70年代,与飞机起降有关的航空性业务收入是机场收入的主要部分;从20世纪80年代开始,机场更加重视从与旅客服务有关的业务中获得收入。

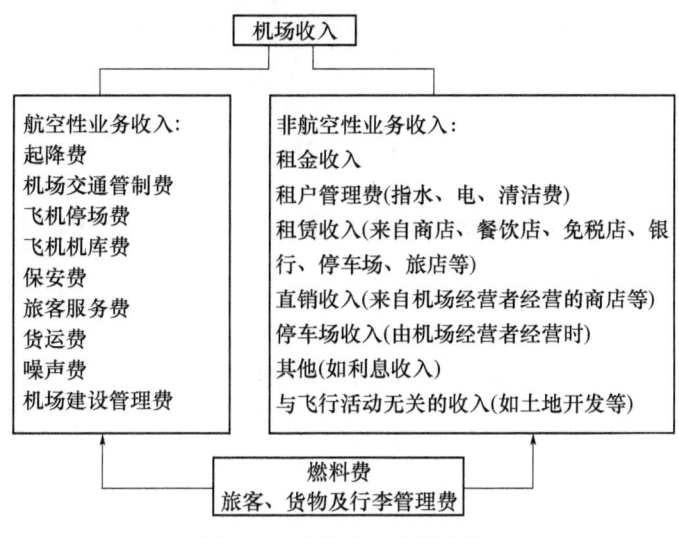

图7-1　机场收入来源分类

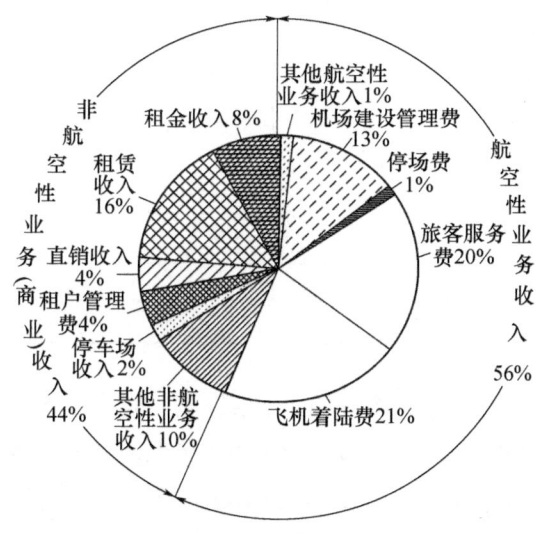

注:(1) 管理费是指由机场经营者提供服务所收取的费用;
　　(2) 直销收入是指从机场经营者经营的餐饮店或商店中直接取得的收入

图7-2　欧洲机场收入结构

美国机场的收入结构与欧洲机场相比,有很大的区别。美国机场商业收入的比重要比其他机场大得多。平均来说,美国大、中型机场的商业收入能达到其总收入的

75%~80%,与之相对应的航空性业务收入只占机场总收入的不足30%(图7-3)。

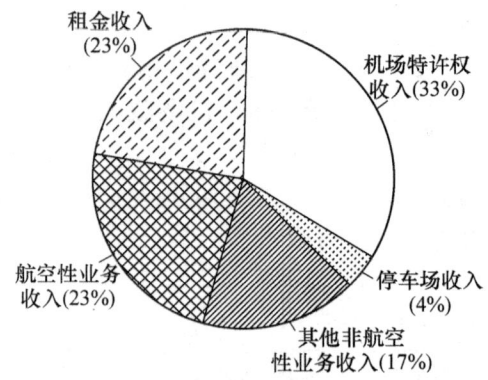

图7-3 美国大、中型机场收入结构

在美国的某些机场,航空性业务收入在其总收入中所占比重还不足10%。例如,洛杉矶机场的收入结构见表7-1。

表7-1 洛杉矶机场的收入结构

(资料来源:数据由洛杉矶市机场部门提供)

| 收入明细 | 百分比/% |
| --- | --- |
| **航空性业务收入** | |
| 着陆费和其他费用 | 7.5 |
| 加油费及其他费用 | 0.6 |
| 航空性业务收入合计 | 8.1 |
| **非航空性业务收入** | |
| 租赁收入 | 51.4 |
| 租金收入 | 26.5 |
| 服务费收入 | 0.9 |
| 利息收入 | 12.8 |
| 其他收入 | 0.3 |
| 非航空性业务收入合计 | 91.9 |
| 总收入 | 100 |
| 注:加油费也可以归为非航空性业务收入 | |

美国机场的非航空性业务活动有两个特点:其一是美国机场出租候机楼、机库和其他设施的做法要比其他国家更普遍,其结果是在大多数美国机场的总收入中,租赁和出租费用占有相当大的比重;其二是美国机场从停车场、汽车租赁和机场班车等特许经营中获取了高额的收入,而在其他国家的机场,这类收入主要是从免税商店的特许经营中取得的。

发达国家机场航空性业务实现收支平衡,而利润基本依靠非航空性业务。例如,英国曼彻斯特机场在1988—2008年的规划中,航空性业务收入占机场总收入的比重从58%降至36%,而非航空性业务收入的比重从42%提升至64%;新加坡樟宜国际机场、德国法兰克福机场和法国巴黎机场的非航空性业务收入则分别占 60%、58% 和 50%。

事实上,国外 1000 万人次以上吞吐量的机场,非航空性业务收入占机场总收入的比重一般为 70% 左右,而国内一般为 40%~50%;国外 1000 万人次以下吞吐量的机场,非航空性业务收入占机场总收入的比重一般为 60% 左右,而国内为 30%~40% 甚至更低。可见,国内机场收入仍倚重航空性业务,非航空性业务与发达国家机场相比,仍有较大差距。

在我国,由于非航空性业务活动的开发起步较晚,所以航空性业务收入与非航空性业务收入的比重相差较大,我国机场非航空性业务活动的开发潜力是十分巨大的。例如,2014 年,上海国际机场股份有限公司的收入结构见表 7-2。

表 7-2　上海国际机场股份有限公司的收入结构(2014 年)

(资料来源:上海国际机场股份有限公司 2014 年年度报告)

| 收入明细 | 百分比 |
| --- | --- |
| 航空性业务收入 | |
| 航空及相关收入 | 55.13% |
| 非航空性业务收入 | |
| 场地及设备租赁收入 | 7.86% |
| 商业餐饮租赁收入 | 29.51% |
| 能源转供收入 | 2.56% |
| 广告业务收入 | 0.96% |
| 其他收入 | 3.98% |
| 非航空性业务收入合计 | 44.87% |
| 总收入 | 100.00% |

## 7.2　机场运营成本和机场经济特性

### 7.2.1　机场运营成本

机场运营成本是机场在生产经营中所耗费的资金的总和。机场运营成本不仅包括航空性经营活动中产生的成本,也包括非航空性经营活动中产生的成本。

1. 成本在经营管理中具有重要作用

(1) 成本是补偿经营耗费的尺度。机场在取得销售和服务收入后,必须把相当于成本的数额划分出来,用于补偿生产经营中的资金耗费,这样才能使资金周转按原有规模进行。否则,企业资金就会短缺,再生产就不能按原有规模进行。另外,成本也是划分生产经营耗费和企业纯收入的依据。在一定的销售收入中成本越少,企业纯收入就越多。

（2）成本是综合反映企业工作质量的重要指标。成本是一项综合性经济指标，企业经营管理中各方面的工作业绩如何，都可以直接或间接地在成本中反映出来。因此，可以通过对成本的计划、控制、监督、考核等来促进企业加强经济核算，努力降低成本；另外，还可以通过不同单位不同时期的成本对比和分析来发现各种劳动耗费的节约和浪费情况，总结经验，找出工作中的薄弱环节，从而降低成本，提高经济效益。

（3）成本是制定收费标准和商品价格的重要依据。机场收费标准及商品价格的制定应遵循价值规律的基本要求，但现阶段一个简单的办法就是使收费覆盖全部成本，这样成本就成了制定价格的重要依据。

（4）成本是机场进行决策的重要依据。在价格等因素一定的前提下，成本的高低直接影响机场盈利的多少，而较低的成本可以使机场在市场竞争中处于有利地位。因此，成本是机场进行决策时应考虑的主要因素之一。

2. 机场运营成本的划分方法

机场运营成本主要有两种划分方法。一种是按支出的项目（类别）划分，如工资、消耗品费用等；另一种是按实际发生的区域划分，如飞行区、航站区等。不同的划分方法有不同的特点。第一种方法比较简单，但不易反映实际发生的具体内容；第二种方法可以反映发生的具体内容，但计算比较烦琐。下面采用第一种方法对机场运营成本加以划分。

（1）人工成本。它主要包括机场付给其职工的工资、医疗保险、养老金、津贴及培训费等。

（2）消耗品费用。它主要指机场本身在运营、维护及服务方面实际消耗的成本，如水、燃油、暖气、空调、照明等能源供应的成本和文具、办公用品等消耗品的成本。

（3）服务费用。它是指机场向为其提供各种设施和服务的机场以外的机构所支付的费用。例如，机场为办公用房及设备所支付的租金，设备、设施的检查费及修复费，以及向空中交通管制、气象预报及保安服务部门所支付的费用。

（4）管理费用。它是指负责机场行政管理职能的职员成本（包括经营计划、财务、行政及技术等方面的职员）。

（5）资本成本。资本成本包括三方面：一是由于有形和无形损耗等因素使得机场资产价值在当年减少的金额；二是当年摊销的无形资产金额（如开发和培训费用）；三是处置旧资产出现的亏损。

（6）利息。这是指机场当年应付的贷款利息。

（7）维修费用。这是指对机场设备和设施进行维护而发生的各项费用。

（8）上缴税金。这是指机场作为一个纳税实体而支付给国家或地方政府的税金（如财产税和所得税等）。

英国伦敦的有关研究人员曾查阅过西欧28家机场的账目，得出了西欧机场的平均费用结构，如图7-4所示。

图7-4中反映的是平均费用，它消除了不同机场之间各种费用所占比重的差异。

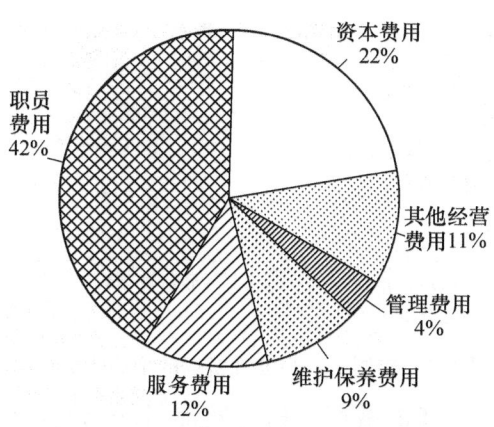

图 7-4 西欧机场的平均费用结构

在西欧机场,职员或机场劳务费用在机场总费用中所占比重很大,约占 42%,很少有低于 30% 的现象,甚至有的机场职员费用高达总费用的 65% 或更多。这通常是由于机场经营者承担了在大多数其他机场由特许经营权受让人或航空公司经营的业务。这些业务包括:旅客或行李服务、货物管理、餐食供应及经营免税店或其他售货设施等。机场经营者涉及这些业务领域越深,其劳务费用就会越高。

在西欧机场,第二项主要费用是资本费用。资本费用包括利息及资本的贬值。西欧机场的资本费用约占其总费用的 22%。在大多数欧洲机场,其资本费用约占机场总费用的 20%~30%。在某些机场,其资本费用占机场总费用的 10% 或更低,这主要是由于这些国家不同的会计核算制度所造成的。在某些机场,其资本费用很低,这是因为没有把某些资产的合理损耗计算在内,这种情况一般发生于政府拨款的国有机场。

在西欧机场的总费用中,职员和资本费用合计约占 2/3,其他费用合计约占 1/3。后者包括服务费用,约占机场总费用的 12%;维护保养费用,约占机场总费用的 9%;管理费用,约占机场总费用的 4%;其他经营费用,约占机场总费用的 11%。

由于运营和筹资方式不同,美国机场的费用结构与欧洲机场的费用结构有很大差别。在美国,由机场经营者经营的候机楼和设施很多出租或租赁给航空公司或其他经营者经营。有时,候机楼的所有者甚至可能是航空公司,而不是机场经营者。因为相关设施可能不完全由机场雇员操作,故机场经营者的职员费用相应较低。在美国很少有机场经营者直接从事旅客或行李运送的,而是将这些业务和其他类似的业务交给航空公司去做。

很多美国机场采用发行债券的方式筹措资金,这些机场后来发现每年支付利息是机场的一大负担。与其他国家的机场相比,利息是美国机场总费用的一个重要组成部分。如果将资本损耗及支付的利息加起来,就会发现资本费用占美国机场总费用相当大的比重(图 7-5)。

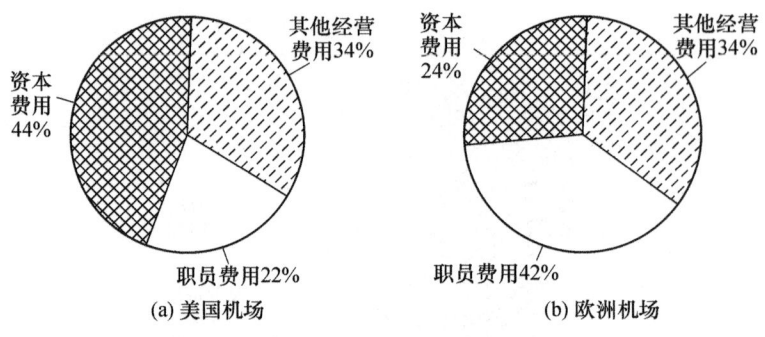

图 7-5　美国机场与欧洲机场的平均费用结构

由图 7-5 可见,美国机场的费用结构与欧洲机场的费用结构有很大差别。在欧洲机场,资本费用在机场总费用中占 24%,很少有达到 35% 的;而其职员费用占比却达到了 42%,甚至可达到 60% 或更高。在美国机场的费用结构中,另一项可与欧洲机场费用进行比较的是机场维护费。大多数美国机场经营者作为机场的拥有者,通常将机场土地和设施出租出去。因此,它们更希望保持较低的直接运营费及相对较高的机场维护费。在这方面,欧洲机场维护费所占比例要比美国机场低得多,仅为 9% 左右。

### 7.2.2　机场的经济特性

机场第一个显著的经济特性是机场经营有规模经济的特征。这意味着,当一个机场的旅客吞吐量上升时,其单位成本会有所下降。英国机场早期的研究表明:当机场的年旅客吞吐量上升到 100 万人次或 150 万人次时,其单位成本会急剧下降;当机场的年旅客吞吐量超过 300 万人次时,其单位成本不再发生明显变化。在一定经济条件下,机场长期经营成本曲线如图 7-6 所示。

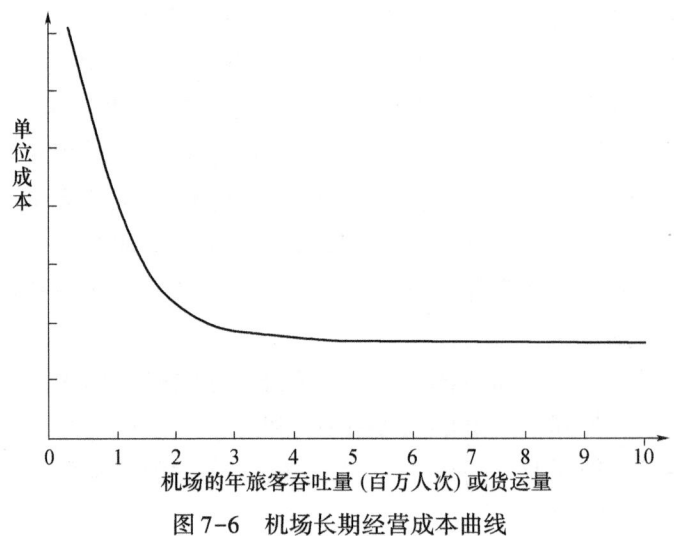

图 7-6　机场长期经营成本曲线

机场具有规模经济的特征还体现在收入方面,即随着机场吞吐量的提高,机场的航空性业务收入与非航空性业务收入也会相应提高,如图7-7所示。

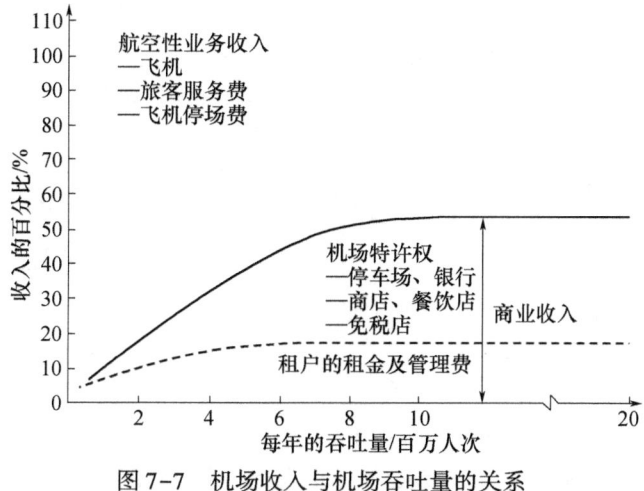

图7-7 机场收入与机场吞吐量的关系

机场的第二个经济特性是,大规模发展项目会增加单位成本。机场大规模发展项目不应进行得过早,否则在近期和中期就会增加单位成本。这不是因为机场本身贬值或其他资本费用上升,而是管理费用上升导致的结果。因为一个新的大型候机楼,即使旅客吞吐量远远低于当初的设计要求,也同样需要保证其室内温暖、明亮和清洁,也同样需要加以维护并支付职工的工资。所以,建设大机场也许会发现并没有赚到钱,而戏剧性的结果表明旅客的单位费用上升了。因此,机场经营者应当避免那种好大喜功的发展,发展得太快,跨度太大,会导致较大的经济损失。总的来说,机场需要相当大的一次性投资用于候机楼或飞机跑道的建设,但如有可能,投资应该分阶段进行。

机场的这两个经济特性从表面上看似乎是矛盾的:一方面,机场有规模经济的特征;而另一方面,为实现这种规模经济的发展规划,通常会增加费用。事实上,这两者是可以协调的。在很多机场,这两个特性经常同时产生作用。投资太大会导致利用投资过快,换句话说,在短期费用和长期费用上会产生脱节。为此,可以采用阶段发展的办法(图7-8)。

在图7-8中,长期经营平均费用曲线与短期经营平均费用曲线相切。对于只有一座候机楼和一条跑道的短期经营平均费用曲线,当吞吐量上升时,单位费用会有所下降,并逐渐达到最低点$Q_1$,当客流量的增加超过这一点时,会因候机楼超负荷运转而导致单位费用上升。在这种情况下,机场经营者可采用兴建第二座候机楼的办法解决。假如此时机场有两座候机楼同时运营,吞吐量为$Q_2$,则单位费用便会从$C_1$上升到$C_2$,但它会随着吞吐量的增加沿着长期经营平均费用曲线下降,直至达到比只有一座候机楼更低的水平。在充分利用机场经济特性方面,法国的戴高乐机场做得十分成功。图7-9为法国的戴高乐机场,该机场采用分阶段建设的策略,既发挥了规模经济的特性,又有效控制了运营成本。

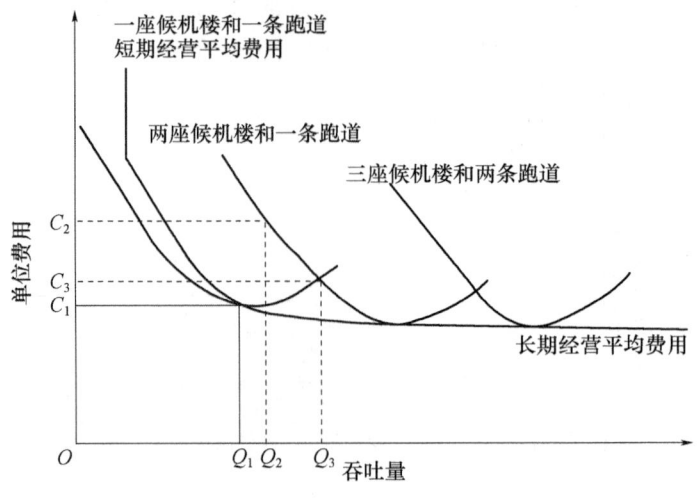

（资料来源：The Airport Business）

图 7-8　机场短期经营和长期经营平均费用的关系

图 7-9　法国的戴高乐机场

对机场运营有重要影响的第三个因素是客流量中的国际旅客比重，其对于机场收支水平影响很大。

国际旅客比国内旅客需要更大的候机楼空间，因为海关要对国际旅客进行健康检查和身份检查等，而且他们停留在候机楼的时间更长，所以这部分旅客比例的上升就会引起单位费用的增长。但单位收入的增长速度要比单位费用的增长速度快。这不仅是因为国际旅客的增加会导致商店、候机楼及其他租借地收入的增加，还因为国外航班的起降费和空管等服务费用更高，因此，国际旅客的增加会给机场带来更多获利的机会。

## 本章小结

本章详细介绍了机场收入,机场收入主要由航空性业务收入和非航空性业务收入组成。航空性业务收入主要包括起降费(包括照明及机场管制费)、旅客服务费、货运费、飞机停场费、保安费、噪声费等;非航空性业务收入主要包括航空油料的特许经营费,餐厅、酒吧、机上配餐服务收入,免税店收入,停车场收入,租金收入等。本章还阐述了机场运营成本和机场经济特性。

## 自我检测

(1) 机场的收入来自哪些方面?

(2) 机场的支出包含哪些部分?

(3) 如何保持机场的收支平衡,取得机场运营的最大化收益?

# 第 8 章
# 民用机场安全管理

机场的发展,离不开机场的安全管理。安全是民航发展要考虑的首要因素,只有保证了安全,才能保证机场的正常运行与发展。

**知识目标**

(1) 了解机场安全管理的内容。
(2) 了解机场安全管理的方向。

**能力目标**

(1) 了解机场安全管理系统的组成。
(2) 熟悉机场安全管理的实施程序与要求。
(3) 熟悉机场安全审计工作的要点。

## 8.1 机场安全管理概述

### 8.1.1 民航安全发展新理念

安全是民航赖以生存、发展的重要基础,是航空消费者的利益核心。只有保证安全,才能真正维护消费者和人民群众的切身利益,才能对维护安宁有序的社会环境发挥正向作用。从某种意义上说,安全是民航最重要的服务内容。这种行业性质决定了建设和谐民航,首先要确保航空运输始终处于安全、稳定的可控状态。航空安全既是建设和谐民航的前提,也是建设和谐民航的目标。因此,把航空安全作为和谐民航建设的着力点,是完全正确的。必须深刻认识做好安全工作与构建和谐民航的关系,不断增强做好航空安全工作的自觉性、主动性和预见性,把促进民航和谐、树立安全民航的良好形象作为安全工作的出发点和落脚点,确保和谐民航安全目标的实现。

确保航空安全,必须不断创新安全工作的思路,找准安全工作的着力点。

(1) 要坚持着眼于调动积极因素的思路。化解消极因素,调动积极因素,这是安全工作的两个重要方面。化解消极因素是必要的,也是很重要的,但是从某种意义上

讲,调动积极因素更具有长远性、根本性和基础性。

(2) 要坚持标本兼治、重在治本的思路。既要解决影响安全的突出问题,更要注重研究治本之策。

(3) 要坚持重在创新、重在预防的思路。新形势下的安全工作面临着许多新情况、新问题,必须有创新的思维和发展的眼光,坚持"预防为主",着重在识别风险、化解风险上下功夫。

(4) 要坚持以人为本和严格管理相结合的思路。要从制度约束和人文关怀两方面入手,营造有利于促进安全生产的安全文化氛围。

确保航空安全,必须进一步加快安全管理体系建设。目前,我国民航的改革、发展正处在关键时期,这给安全工作带来了巨大的压力和挑战。不可否认,我国民航在经过"九五"规划和"十五"规划期间的高速增长后,依然保持着强劲的增长势头,运输总周转量在国际民航组织缔约国中的排名已由2000年的第9位提升到2005年的第2位。为确保航空安全指标体系得以实现,必须着重在组织机构、安全培训、危险识别、风险管理、应急响应、安全监测等安全管理关键要素建设上狠下功夫,在借鉴和创新的基础上,充分发挥后发优势,加快推进安全管理体系建设,从整体上提高民航安全风险防范能力,建立起安全管理的长效机制。

确保航空安全,必须抓好各项安全工作的落实。只有抓好落实,才能责任到位。当前在民航安全工作中,仍然存在以下现象。

(1) 只重形式。有的单位靠会议落实会议、靠文件落实文件,认为会开了、文件发了,工作任务就基本完成了。

(2) 责任不清。有的单位布置工作责任不明确、不细化,不能到岗到人。

(3) 抓而不实。工作不扎实、不深入、不持久,部署之时雷声大,落实起来雨点小。

出现以上现象,主要是因为缺乏一套科学、合理的考核奖惩机制。必须以构建和谐民航为契机,在抓好落实上下功夫,尽快建立和完善工作落实机制,对每项工作都要做到有计划、有检查、有评估、有奖惩、有反馈,及时解决航空安全生产中的突出矛盾和问题,为实现和谐民航打好安全根基。

## 8.1.2 民用机场安全管理制度

民用机场安全需要制度保证。根据机场的特点,应健全以下各项制度。

(1) 机场管理机构应当至少每月召开一次安全生产例会,分析、研究安全生产中的问题,部署安全生产工作;每季度、每半年、每年要分别召开安全生产分析会,对前一阶段的工作进行总结,对以后的工作进行部署;在机场运行中出现不利于安全运行的因素,或者已经出现安全生产事故时,应当及时召开安全生产会议,制定切实可行的安全措施。

(2) 机场管理机构应当每年对机场的运行安全状况组织一次评估,内容包括机场管理机构和驻场运行保障单位履行职责情况,以及机场设施和设备的状况。对评估中发现的安全隐患、薄弱环节,相关单位应当制订整改计划,明确整改的部门和人员,机场管理机构负责跟踪、督促、落实整改计划。

机场管理机构可以组织具有机场运行管理经验的人员进行评估,也可以委托专业机构进行评估。承担评估工作的人员应当熟知相关规章和标准,并具有机场运行管理经验。评估后由评估人员编写评估报告,评估人员应当在报告上签字。评估报告内容应当向机场管理机构及驻场单位反馈,并及时报机场所在地民航地区管理局备案。该报告应当至少保存 5 年。

(3) 机场管理机构应当严格按照民航局或民航地区管理局批准的机场开放使用范围为航空器提供安全保障。国家已明令禁止使用的设备及未经民航局审定合格的民航专用设备,不得在民用机场中使用。

(4) 机场管理机构应当建立并及时更新和补充机场资料库,供员工查阅和使用。资料库应当包括:国家有关法律法规、民航规章、标准及其他规范性文件;国际民用航空公约及相关附件、手册;机场建设和改(扩)建的设计图纸和文件资料;与机场运行安全相关的所有规定、标准、手册等文件;机场设施和设备的技术资料,以及运行和维护记录等。

(5) 机场管理机构应当详细记录各项工作情况。记录应当包括电子文件和纸质文件。纸质记录须保存 2 年以上,电子记录应当保存 10 年。

(6) 机场管理机构应当依据《民用机场使用许可规定》的有关要求,就机场、跑道、滑行道、机坪关闭或临时关闭(或部分关闭)制定具体管理规定。管理规定应当明确可能导致机场关闭的各种因素、导致机场关闭的因素的现场确认程序及人员、有权决定机场关闭的人员、与空管部门沟通协调及航行资料的发布程序等内容。临时关闭机场、跑道(或临时关闭部分跑道、滑行道、机坪),应当尽可能减少对航空器正常运行的影响,并应当立即采取积极措施解决问题,在最短时间内恢复相应设施的运行。关闭的跑道、滑行道、机坪或其中一部分应当按照《民用机场飞行区技术标准》设置相应的标志。

(7) 新建或扩建的跑道、滑行道完工或部分完工但未投入使用前,应当及时设置关闭标志、不适用地区标志物和不适用地区灯光标志,并发布航行通告。

### 8.1.3　人员资质和培训

(1) 机场管理机构应当配备足够数量的合格人员从事机场运行保障的所有岗位。

(2) 机场内所有与运行安全有关岗位的员工均应当持证上岗。与运行安全有关的岗位主要包括场务维护工、场务机具维修工、运行指挥员、助航灯光电工、航站楼设备电工、航站楼设备机修工、特种车辆操作工、特种车辆维修工、特种车辆电气维修工等。国家、民航局要求持有从业资格证书的岗位,应当持有相应的资格证书。

（3）机场管理机构应当建立员工培训和考核制度。培训和考核制度应当包括方针和目标，组织机构，经费安排，方式和程序，内容及学时，上岗、转岗、在岗的培训要求，学历教育，考核办法，以及奖励与处罚等。培训和考核的内容应当与岗位相适应，包括必备的安全知识、技术标准，以及机场运行安全的规章制度、岗位的操作规程和实际操作技能等。机场管理机构应当建立员工培训和考核记录，并长期保存。

（4）航空运输企业、其他运行保障单位应当对员工进行机场运行安全培训，保证员工具备必要的机场运行安全知识，熟悉机场运行安全相关的规章制度和操作规程，掌握本岗位的操作技能。

（5）机场管理机构、航空运输企业及其他运行保障单位应当每年至少对其在机场控制区工作的员工进行一次复训和考核，复训时间不少于24个学时。

（6）在机场控制区工作的员工，一年内违章3次（含），应当重新进行培训和考核，培训时间不少于40个学时；一年内违章5次（含）或连续两年每年违章3次（含），机场管理机构应当收回违章人员的空侧控制区证件。机场管理机构半年内不得受理违章人员提出的空侧控制区证件申请。半年后再次申请时，应当按照初始上岗员工的要求进行培训。

## 8.2 机场安全管理相关系统

### 8.2.1 机场安全管理系统

在2006年1月9日召开的民航安全工作会议上，民航局把建设机场安全管理系统（SMS）列为2006年民航安全工作的重点之一。会议同时指出：SMS建设是民航安全"十一五"规划的工作重点之一。因此，国内机场要全面总结我国民航长期以来行之有效的安全管理经验，建立与国际接轨、适合我国国情的SMS。

国际民航组织对机场安全管理系统的定义如下：一种对机场安全进行管理，包括机场运营人为实施机场安全措施所建立的组织结构、职责、程序、处理办法及规定，对机场提供安全监控并确保机场安全使用的体系。美国系统安全管理思想起源于1996年5月11日ValueJet航空公司的坠机事件。这起事件，使得美国联邦航空局（FAA）开始重新审视传统的安全管理体系。民航行业规章是航空运输业的最低运行标准，传统的管理体系只重视企业规章的符合性，但是即便是完全按照规章的要求运行，各种事故和事故征候还是难以避免。经过大量的听证和研究，在ValueJet事件之后，FAA在SMS方面第一次引进了系统安全管理思想，这一举措被认为是FAA安全管理方面的一次革命。

加拿大的航空公司近年来致力于建设SMS，已建立了一套适应加拿大国情、受到国际民航组织好评的比较完整的SMS。自2005年以来，加拿大民航安全管理部门已与我国民航安全管理部门进行了多次交流。

1. 我国民用机场安全管理系统

通过研究国际民航组织建设 SMS 的有关资料和各国建设 SMS 的实践,结合我国机场的特点,确定中国机场安全建设的主要内容应包括以下十个系统:安全目标系统、组织领导系统、安全信息系统、风险控制系统、安全文件系统、教育培训系统、安全文化系统、监督检查系统、安全科技系统和评估改进系统。

(1) 安全目标系统包括:安全形势分析、机场安全目标、系统安全目标、部门安全目标、站队安全目标、岗位安全目标和员工安全目标等。

(2) 组织领导系统包括:领导对安全的承诺、机场各级安全生产责任制、机场安全管理网络、安全管理配备和安全资金投入等。

(3) 安全信息系统包括:安全信息的收集与分析、安全案例的收集与分析、安全信息的共享与反馈、安全信息的计算机管理、安全信息的应用与趋势预测等。在机场SMS 建设中,安全信息系统涵盖的范围更广,其在 SMS 中的作用也更为重要。

(4) 风险控制系统包括:风险识别、风险评估、风险的应急处置等方面。风险控制系统是近年来民航安全管理领域中较新的课题。

(5) 安全文件系统包括:国际民航组织的规章和标准、中国民航的规章和标准、民航行业的规章和标准、机场企业的规章和标准、部门的规章制度、岗位操作规程,以及质量管理体系 ISO 9001、环境管理体系 ISO 14001、职业安全健康管理体系 OHSAS 18001 等。

(6) 教育培训系统包括:员工岗前安全教育、安全操作技能培训、岗位资格认证、日常安全教育、管理人员教育培训、安全管理理论研究和人为因素研究与应用等。

(7) 安全文化系统包括:安全文化的培育、决策层安全文化、管理层安全文化、操作层安全文化、无惩罚自愿报告系统、公正文化系统等。

(8) 监督检查系统包括:日常安全检查、安全监督与调查、事故调查、安全评估和安全奖惩等方面。安全调查应从消息来源、有关人员访谈、人为因素分析等方面进行。事故调查的应用工具包括:统计分析、趋势分析、标准化比较、模拟和测试、专家小组、成本效益分析、安全研究等。

(9) 安全科技系统包括:国际、国内民航科研的新装备和新技术的应用。

(10) 评估改进系统的作用是对 SMS 在运行中发生的问题进行评估和改进,即 PDCA 环(计划、执行、检查、处理)的应用。只有正确运用评估改进系统,机场的安全管理水平才能不断提高。

2. 机场安全管理系统的应用范围

机场建设 SMS,目的在于提高机场飞行保障能力,确保机场运行安全。机场运行管理系统主要包括:飞行安全保障系统、空防安全保障系统、航站安全保障系统、机坪安全保障系统、运行指挥调度系统、应急救援保障系统、信息保障系统、运行保障系统、施工安全管理系统和消防安全管理系统。这十个系统比较完整地涵盖了机场运行的各个方面,每个机场管理者都必须认真了解和掌握这些系统,这十个系统中任一系统发生事故或重大问题,都将严重影响机场的正常运行。

从国际民航组织 2005 年发布的 SMS 参考资料看,国际民航组织对机场 SMS 的应用要求主要侧重于飞行区安全管理和应急救援保障方面,即机场运行管理系统中的飞行安全保障系统、机坪安全保障系统和应急救援保障系统。

从民航局成立建设 SMS 领导小组的要求看,机场 SMS 的建设除了飞行区安全保障、应急救援保障方面,还涉及空防安全保障的地面保障方面。由于我国机场规模差别很大,民航局根据国内机场旅客吞吐量的多少,将国内机场分为六类。其中,旅客吞吐量不足 100 万人次的四、五、六类机场占到近 70%。因此,我国各类机场的 SMS 建设和应用范围,在总体原则和方法一致的前提下,也应该有各自的不同特点。

### 8.2.2　安全自愿报告系统

中国航空安全自愿报告系统(SCASS)于 2004 年 9 月 16 日在北京启动,建立该系统的目的在于广泛收集民航系统运行过程中大量的人为因素信息、系统运行缺陷和潜在的安全隐患,为改善航空安全提供依据,提高中国民航安全水平。

为了提高民用航空系统的安全性,尽量减少飞行事故和事故征候的发生,需要尽可能快速、准确地发现并改正系统存在的缺陷。已发生的差错、不安全事件恰好暴露了系统的缺陷,因此收集已发生的不安全事件信息并对其进行研究具有重要的意义。然而,小的差错或不安全事件具有隐蔽、动态的特征,如果当事人不报告,其他人则很难发现。而由于人性的弱点,多数人出于害怕处罚,或者害怕丢面子等原因,不愿意暴露自己的失误和错误。因此,失去了大量的信息和完善系统的机会。

安全信息在保障航空安全中的作用日趋重要,现行的民航安全报告体系并不能满足隐患信息收集和处理的要求。因此,迫切需要研究和开发新型航空安全信息系统,用于增加信息量和提高信息可信度。保密性航空安全自愿报告系统就是针对该问题的一个有效的解决方案。

早在 20 世纪 70 年代,美国就开始建立自愿报告系统,后来发展成为全球最早实行的航空安全报告系统(Aviation Safety Reporting System,ASRS),并获得了很大的成功。鉴于 ASRS 的成功,英国、加拿大、澳大利亚、新西兰等国先后开发了适合于本国国情的保密性自愿报告系统。1999 年后,我国台湾、韩国和日本也建立了保密性自愿报告系统。自愿报告系统可获取大量的第一手航空安全资料,特别是珍贵的人为因素资料,为制定有效的改正措施、开展研究工作及制定宏观政策提供依据。为尽快在世界范围内建立保密性自愿报告系统,20 世纪 80 年代初,在前 ASRS 主席的提议下成立了国际航空安全保密系统(International Confidential Aviation Safety System,ICASS)组织,致力于各国和各地区的航空安全保密系统的建立,促进全世界民航安全水平的提高。近年来,ICASS 每年召开年会,各国与会者借此加强交流、推广经验、研究对策,共同推进全球保密性航空安全报告系统的发展。国际民航组织也一直积极推进此项工作,最新版的 ICAO 公约附件 13 特别建议各缔约国建立航空安全自愿报告系统。全球范围内的保密性自愿报告系统,在提高航空安全水平方面起到了越来越重要的作用。

保密性自愿报告系统大量收集来自飞行员、管制员和维修人员等一线人员的有关报告,发现现行民用航空运行系统的缺陷或漏洞,并作为人为因素研究的第一手资料,完善民用航空系统,保证其安全运行。人为因素一直是航空事故的主要原因,改善人为因素已成为进一步降低航空事故率、提高航空安全水平的主要途径。保密性航空安全自愿报告系统的建立,为广大航空从业人员创造了一条方便、快捷地报告不安全事件的渠道,对促进航空安全起到重要作用。

ICASS 的任务是收集来自民航从业人员(包括飞行员、管制员、乘务员、机务维修人员、保安人员及其他相关人员),针对涉及航空器运行过程的不安全事件或当前航空安全系统中存在的及潜在的矛盾和不足之处,自愿提交的不安全事件和安全隐患报告,并对报告信息进行处理与分析,根据隐患危险程度,发出告警信息;制作安全信息数据库和有关刊物,促进航空安全信息的研究与共享。

ICASS 由民航管理部门授权,自主管理和运行,它是中立于民航管理部门和民用航空企业与从业人员的第三方机构,不具备立法权和执法权。

1. 建立 ICASS 的目的

建立 ICASS 的主要目的有以下几点。

(1) 通过数据分析研究,及时发现事故隐患或危险状况,防止严重的不安全事件或航空事故发生。

(2) 找出国家航空安全系统存在的不足,提高国家航空系统的安全水平。

(3) 为国家航空系统的规划与改进,特别是人为因素的研究提供数据和资料。

(4) 传播安全信息,分享经验教训。

(5) 促进民航安全文化建设,营造"人人讲安全,人人为安全"的民航安全文化氛围。

ICASS 的工作目标是消除民航系统的安全隐患和缺陷,建立良好的安全文化氛围,提高我国民航运输业的安全水平。

2. ICASS 运行的基本原则

ICASS 运行的基本原则是自愿性、保密性和非处罚性,其目的是最大限度地收集安全信息,同时营造良好的航空安全文化氛围。

报告系统的保密性和非处罚性是系统建立的基础、运行的保障。国际上成功的自愿报告系统都没有发生过泄露报告人信息的事件,必须制定切实可行的措施来保证保密性和非处罚性的落实。

(1) 自愿性。向 ICASS 提交报告完全是报告人的自愿行为,自愿性是信息可靠性的保证。

(2) 保密性。ICASS 承诺对报告中涉及的个人识别信息绝对保密。实施保密性原则的目的是避免对报告人,以及报告涉及的组织或个人造成不利的影响;最大限度

地消除报告人害怕处罚、丢面子、影响升职、影响评奖及影响集体荣誉的心理。ICASS通过严密的工作程序实现保密的目的。ICASS收到报告后,将个人信息返回或销毁,删除报告中各种个人识别信息后交给专家分析处理,报告处理完毕将销毁原文字报告,将清除识别信息的报告和专家分析报告存入数据库。识别信息包括报告者姓名、日期、地点、涉及人员、涉及单位等可能识别出相关人员的身份和单位的信息。

(3) 非处罚性。ICASS不具任何处罚权。系统接收的报告内容不作为任何处罚依据。系统受理的所有报告均不作为任何处罚的依据有两层含义:既不作为对报告人违章处罚的依据,也不作为对其他涉及人员和单位处罚的依据。由于ICASS所存储的数据不包括任何个人与单位的识别信息,因此其受理的报告不可能作为诉讼、行政处罚及检查评估的材料。民航管理部门通过发布规章和通告的形式,明确规定ICASS报告不作为任何处罚的依据,认可ICASS工作程序和保密性措施。

ICASS以不损害报告人、涉及的其他人和单位的声誉和利益为运行原则。如果信息数量和质量与保密性发生矛盾,则无条件服从保密性。

## 8.3 机场安全审计

### 8.3.1 机场安全审计制度

国际民航组织在2002年决定对所有缔约国机场的航空安全情况进行安全审计。该标准对所有国家的空防安全都有较大促进作用。中国作为国际民航组织缔约国,早在2001年的加拿大蒙特利尔会议上就承诺要加强空防安全审计。为此,我国专门制定了《国家民用航空保安审计规则》。

国际民航组织从2002年开始对188个缔约国强制进行航空保安审计。作为民航大国,我国在2004年5月接受了国际民航组织的审计。经过对我国民航的航空安全法规、人员培训、质量控制和北京、西安、昆明三个机场实际工作措施的审计,国际民航组织认为我国在航空安全工作法规、措施方面的绝大多数项目高于国际通行标准,但在人员培训、质量控制方面还有待进一步提高。为此,中国民航局决定改变以往每年只在春运、黄金周进行安全大检查的做法,在国内强制推行航空安全审计制度。

根据国际民航组织对机场安全工作的要求,中国民航局开始对全国147个运行机场进行航空安全审计,航空安全审计将取代安全大检查,成为民航安全管理的主要手段。2005年8月,以深圳宝安国际机场和海口美兰国际机场作为试点,率先接受了民航局的全面审计。2008年对35个机场进行了航空安全审计,之后对机场每5年审计1次。

受民航局委托,机场安全审计组根据民航局机场安全审计要求和标准,分为九个小组,按照组织管理、规章制度、运行管理、资源配置、信息管理、应急管理、人员培训七类要素,对机场综合安全管理、飞行区安全、机坪安全、消防安全、应急救援、机场供油安全、旅客运输管理、货物运输管理和危险品运输管理共九个方面1100多个审计项目，采取现场检查、听取汇报、查阅文档、问卷调查、访谈等多种审计方式进行全面审计。民航局根据审计报告，对机场公司的航空保安现状与《国家民用航空安全保卫规划》的符合性进行评估。针对审计中发现的问题，审计组提出建议，机场要做出整改计划，限期两年整改，到期不能完成，民航局将对机场采取降低航空器收费，对驻场航空公司采取航班航线限制的措施。

受审机场为确保航空保安审计工作顺利进行，通常会成立由总经理任组长的航空保安审计工作领导小组，领导小组下设审计办公室。按审计责任分工，由审计办公室统一协调，涉及审计的业务单位具体负责，实行谁主管谁负责的责任制（涉及审计任务的单位一把手为第一责任人）。同时，参加审计的有关单位确定一名责任心强、精通业务、具有一定协调能力的部门副职或业务骨干为技术联络员，作为本单位的具体责任人，具体负责审计工作。涉及审计的部门认真落实方案要求，对照《国家民用航空安全保卫规划》和附件17等文件，结合本部门实际，明确审计指标要求，把审计项目做透、做细，切实把审计工作落到实处。

受审机场要按上级部署与要求做好审计前的准备工作。在机场航空保安审计工作实施方案下发后，要认真组织学习和贯彻。从统一思想认识入手，开展广泛的宣传教育，组织员工进行保安审计知识考试，使广大员工充分了解保安审计的内容、目的和意义。把自查整改作为重点环节认真组织实施，检查员工对保安审计的认识，检查安全保障中存在的薄弱环节，检查员工服务形象和服务水准，以求真务实的工作作风，完成审计前的各项准备任务。

机场安全审计工作的全面展开与实施，不但可以进一步规范机场的航空安全标准和体系，全面提升机场的航空安全水平，而且可以把握机场的安全现状，进而促进机场航空安全工作。安全审计是机场强化管理、实现机制创新、提高航空安全管理水平的重要措施，是空防安全管理的标准化、正规化建设，对改善机场安全运行机制、打造国际安全品牌效应十分重要。

### 8.3.2 机场安全审计工作指南

1. 定义与术语

（1）安全审计。民航局依据国际民航组织标准和建议措施、国家安全生产法律法规及民航规章、标准和规范性文件，对航空公司、机场、空管等单位进行的安全符合性检查，属政府安全监管行为。

（2）审计员。经民航局批准，从事安全审计工作的人员。

（3）观察员。安全审计办公室派往审计现场、观察审计过程并收集审计情况的人员。

（4）安全审计检查单。民航局依据相关法律、法规、规章、标准和规范性文件，以及国际民航组织标准和建议措施编制的、供审计员在审计过程中使用的工作单。

（5）符合性声明。被审计方向安全审计办公室提交的、对照安全审计检查单自查结果及其理由的说明。

（6）审计启动会。审计组在审计现场召开的有被审计方参加的、对即将实施的安全审计活动做出安排的第一次正式会议。

（7）审计情况通报会。审计组在审计现场召开的向被审计方通报审计结果的会议。

（8）整改跟踪。民航局对被审计方整改情况的监督检查。

（9）整改关闭。民航局对被审计方整改项目完成的认可。

（10）中止审计。安全审计工作因特殊情况无法正常实施时，审计组决定停止审计的行为。

（11）符合。被审计方的管理文件和实施情况满足安全审计检查单的要求。

（12）不符合。被审计方的管理文件或实施情况未满足安全审计检查单的要求。

（13）不适用。安全审计检查单中的某些审计项目或条款不适用于被审计方。

（14）未检查。安全审计检查单中适用于被审计方的项目或条款，在审计中未进行检查。

（15）必改项。审计组对安全审计中发现的问题，认定为必须整改的项目。不符合的项目应作为必改项。

（16）符合率。符合的审计项目数与审计项目数的百分比。

2. 安全审计的一般规定

（1）审计目的。掌握被审计方安全运行状况；查找被审计方安全管理上存在的问题，督促并指导其进行安全整改；促进被审计方建立和完善安全管理体系。

（2）审计组织实施。安全审计由民航局统一领导，民航局相关司局组织实施。安全审计可由民航局委托民航地区管理局（地区空管局）以民航局名义组织实施。对所辖空管单位的机场进行安全审计时，增加空管审计内容。

（3）审计七类要素：（A类）组织管理、（B类）规章制度、（C类）运行管理、（D类）资源配置、（E类）信息管理、（F类）应急管理、（G类）人员培训。

（4）审计方式。审计组在审计过程中，可以采用但不限于以下四种方式：访谈、查阅文档记录、现场检查、问卷调查。

审计员在审计中应与被审计方充分沟通；审计采样时注意样本的客观性、公正性和代表性，证据应由审计员自主取得；审计结论应当客观陈述，有证据支持，避免直接批评或指责。

（5）审计结果评分与分类。审计分数按百分制计算。其中，安全审计项符合率占70分，七类要素综合评定情况占30分。

七类要素综合评定是审计组按照七类要素的内容对被审计方做出的综合评价。七类要素综合评定分数不对被审计方公布，只提交给安全审计办公室作为审计结果分类的参考。

审计结果分为以下四类。

① 一类：组织管理完善、规章制度健全、运行管理规范、资源配置充足、信息管理有效、应急管理完备及人员培训到位。

② 二类：组织管理基本完善、规章制度基本健全、运行管理基本规范、资源配置比较充足、信息管理比较有效、应急管理比较完备及人员培训基本到位。

③ 三类：组织管理不够完善、规章制度不够健全、运行管理不够规范、资源配置不够充足、信息管理不够有效、应急管理不够完备及人员培训不够到位。

④ 四类：组织管理差、规章制度不健全、运行管理不规范、资源配置不足、信息管理低效、应急管理不完备及人员培训不到位。

对被评定为一类的被审计方，民航局将优先安排其运行；对被评定为二类的被审计方，民航局继续认可其现有运行；对被评定为三类的被审计方，民航局将按照相关程序在某些方面对其运行进行限制；对被评定为四类的被审计方，民航局将按照相关程序终止其运行。评分和分类办法，详见各安全审计手册。

(6) 审计公布。安全审计报告和整改跟踪报告在民航行业内公布。

(7) 审计周期和审计经费。安全审计周期通常为 5 年。安全审计周期也可根据实际情况缩短或延长。

安全审计工作经费由民航局统筹安排，安全审计年度工作经费预算由安全审计办公室制定，报民航局财务部门批准。

(8) 审计行为准则。审计组在安全审计工作中应当遵循以下准则。

① 严格。严格审计标准，维护审计工作的严肃性。

② 公正。实事求是，尽可能地消除审计员主观因素或外部因素对审计工作的影响。

③ 透明。向被审计方全面公开实施安全审计的各项要求、采用的审计标准及相关资料。

④ 廉洁。认真遵守廉洁自律的各项规定。

(9) 中止审计。当出现以下任一情况时，审计组可以中止审计。

① 被审计方发生重大安全问题导致安全审计难以继续进行。

② 审计组在查找或获取客观证据时受到明显限制或阻碍。

③ 审计组内部发生了影响安全审计的特殊事件。

无论因何种原因中止安全审计，审计组都应当向被审计方发出书面通知，说明中止审计原因，同时向安全审计办公室报告。

(10) 审计检查单。

审计检查单由安全审计办公室组织制定和修订，由七类审计要素构成。

A 类：组织管理。

① 是否建立了完善的安全生产责任体系。

② 是否建立了完善的安全监管体系。

③ 是否在其最高管理层内有一名负责安全管理的分管领导，该领导是否有足够

的权力调配安全管理所需的人、财、物资源。

④ 是否设立了独立于生产运行之外的安全监察部门,负责对运行安全进行有效监控。

⑤ 是否建立了满足安全运行要求的运行管理机构。

⑥ 是否保证安全管理部门人员不会因执行生产任务而影响其履行安全管理职责。

⑦ 安全监察部门与岗位的安全职责和工作程序是否明确。是否建立了有效的人员接替或代理职责的规定和程序。

⑧ 生产运行部门与岗位的安全职责和工作程序是否明确。是否建立了有效的人员接替或代理职责的规定和程序。

⑨ 日常安全监管所发现问题的整改落实情况。

⑩ 1年内的安全指标完成情况。

B类:规章制度。

① 是否根据国家和民航局颁布的法律、法规、规章、标准、规范性文件及安全运行需要,制定并落实了本单位的规章制度。

② 是否建立并落实了外包、租赁及代理业务的安全管理规定。

③ 是否落实了重要生产运行岗位人员的资格标准。

④ 是否制定并落实了有效的不安全事件调查处理程序。

⑤ 是否建立了安全运行内部审计制度。

C类:运行管理。

① 是否按照民航局批准的运行资格实施安全运行。

② 运行管理部门是否按照运行管理规定进行管理。

③ 岗位工作人员是否按照规定的职责和工作程序进行操作。

④ 设施和设备是否按照要求进行维护和管理,设施和设备运行状况是否满足安全运行的需要。

⑤ 工作环境是否满足安全生产的需要。

D类:资源配置。

① 主要负责人是否保证了安全生产所必需的资金投入。

② 设施和设备的配置是否满足安全运行的需要。

③ 是否有足够合格的专业人员履行生产运行和安全管理的职责。

E类:信息管理。

① 是否建立并实施了有效的规章、手册、通告、指令等文件管理制度和程序。

② 是否建立并实施了有效的安全信息管理制度和程序。

③ 是否按民航局规定报告安全信息。

④ 是否建立并实施了自愿报告程序。

F类:应急管理。

① 是否制定了有效的应急预案。

② 是否对应急预案进行动态管理。

③ 是否建立、健全了应急组织体系。

④ 应急保障是否满足应急工作要求。

⑤ 是否按规定进行应急处置的培训和演练。

G类:人员培训。

① 是否制定并实施了生产运行人员的专业技能培训大纲或计划。

② 是否制定并实施了安全管理人员的专业技能培训大纲或计划。

③ 是否建立了以安全意识和风险管理为主要内容的全员安全教育制度。

④ 安全教育培训档案是否规范、完整。

3. 安全审计组织机构及职责

民航安全审计机构由民航局安全审计领导小组、安全审计办公室和安全审计组组成。

(1) 安全审计领导小组设在民航局,由民航局领导及相关部门负责人组成。其工作职责如下:领导民航安全审计工作,审核批准安全审计年度计划,研究解决安全审计工作中的重大问题,批准公布安全审计结果。

(2) 安全审计办公室是负责民航安全审计事务的办事机构,设在民航局航空安全办公室。安全审计办公室主任由民航局航空安全办公室主任担任,成员由民航局相关部门人员组成。其工作职责如下:组织编制和下发安全审计年度计划,指导协调安全审计工作,管理安全审计信息和文档,修订安全审计指南,组织修订安全审计手册,定期组织对安全审计报告的评估,编制安全审计经费预算,协调组织安全审计员培训,完成安全审计领导小组交办的其他事项。

(3) 安全审计组由航空公司安全审计组、机场安全审计组和空管安全审计组组成。根据审计工作需要,各安全审计组可下设若干专业审计组。

安全审计组由组长、协调员、观察员组成。

安全审计组组长的工作职责是制订安全审计实施计划,组织实施安全审计,组织编制审计报告。

安全审计协调员由安全审计组组长指定,负责审计联络、协调工作。其工作职责如下:参加安全审计准备,了解被审计方的安全管理及安全运行情况;依据安全审计检查单开展安全审计工作;填写安全审计检查单;提出整改意见;起草审计报告和整改通知单。

安全审计办公室根据需要派出安全审计观察员。安全审计观察员应当观察安全审计活动,向安全审计办公室报告观察情况。

4. 安全审计工作程序

安全审计分为安全审计准备、安全审计启动会、安全审计实施、安全审计情况通报会、提交安全审计报告、整改跟踪和安全审计公布七个阶段。

（1）安全审计准备。安全审计办公室按照年度审计计划，在审计实施前 3 个月向被审计方和负责实施审计的单位发出审计通知。

被审计方接到审计通知后，应当指定联系人，按照审计通知的要求做好准备，并在审计实施前 1 个月将符合性声明和本单位总体情况概述提交给安全审计办公室。符合性声明应当由被审计方负责人签名。

负责实施审计的单位接到审计通知后，组成安全审计组。安全审计组在实施审计前召开审计准备会，研究被审计方提交的符合性声明，确定安全审计实施计划，通知被审计单位，并报安全审计办公室备案。

安全审计实施计划应当包括：
① 审计内容。
② 审计组成员及职责分工。
③ 审计日程安排。
④ 对被审计方的要求。

（2）安全审计启动会。安全审计启动会在审计实施前召开，由安全审计组组长主持，审计组成员和被审计方相关人员参加。向被审计方说明安全审计的目的、内容、审计标准、方法和审计工作程序。确定审计工作日程、审计人员出入场所证件办理、相关办公场所安排及其他事项。

（3）安全审计实施。安全审计组应当按照审计实施计划和要求开展审计，并做好记录。安全审计组每日召开情况交流会，对审计情况进行汇总和交流，并明确次日工作任务。安全审计检查单项目完成后，安全审计组对七类要素进行综合评定，完成审计报告和整改通知单。

（4）安全审计情况通报会。安全审计情况通报会由安全审计组召开，审计组全体成员和被审计方有关人员参加。在安全审计情况通报会上，审计组组长宣读审计报告后，由审计组组长和被审计方负责人在报告上签字。

（5）提交安全审计报告。安全审计情况通报会后，安全审计组应当在 5 个工作日内向安全审计办公室提交安全审计报告和七类要素综合评定分数，并向被审计方下达整改通知单。被审计方接到整改通知单后，应当在 10 个工作日内向安全审计办公室和所在地区管理局（地区空管局）提交整改措施。

安全审计报告正文内容包括：
① 安全审计总体情况概述。
② 对被审计方的总体评价和审计符合率。
③ 安全审计发现的问题和整改建议。
④ 安全建议。
⑤ 特别情况的说明。

安全审计报告的附件应当包括安全审计整改通知单。

安全审计报告的编制应当遵循以下原则。

① 安全审计报告中的陈述应当与审计结果和建议的内容一致。

② 安全审计结论应当有充分的证据，对安全审计结果和建议的阐述应当简明扼要。

③ 避免直接批评个人。

（6）整改跟踪。被审计方所在地区管理局（地区空管局）根据被审计方提交的整改措施制订整改跟踪计划，并组织实施。

整改通知单下达后6个月内，被审计方所在地区管理局（地区空管局）应当向安全审计办公室提交整改跟踪报告。整改跟踪报告应当包括整改监督情况和整改关闭意见。

（7）安全审计公布。安全审计报告和整改跟踪报告由安全审计办公室负责公布。安全审计办公室根据审计组提交的现场审计符合率、七类要素综合评定分数和被审计方所在地区管理局（地区空管局）提交的整改跟踪报告，对被审计方进行分类，经安全审计领导小组批准后公布。

安全审计工作程序如图8-1所示。

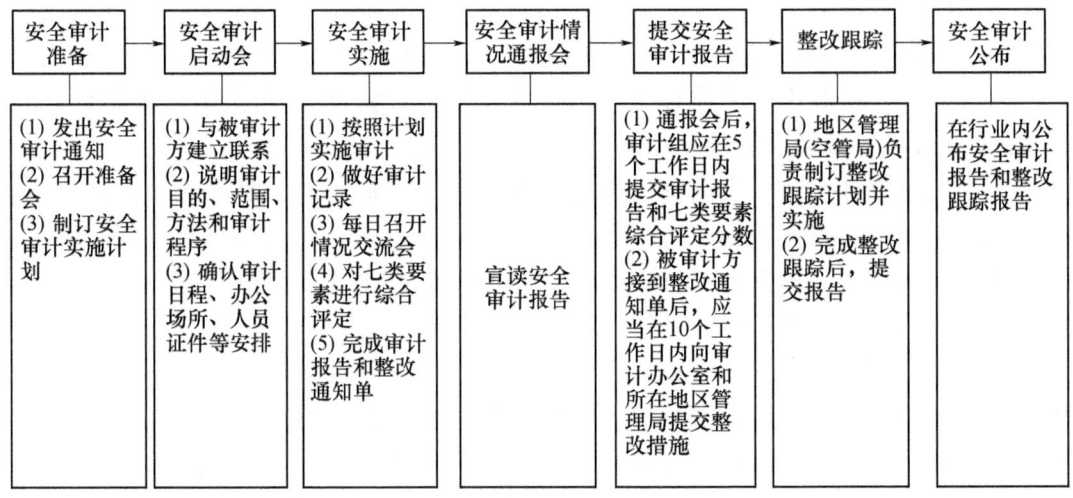

图8-1 安全审计工作程序

5. 安全审计员资格、培训与管理

（1）安全审计员资格如下：

① 具有较好的思想品德和较强的工作能力，从事本专业工作两年以上。

② 参加过审计员培训，熟悉安全审计程序、方法、标准和审计检查单。

③ 熟悉相关的法规、规章、标准和程序。

④ 具备良好的组织、协调和沟通能力。

（2）安全审计员培训。安全审计员每两年应当接受一次培训。安全审计员培训由民航局相关司局组织实施。安全审计员的培训课程应当包括：

① 相关法律法规。

② 安全审计的程序、方法和标准。

③ 安全审计检查单。

(3) 安全审计员管理。安全审计员一般由局方监察员担任,也可从民航企事业单位选定。安全审计员的选定和管理由民航局相关司局负责。

6. 安全审计文档管理

(1) 管理部门。安全审计办公室负责安全审计文档管理。

(2) 文档内容。安全审计文档内容包括:

① 安全审计年度计划与执行情况。

② 被审计方提交的符合性声明和基本情况概述。

③ 安全审计通知、安全审计检查单、安全审计报告、被审计方整改措施、整改跟踪报告等。

④ 安全审计员信息。

(3) 保存期限。安全审计文档应至少保存 10 年。

(4) 文档格式。

① 安全审计检查单。安全审计检查单供安全审计员实施安全审计时使用,如图 8-2 所示。

| 审计项目编号 | 审计要素 | 审计内容 | 审计依据/参考 | 检查方式/提示 | 审计结果 | | | | 备注 |
|---|---|---|---|---|---|---|---|---|---|
| | | | | | 不适用 | 符合 | 不符合 | 未检查 | |
| (注明审计条款编码)<br>AL 1.1.1<br>AT 1.1.1<br>AP 1.1.1 | A、B、C、D | (输入条款内容) | (如有,则注明制定本款所参考的相关规章条款) | | | | | | |

图 8-2 安全审计检查单

② 安全审计通知。安全审计办公室向被审计方发审计通知时使用,按照民航局现有通知格式编制。

③ 安全审计报告。安全审计组编写的安全审计工作报告,其格式如图 8-3 所示。

④ 安全审计整改通知单。安全审计整改通知单是安全审计组向被审计方发出的整改问题通知,其格式如图 8-4 所示。

⑤ 整改跟踪报告。整改跟踪报告是被审计方所在地区管理局(地区空管局)完成整改跟踪后拟写的有关整改监督情况和整改关闭意见的报告,其格式如图 8-5 所示。

⑥ 向安全审计办公室提交的文档资料应采用 PDF 格式。

```
报告编号：CAAC-AO-SA-201201

××机场安全审计报告

中国民用航空局机场安全审计组
2012年1月8日
```

图 8-3　安全审计工作报告

| 被审计方 | |
|---|---|
| 审计日期 | |
| 整改通知单下发日期 | |
| 审计发现的问题 | 整改建议 |
| 问题1 | 问题1 整改建议 |
| 问题2 | 问题2 整改建议 |
| 问题3 | 问题3 整改建议 |
| 审计组长签字： | |

图 8-4　安全审计整改通知单

```
报告编号：CAAC-AP-SA-201201

××机场整改跟踪报告

民航××地区管理局
2012年1月8日
```

图 8-5　整改跟踪报告

## 8.3.3　民用机场安全审计组划分及审计内容

民航机场安全审计组分为十一个小组，分别为综合安全管理审计小组、飞行区安全审计小组、目视助航设施审计小组、机坪安全审计小组、消防安全审计小组、应急救援审计小组、机场供油安全审计小组、旅客运输管理审计小组、货物运输管理审计小组、危险品运输管理审计小组和机场空管审计小组。各小组设组长1人，组员为2~3人。涉及几个审计小组的具有共性的审计问题，建议在现场审计第一天联合审计，之后分组分别审计其余问题。民用机场安全审计内容包括:综合安全管理、飞行区安全、目视助航设施、机坪安全、消防安全、应急救援、机场供油安全、旅客运输管理、货物运输管理、危险品运输管理和机场空管(下述内容不涉及旅客运输管理、货物运输管理、危险品运输管理和机场空管)。

1. 综合安全管理审计小组的职责及工作范围

该小组负责机场综合安全审计工作,及时收集和整理审计资料,向机场安全审计组汇报。审计范围包括:

(1) 机场安全管理的基本要求。

(2) 机场安全管理体系。

(3) 机场安全管理制度。

(4) 人员培训。

(5) 民用机场使用手册的发放和使用管理。

(6) 民用机场使用手册的修改。

(7) 安全信息管理。

2. 飞行区安全审计小组的职责及工作范围

该小组负责机场飞行区安全审计工作,及时收集和整理审计资料,向机场安全审计组汇报。审计范围包括:

(1) 基本要求。

(2) 跑道。

(3) 滑行道。

(4) 停止道/净空道/防吹坪。

(5) 升降带上面区。

(6) 跑道端安全地区。

(7) 敏感区/临界区。

(8) 围界/巡场道/排水系统。

(9) 巡视检查。

(10) 场务机具管理。

(11) 场务人员管理。

(12) 飞行区管理规章制度。

(13) 机场净空和电磁环境保护。

(14) 鸟害及动物侵入防范。

(15) 除冰除雪管理。

(16) 不停航施工管理。

3. 目视助航设施审计小组的职责及工作范围

该小组负责机场目视助航设施审计工作,及时收集和整理审计资料,向机场安全审计组汇报。审计范围包括:

(1)标志。

(2)滑行引导标记牌。

(3)标志物和其他标志设施。

(4)助航灯光。

(5)目视助航设施管理。

(6)机场供电。

4. 机坪安全审计小组的职责及工作范围

该小组负责机场机坪安全审计工作,及时收集和整理审计资料,向机场安全审计组汇报。审计范围包括:

(1)机坪管理机构。

(2)机位管理。

(3)航空器试车。

(4)航空器维修。

(5)航空器除冰防冰作业。

(6)航空器运行的其他要求。

(7)机坪车辆与设施、设备管理。

(8)机坪车辆行驶。

(9)机坪车辆停放。

(10)机坪作业人员管理。

(11)机坪环境卫生管理。

(12)机坪消防管理。

(13)机坪系留装置。

(14)机坪道面与道肩。

(15)隔离机位(适用于飞行区指示灯为 D、E、F 的机场)。

(16)飞机净距。

(17)机坪标志(物)。

(18)旅客登机桥(廊桥)。

(19)信息报告。

(20)规章制度。

5. 消防安全审计小组的职责及工作范围

该小组负责机场消防安全审计工作,及时收集和整理审计资料,向机场安全审计组汇报。审计范围包括:

(1)消防安全管理组织及责任制。

(2)消防安全操作规程及管理制度。

(3)航站楼火灾自动报警及灭火系统(包括水喷淋、气体灭火系统)。

(4)机场灭火和应急疏散系统。

(5)机场消防给水系统。
(6)机坪及其他重要场所消防安全管理。

6. 应急救援审计小组的职责及工作范围

该小组负责机场应急救援审计工作,及时收集和整理审计资料,向机场安全审计组汇报。审计范围包括:

(1)应急救援组织及管理制度。
(2)应急救援教育、培训及训练。
(3)应急救援预案。
(4)应急救援演练。
(5)应急救援设施、设备配备。
(6)机场消防队建设。

7. 机场供油安全审计小组的职责及工作范围

该小组负责机场供油安全审计工作,及时收集和整理审计资料,向机场安全审计组汇报。审计范围包括:

(1)经营条件。
(2)安全管理。
(3)人员培训与资质。
(4)油料质量控制。
(5)航油设施、设备管理。
(6)飞机加油。
(7)消防管理。
(8)各种作业记录。
(9)应急处置。
(10)信息报告。
(11)档案资料管理。
(12)其他要求。

## 8.3.4 机场审计分类标准及审计评分

1. 分类标准

(1)一类(优先运行):综合符合率大于90%(含)。
(2)二类(保持运行):综合符合率大于70%(含)且小于90%。
(3)三类(限制运行):综合符合率大于60%(含)且小于70%。
(4)四类(中止运行):综合符合率小于60%。

2. 审计评分

涉及一个以上层次的审计条目,只要有一个层次不符合就应判定为不符合,并应列为必改项。审计发现的超出机场安全审计检查单审计范畴的问题,可作为建议列入审计报告安全建议。此类安全建议不属于必改问题。

统计符合率时,不适用项不计入。

3. 机场安全审计检查单

机场安全审计检查单(综合安全管理)如图8-6所示。其他机场安全审计检查单可参考《机场安全审计手册(2008年试用版)》及相关文件。

| 审计项目（编号） | 审计要素 | 审计内容 | 审计依据/参考 | 检查方式/提示 | 审计结果 | | | | 备注 |
|---|---|---|---|---|---|---|---|---|---|
| | | | | | 不适用 | 符合 | 不符合 | 未检查 | |
| AP1 | | 综合安全管理 | | | | | | | |
| AP1.1 | | 机场安全管理的基本要求 | | | | | | | |
| AP1.1.1 | | 机场管理机构对机场的运行安全实施统一管理,负责机场安全、正常运行的组织和协调,并承担相应的责任(如道口、安检、机坪等) | 《民用机场运行安全管理规定》第3条 | 问卷调查手册等 | | | | | |
| AP1.1.2 | | 机场管理机构与航空运输企业应当签订有关机场运行安全的协议,明确各自的权利、责任、义务 | 《民用机场运行安全管理规定》 | 检查文件、制度等 | | | | | |
| AP1.1.3 | | 机场管理机构与其他驻场单位(空管)应当签订有关机场运行安全的协议,明确各自的权利、责任、义务 | | | | | | | |
| AP1.1.4 | | 机场管理机构与其他驻场单位(油料)应当签订有关机场运行安全的协议,明确各自的权利、责任、义务 | | | | | | | |
| AP1.1.5 | | 机场管理机构与其他驻场单位(维修代理单位)应当签订有关机场运行安全的协议,明确各自的权利、责任、义务 | | | | | | | |
| AP1.1.6 | | 机场管理机构与其他驻场单位(日常维护代理单位)应当签订有关机场运行安全的协议,明确各自的权利、责任、义务 | | | | | | | |
| AP1.1.7 | | 机场管理机构与其他驻场单位(地面服务代理单位)应当签订有关机场运行安全的协议,明确各自的权利、责任、义务 | | | | | | | |

图8-6 机场安全审计检查单(综合安全管理)

| 编号 | 检查项 | 依据 | 方法 | | | | | |
|---|---|---|---|---|---|---|---|---|
| AP1.1.8 | 机场管理机构应当组织成立机场安全管理委员会。机场安全管理委员会由机场管理机构、航空运输企业或其代理人及其他驻场单位负责安全工作的领导组成。机场安全管理委员会负责人由机场管理机构负责安全工作的领导担任 | 《民用机场运行安全管理规定》第7条 | 检查文件等 | | | | | |
| AP1.1.9 | 机场安全管理委员会的主要职责应符合规章要求 | | | | | | | |
| AP1.1.10 | 机场安全管理委员会应当定期召开会议 | | 检查台账记录等 | | | | | |
| AP1.1.11 | 机场管理机构应当落实机场安全管理委员会提出的有关安全的整改意见和建议 | | 检查文件、台账记录及现场检查等 | | | | | |
| AP1.1.12 | 机场管理机构应当对从业人员进行安全生产教育和培训,及时学习和宣传国家、民航有关安全的法律、法规、规章,从业人员应具备必要的安全生产知识 | | 检查文件及台账记录等 | | | | | |
| AP1.1.13 | 机场管理机构不得滥用规章赋予的管理权限,损害航空运输企业及其代理人和其他驻场单位的合法权益 | 《民用机场运行安全管理规定》第8条 | 检查文件及台账记录等 | | | | | |
| AP1.1.14 | 机场管理机构应当设置航空安全监督管理部门,或者配备专职/兼职安全生产管理人员 | 《中华人民共和国安全生产法》第19条 | 检查文件等 | | | | | |
| AP1.1.15 | 机场安全生产管理人员应当根据本机场的生产经营特点,对安全生产状况进行经常性检查 | 《中华人民共和国安全生产法》第38条 | 检查文件及台账记录等 | | | | | |

图 8-6 机场安全审计检查单(综合安全管理)(续)

**本章小结**

  安全是民航发展的重要基础,加强机场安全管理是保证机场正常运行的关键。只有保证了安全,才能保证民航运输业的稳定发展。

## 自我检测

(1) 为什么要把安全生产作为人民群众最关心、最直接、最现实的利益问题?
(2) 为什么要把航空安全作为和谐民航建设的着力点?
(3) 民航安全工作的着力点应从哪几方面入手?
(4) 当前民航安全工作存在哪些问题?
(5) 机场每年如何进行安全评估?
(6) 机场资料库应准备哪些资料供员工查阅和使用?
(7) 机场有哪些与运行安全有关的岗位必须持证上岗?
(8) 机场员工培训和考核应包括哪些内容?
(9) 对在机场控制区工作的违章员工如何进行培训和考核?
(10) 什么是机场安全管理系统?
(11) 我国民航机场安全管理系统主要包括哪些方面的内容?
(12) 国际民航组织对机场 SMS 的应用要求侧重于哪些方面?
(13) 推行安全自愿报告系统有什么重要意义?
(14) 建立安全自愿报告系统的主要目的是什么?
(15) 在安全自愿报告系统运行中如何贯彻保密性原则?
(16) 机场安全审计与以往的安全大检查有什么不同?
(17) 机场安全审计的七类要素是什么?
(18) 机场安全审计涉及哪些方面多少个审计项目?
(19) 机场安全审计可采用什么审计方式进行?
(20) 机场安全审计工作程序可分为几个阶段?每个阶段的主要工作是什么?

# 模块 3  机 场 管 理

## 第 9 章
# 机场管理模式

**学习目标**

(1) 掌握机场所有权形式。
(2) 理解机场管理模式。
(3) 了解机场私有化模式。

**能力目标**

(1) 掌握我国机场的主要管理模式。
(2) 了解我国机场管理模式的优势。

## 9.1 机场所有权形式及机场私有化

机场采用何种管理模式运营,与机场的所有权形式密切相关。在不同的所有权形式下,机场采用的管理模式也不同。

### 9.1.1 机场所有权形式

世界机场的所有权形式主要有以下几种。

**1. 国家所有并由政府控制**

由运输部所属(有时由国防部所属)、民用航空部门经营全国的所有或大部分机场,同时负责提供空管服务或气象服务。第三世界国家大多采用这种所有权形式,少数发达国家也采用这种所有权形式,如加拿大、瑞典和挪威等国。

**2. 通过机场经营者管理的公共所有权**

有些政府虽然保留对机场的所有权,但认为如果机场拥有更多的自主权,经营管理会更有效。有些国家通过设立更加专业的管理机构来完成长期的计划和投资,政府只是在宏观决策上行使所有人的权利,如泰国和墨西哥。有些国家和地区则设立区域性机场经营者。

3. 公私合营

机场设施有些归国家所有,有些则由私营企业控制。随着机场融资渠道的多样化,非国有资本进入民航业,就会形成这种所有制形式,如美国一些地方机场是公共所有权,但机场候机楼为私营企业所有并经营。

4. 完全私有化

机场完全归私人所有并管理。例如,英国机场集团(BAA)是全球第一个获得机场完全私有化权利的公司,但英国政府保留了对机场公司的部分权利:由运输部门行使法规审批的认可批准,包括对公司的投资及股权转让行使否决权;每隔5年,由垄断与企业合并委员会对机场公司进行一次审查,并就违反公众利益的行为向英国民航局提出建议,并对后5年的收费标准提出建议。

国际机场理事会(ACI)在《国际机场理事会的政策手册》中记载了机场所有权的政策。国际民航组织(ICAO)在《国际民航组织机场经济手册》中也提出了机场所有权的观点。考虑到会员成分的多样性和它们在经营中面临的多种国家管理制度,国际机场理事会在机场所有权政策方面采取了务实和灵活的做法。1995年9月,在华盛顿举行的国际机场理事会第五届世界大会上,在机场所有权问题上达成如下决议。

(1)机场应具有建立最适当的组织结构以应对市场挑战的自由。

(2)机场的所有权形式应使机场在经营方面具有最大的灵活性。

(3)机场的所有权形式应有利于开辟新的财政渠道,创造更多改进业务和增加盈利的机会。

机场无论采用何种所有权形式,都必须保障和增进机场经营安全、效率和质量,担负起为所在社区、城市、社会服务的责任;便于吸纳充足的资本投资,进行航空性国内和国际融资;既促进机场自身发展,也促进贸易、旅游、酒店等服务业的发展,实现多赢的局面。

## 9.1.2 机场私有化模式和关键问题

1. 机场私有化模式

机场私有化模式并非机场独有,一些模式在运输部门的很多领域广为应用,具体包括以下几种。

(1)永久特许经营权:建设机场的私有公司对所有权、融资和经营负有永久责任,政府管理安全和服务质量,有时对价格或利润也进行管理。

(2)购买—建设—经营:私有公司向政府购买现有机场,并作为私有设施加以扩大或改进。开发不足、情况恶化或拥挤的机场适合采用这种模式。

(3)建设—经营—转让:这可能是迄今为止应用最广的模式,简称BOT模式。私有公司获得可在长达50年的时间内为设施融资并建设和经营设施的特许权。期满后,设施归还给政府。

（4）建设—拥有—经营—转让：与 BOT 模式类似，不同之处在于私有公司在建造期间获得设施的所有权。

（5）建设—转让—经营：私有公司负责设施的设计、融资和建设，一旦建造完毕，所有权即归还给政府。然后，私有公司向政府租赁设施，并在长久的租赁期中取得收入。这被称为售出并租回，因其税收方面的益处而常被采用。

（6）环绕增建：属政府所有的现有设施由私有公司扩建。对机场而言，这包括对诸如候机楼或停车场的私有权。这形成了政府和私有公司对机场有效的联合所有权。

（7）租赁—开发—经营：私有公司租赁现有设施，然后根据与政府签订的长期分享收入的契约进行开发，而政府保留所有权。

（8）全部或部分发售股份：1987 年 BAA 以 100% 的股份在伦敦股票交易所上市是完全私有化的一个例子，BAA 成为第一个完成私有化改造的机场管理公司。部分发售股份的例子是，丹麦政府于 1993 年将哥本哈根机场 25% 的股份卖出，于 1995 年再卖出 24%。2015 年，法国第四大机场图卢兹布拉尼亚克机场（简称图卢兹机场）出让部分股份给地方投资者。

（9）管理契约：一座机场由另外一座机场管理或由运输部门的其他公司管理。例如，匹兹堡国际机场（简称匹兹堡机场）零售商店由英国机场经营者管理，百慕大国际机场（简称百慕大机场）由温哥华机场经营者经营。在签订此种契约的同时，负责管理的公司往往持有企业的股份。

（10）合资：以澳大利亚机场私有化为例，其形式通常是，有丰富机场管理经验的机场或公司购买少数股份并签订长期管理合同，当地或国际金融机构购买大部分股份。合资的另一种常见形式是，机场和建筑公司或工程公司（有时还和金融机构联手）合力建造和管理一座新机场或改造现有机场。例如，奥格登航空和米兰国际机场合伙中标，赢得了对阿根廷 33 座机场的 30 年特许经营权。

2. 机场私有化的关键问题

国际机场理事会在 1995 年举行的主题为"机场私有化：魔方还是潘多拉盒子？"的拉美和加勒比地区会议上，首次为机场私有化和商业化举措提供了论坛。这次会议及之后的其他会议所阐明的主要问题如下。

（1）人们普遍承认，私有化能提高经营效率，对市场机遇能做出更及时的符合企业法则的反应，虽然这并不意味着政府所有的机场效率一定很低，尤其是当它们遵循商业原则经营时。

（2）人们认为，私有化能够为机场建设融资带来不同于传统的新的资本来源。不利的一面是，股份的销售可能会导致机场新的所有者受立即获利和为股东分红的需要的驱使而采取短期思维，从而忽略将利润重新投资于基础设施建设的重要性。

（3）在向公众负责的问题上，人们也表示出类似的关切。一些产业界观察员设想会出现这种情况，即机场设施的私有化经营可能会导致削减本可为有关社区带来巨大利益的扩展项目,不愿意在主要基础设施项目上投资,从而对所在地区的经济产生消极影响。另一方面,公共经营的机场是假定以社区利益为出发点的,因为其董事会通常由社区或国家领导人组成。

私有化机场仍然需要由国家或地区政府部门加以管理,这是显而易见的。在这方面正涌现出大量管理哲学,特别是在澳大利亚、奥地利、加拿大、新西兰和英国。在这方面,国际机场理事会大力支持会员机场在最早阶段就参与国家或地方制定新规定的审议。还应当在此指出,国际机场理事会代表会员机场参加国际民航组织航空运输管理专家组,该专家组处理国际性的管理问题。国际机场理事会主张给予机场经营人最大经营灵活性的管理体制。

一些国家,如阿根廷,已采取将整个机场系统私有化的举措。整个系统中有些设施有利可图,而另外一些则获利微薄或无利可图。这种情况不可避免地导致机场对系统交叉补贴。欧洲联盟1997年关于机场收费指令的建议案对交叉补贴这种进退两难的情况做了精辟总结:一些成员国已为覆盖全国或部分地区的机场网络或集团建立起单一的管理体系。在这些网络中,多数小机场除非得到国家、地区或地方的财政援助,有时需要同一网络中较大机场的支持,否则将入不敷出。与成本挂钩的原则并不排除这种相互支持的体系,并且该建议并不对这种体系的运转表示质疑,只要来源于较大机场的补贴取自商业收入或合理的利润额度。

一些机场担忧,作为市场力量的自然后果,私有化很可能导致机场收费的增加。然而,出人意料的是,实际上也有私有化之后航空收费下降的例子,如英国机场经营者。这是由于英国机场经营者在陆侧产生了高收入,以及采用了和消费者价格指数挂钩的方式来限制机场收费的管理体制。可是,也有私有化之后航空收费确实增加的例子。人们可以理解,航空公司不愿意承担多个机场体系下交叉补贴的重担,尤其是当体系中可能只有一个大型国际机场时。

另一个常见的问题是,私有机场所有人可能会从事与机场核心业务无关的项目或业务,从而可能带来危害机场运行的风险。尽管实际上这种情况看来尚未发生,但国际航协已对这种可能性表示关注。此外,向股东负责的机制通常能够约束董事会不至于采取冒失行为。在此方面应当指出,国际民航组织和国际机场理事会的政策均未要求机场在陆侧收入增加时减少机场收费(称为单一钱柜原则)。国际机场理事会在此方面的政策是,机场有权根据其自身财务自给自足的考虑来制定其经济政策,按照这种原则,各机场可自行决定其收费水平和结构。举例来说,国际机场理事会的一些会员在机场拥挤时段采取高峰收费,这一概念已被国际民航组织接受。

在一些国家,虽然国家行政部门已批准机场私有化战略,但是,在施行战略之前,可能仍然存在需要克服的巨大法律和行政障碍。例如,美国联邦航空局已表明在今后几年将5座机场私有化的意图,但仍有诸多法律问题亟待解决,包括新实体的税收地位,以及私有化之后的设施可能需要向美国联邦政府偿还以前的拨款和贷款。

## 9.2 机场的管理模式

### 9.2.1 机场管理模式的分类

机场采用何种管理模式运营,与其所有权形式有很大关系。从世界机场的角度看,机场管理模式大体可以分为以下三种。

(1) 政府拥有、政府管理:中央或地方政府拥有机场并组织专门机构进行管理。

(2) 政府拥有、半政府性独立机构管理:机场通常由中央或地方政府拥有,但组成自负盈亏的独立机构进行运营管理。

(3) 完全私有化管理:由所有者代表及专家组成机场管理小组并负责运营管理,但中央或地方政府拥有股份,对机场运营管理的重大决策持有否决权。

### 9.2.2 我国机场的管理模式

我国机场的管理模式分为两个阶段:改革开放以前,我国民用机场管理模式十分单一,完全由中央政府集中管理;改革开放以后,由于地方政府积极参与机场建设,单一管理模式被打破。

1. 按所有者和管理机构划分

1) 中央政府直接管理

在属地化改革时,国家保留了首都机场、西藏自治区机场的所有权,由民航局、中国民用航空西藏自治区管理局管理。这种管理模式体现了机场对于国家政治稳定的重要意义,经营管理过程更多反映了国家政府的意志。

2) 地方政府直接管理

这类机场大多为中小城市机场,规模较小,但是在服务地区经济发展和居民出行方面发挥着不可或缺的作用。地方政府就承担起机场管理的责任,并成立专门的部门。

3) 地方政府委托管理

地方政府委托管理是属地化改革后我国机场的主要特征。不同地方政府对于机场的管理采取不同的方式,其中委托管理是普遍采用的方式。在这种方式下,政府将经营管理权交给三种委托对象:机场集团公司、机场管理公司、航空运输企业。

4) 混合所有委托管理

混合所有委托管理是伴随市场经济发展我国机场呈现的新特征,尤其是放宽了民营资本进入机场业之后。我国机场通过上市、引进民资、引进外资等方式实现了投资主体和股权多元化,拓展了机场的资金来源,拓宽了机场的发展空间。

2. 按机场运营管理架构划分

1) 省(市、区)机场集团模式

这是一种以省会机场为核心机场,以省内其他机场为成员机场的机场集团组织架构,即进行机场属地化管理,其中分为两种情况:第一种是成立省(市、区)机场管理集团公司或机场管理公司,并由机场公司统一管理区域内的所有机场,如上海、天津、海南;第二种是成立省(市、区)机场管理集团公司或机场管理公司,但机场公司只管理区域内部分而不是全部机场,如重庆、广东、四川。

以省为单位将全省的机场统一管理,具有很多优点:一是省政府可以把全省的资源调动起来,扶持省内各机场的建设和发展;二是可以从全省的角度统一规划机场布局,统一考虑全省机场的建设,避免各地市各自为政;三是能够对全省的航空运输和机场建设统筹考虑,一体化发展,更好地服务于全省的社会经济发展需要;四是能够发挥省机场集团公司的优势,在管理、人员、资金等方面形成规模优势,以大带小,有利于省内小型机场的生存和发展。省(市、区)机场集团模式最大的优势就在于省内资源的统一。当然,这种模式也会在一定程度上造成机场所在地的地市政府缺乏扶持机场建设和发展的主动性和积极性。

2) 跨省机场集团模式

这种模式是由几个省的机场管理集团通过资产重组,组建成一个跨省的机场集团。例如,首都机场集团收购、托管、参股的机场,分布于10个省(市、区),成员机场达到35家;西部机场集团管理了4个省(自治区)的11家机场。

跨省收购的主要目的是,在资源配置、航线网络、人力资源等方面发挥超越省机场集团的更大规模效应。这种模式的优势表现在以下几方面:一是集团公司对成员机场的地面服务、商贸、广告等非航空性业务实行一体化经营和管理,发挥了专业化公司的规模优势;二是在人员使用和资金运作方面,统一调配,统一运作,提高了运营效率;三是利用机场集团公司的管理优势,一定程度上提高了小型机场的管理水平。但跨省机场集团模式存在以下不足:一是降低了成员机场所在省、市政府投资机场建设和扶持机场发展的积极性;二是机场集团公司归当地国资委管理,当地国资委没有动力和义务把机场集团公司的资金投入到其他省份的机场去;三是集团公司对成员机场的非航空性业务采用专业化公司的模式实行条条管理,航空性业务则由各成员机场分块管理,不利于机场的安全运行和服务水平的提高;四是当地政府把机场交给省外的跨省机场集团公司管理后,没有了机场建设投资的压力,往往要求机场建设的标准要高、规模要大,超出了适度、合理的范围,也给跨省机场集团公司造成了资金等方面的压力。

3) 省会机场公司模式

这是一种在没有以省为单位成立机场管理集团的情况下,省政府只负责管理省会机场,其他机场由所在地市政府管理的模式,如江苏、山东、浙江。

省会机场由省政府管理,优势在于能够调动全省的资源和力量来扶持省会机场的建设和发展。但这种模式的不利之处是,我国各省会机场一般都是本省业务量最大的机场,省会机场资源优势明显,管理水平也较高,而省内其他机场大部分是小型机场,资源匮乏,经营困难,管理水平也不高。如果不利用省会机场的优势来带动这些小型机场,势必造成这些机场难以很好地发展。而且,省政府直接管理省会机场,也不利于充分发挥省会城市建设和发展机场的积极性。

4) 市属机场公司模式

机场由所在地市政府管理,如深圳、厦门、无锡、南通、绵阳、南充、攀枝花、宜宾、泸州、万州等。

市属机场公司模式在不同的城市,情况也不相同。如果机场所在城市的经济实力强,当地政府又重视和大力扶持机场,机场就发展得好,如深圳、大连、青岛、厦门、宁波等。但是,如果机场所在地经济欠发达,地方政府的财力也有限,那么往往是"心有余而力不足",客观上欠缺足够的资源支持机场。

5) 航空公司管理模式

机场由航空公司直接或间接管理,如海航集团管理甘肃机场集团(兰州、敦煌、嘉峪关、庆阳机场)和海口、三亚、东营、宜昌、安庆、满洲里、潍坊等机场,深圳航空有限责任公司管理常州机场,中国南方航空股份有限公司(简称南航)管理南阳机场,厦门航空有限公司(简称厦航)管理武夷山机场。

从航空公司管理机场的情况看,有利于小型机场利用航空公司的优势来增加航线航班,培育市场,提高机场的业务量,促进小型机场发展。对于大、中型机场,这种优势就不太明显。相对而言,把机场交给航空公司管理,不利的方面较多:一是机场交给航空公司,机场所在地政府容易产生"但求所在,不求所有"的思想,投资建设机场的积极性被削弱;二是对于航空公司投资管理机场,相关法规规定航空公司的股权不得超过25%,这是法律形式的限制。

6) 委托管理模式

有两种情况:一是内地机场委托内地机场进行管理,如黑龙江和内蒙古机场集团委托首都机场管理;二是内地机场委托港资管理,如珠海金湾机场。

机场被委托,有利于被委托机场利用受托机场的经营机制和管理优势来提高经营管理水平(包括安全、服务、效率等)。但委托管理也因受托方缺乏主人翁意识,探索、规划所管理机场长远发展战略的积极性不高,容易产生短期行为。

3. 按股权结构划分

从股权结构的角度看,机场有中外合资机场和上市机场公司两种模式。

### 9.2.3 国外机场的管理模式

1. 美国机场管理模式

(1) 公益性,政府所有。美国作为世界航空第一大国,机场归政府所有并定位为不以盈利为目的,由政府投资、建设和管理。机场管理企业化程度较低,多为事业化机构,负责制定机场发展规划、开辟航线、机场设施的出租和日常维护工作,以最优惠的条件吸引航空公司,为公众提供便利的机场设施。

(2) 管理型,专业化经营。在商业资源的开发上,机场以减少自身经营活动为原则,与航空公司职能界限清晰。机场不直接参与客货运输的经营活动,使机场公正地对待航空运输经营竞争。机场经营性业务的社会化程度相当高,将绝大部分的商业资源交由专业化企业经营,非航空主业收入高达总收入的 70%~80% 甚至 90%。

(3) 政府投资建设,补贴促进发展。机场的利润收入只能用于机场的建设投入。政府对机场给予税费减免,并返还部分从机场商业等经营收益中征收的税费以支持机场的发展,各级政府和美国联邦航空局对机场的建设和经营给予资金补贴。机场建设投资一般靠地方政府发行债券来筹集,再由财政统一安排偿还。机场运营亏空由政府补助。这些措施为绝大多数中小机场的生存和发展创造了条件。

2. 日本机场管理模式

(1) 政府建设,分类管理。日本机场管理由各级政府直接承担,主要分三类:第一类是主要国际机场,如东京的成田机场,为中央政府投资建设、拥有,由运输省通过民航局进行管理、指导;第二类是国内干线机场及少数国际机场,如东京的羽田机场,为中央政府投资建设、拥有,由机场管理执行委员会、运输省和地方空港公司建立机构共同管理;第三类是国内专线机场,为地方政府投资建设、拥有,由地方空港公司管理。机场建设中政府所占份额及政府对地方公共团体补贴率随机场等级不同而不同,即收益率越低,补贴率越高。

(2) 商业化融资。日本政府通过商业化模式来提高机场的融资效率和管理效率,如成田机场就是由政府设立"新东京国际空港公司"来具体负责机场的日常运营,受政府委托管理带有公共性质的事务,并进行商业化运作,但不以盈利为最终目的;关西国际机场由于投资巨大,在相当长的时间内还难以盈利,但其流量大,具备商业化和企业化的基本条件,所以能够吸引投资,由"关西国际空港株式会社"进行运营,投资者是当地的大财团,而这些财团的发展对关西国际机场具有一定的依赖性。

3. 英国机场管理模式

(1) 多元化所有。英国的机场有四种:一是地方政府和议会所有并管理的机场,如曼彻斯特机场、伯明翰机场等;二是英国机场公共控股公司所有并管理的机场,如希思罗机场等七个大型机场;三是民航局直接管理和组织运营的偏远机场;四是由私人经营的小型机场。

(2) 政府主导的多元化投资建设。英国机场作为国家控制的重要基础设施,采用拍卖经营权、招标租赁、BOT 等方式转换其经营模式,允许私人投资兴建并拥有,以此拓宽机场建设投融资渠道,提高经营管理水平,促进机场建设全面发展。例如,希思罗机场产权名义上归政府所有,但由英国机场集团、英国航空公司、英国汇丰投资银行等进行管理,其中投资近 20 亿英镑的第 5 航站楼工程,完全按照市场化模式,根据投资比例组建有限责任公司进行运作。伦敦城市机场作为小型商务机场,则完全由私人投资兴建。

(3) 政府限价,商业化管理。按照英国法律规定,中央政府对希思罗、盖特威克

及曼彻斯特三大机场的航空收费项目实行价格管制,以保护航空公司和小机场的利益。三大机场把制定有竞争力的机场收费价格作为吸引航班和旅客流量的主要手段,确立了"制定合理的机场收费标准—吸引更多的航班和旅客流量—大力发展商业—从商业中获取更大利润"的基本模式。随着管理的完善和生产规模的扩大,机场航空业务已成为吸引旅客和其他商务客户的基本手段和工具,商业经营成为机场获取利润的主要来源。

4. 其他欧洲国家机场管理模式

(1) 政府控股,企业化经营。欧洲机场普遍实行企业化经营,具体做法是在政府绝对控股的情况下,全面开发、运营机场业务,力争为社会公众提供所有服务,包括建设航空城、空港经济区。德国的法兰克福机场、荷兰的阿姆斯特丹国际机场(又称史基浦机场)就是典型的例子。

(2) 板块清晰,资源多样化管理。德国的法兰克福机场有候机楼管理、零售业务、地面服务、安全管理与安检、货运管理五大主营业务板块。每个板块所承担的业务领域广阔、延伸深远,各板块之间的业务领域划分清晰,服务覆盖了机场和与航空公司相关的整个物流链。法兰克福机场的管理有四大特点:一是保持机场核心资源的绝对控制权;二是所有权与经营权相分离;三是大力加强资本管理和资源管理;四是对货运设施采取自建租赁和 BOT 模式进行统一管理。

(3) 准确定位,建设机场城市。史基浦机场的定位是管理型机场,分为非执行董事会和执行董事会。机场引进了几十家地面代理公司和商业公司,实行特许经营,在保证质量和价格的条件下互相竞争,提供几乎所有的配套服务,机场仅按照法律和合同规定进行检查监督。因管理体系完善,机场的每个项目都创造了良好的效益,特许经营收入占机场总收入的 60% 以上。史基浦机场集团一个最重要的目标是通过建立和发展机场城市,为相关利益者创造可持续的价值,发展高效的有航空、铁路、公路等多种运输形式的枢纽,能提供 24h 服务并具备相应的设施。

5. 新加坡机场管理模式

(1) 政府直管,行业监督。新加坡樟宜机场由新加坡民用航空管理局直接管理。民航管理局的主要职责是在民用航空和机场运营的安全、质量和服务方面确保高标准,确保机场运营的良好业绩,管理和促进航空运输的发展,预测航空业的需求变化并采取相应有效的策略,使新加坡樟宜机场成为全球主要的航空枢纽之一。民航管理局下设的航空货运部、机场紧急事务部、机场管理部和商业部等几个直接与机场业务相关的部门代行民航管理局的职能。

(2) 专业化经营,良性竞争。民航管理局不参与任何经营,机场运营交给专业公司。例如,把机场的所有地面服务业务的经营权交给两家专业公司,并且它们获得的专营权几乎一样,既避免形成独家垄断,也不会出现由于多家竞争而陷入恶性竞争的情况,在机场内形成良好的竞争局面。而机场管理部门则针对各项具体地面服务都制定了服务标准,以保证服务质量。

**本章小结**

  世界机场的所有权形式主要有国家所有并由政府控制、通过机场经营者管理的公共所有权、公私合营和完全私有化。

  机场私有化模式具体包括：永久特许经营权、购买—建设—经营、建设—经营—转让、建设—拥有—经营—转让、建设—转让—经营、环绕增建、租赁—开发—经营、全部或部分发售股份、管理契约、合资。

  机场管理模式大体可以分为三种：一是政府拥有、政府管理；二是政府拥有、半政府性独立机构管理；三是完全私有化管理。

  我国的机场管理模式按所有者和管理机构划分为中央政府直接管理、地方政府直接管理、地方政府委托管理、混合所有委托管理，按机场运营管理架构划分为省（市、区）机场集团模式、跨省机场集团模式、省会机场公司模式、市属机场公司模式、航空公司管理模式、委托管理模式，按股权结构划分为中外合资机场和上市机场公司。

## 自我检测

（1）世界机场的所有权形式主要有哪几种？
（2）我国的机场管理模式按照所有者和管理机构划分为哪几类？
（3）机场由航空公司直接或间接管理的优缺点有哪些？
（4）世界机场的管理模式大体可以分为哪几种？

# 第 10 章 机场营销

### 知识目标

(1) 掌握机场产品和机场营销的含义。
(2) 理解机场营销的对象和内容。
(3) 掌握机场营销策略。

### 能力目标

(1) 掌握机场产品策略。
(2) 能应用机场营销策略开展服务产品营销。
(3) 能熟练应用价格策略。

## 10.1 机场产品

### 10.1.1 机场产品的含义

机场是由多种不同功能的设施和为众多客户提供多种服务的长生产链条构成的。机场产品可以分为航空产品和非航空产品。

航空产品满足承运人的航空器起降、停场服务及其旅客、货物的过港需要，是机场产品的核心，主要表现形式是与机场设施相关联的各种航空运输服务，也就是通常所称的机场航空业务，如飞机的起降、停场、地勤、机务及候机楼和货站等服务。

非航空产品中的初级产品是非航空业务派生的直接产品，具体指具有开发利用价值的资源，如有价值的商业场地、广告媒体、可供专门用途（可用于酒店、仓储、会展、种植等开发经营）的土地等；而服务产品如商业零售、酒店、餐饮等，以及物质产品如航空食品等，属于派生的二级产品。

由于机场航空产品和非航空产品的差异性很大（一个是航空地勤服务产品的销售，另一个是机场商业资源的出租转让），两者营销对象不同，渠道不同，策略和方法也不同，这就要求机场同时具备适应两类产品特点的营销管理能力及合适的营销资源布局。

### 10.1.2 机场产品的基本特征

1. 机场航空产品的特征

机场航空产品具有以下特征。

1) 由顾客直接感知

顾客不可能在购买后转移或延期消费,顾客对产品的购买只能是一种直接的感知或体验过程。服务产品是无形的,环境、设备、人员等载体本身就是产品的一部分(例如,便捷的流程和良好的候机环境就是机场产品的组成部分),即便在销售过程中并不发生所有权的转移。服务产品虽然有规范的形式、程序和内容,但难以形成固定模式,其感知或体验可能因人(包括销售及购买双方)、因时间、因地点而异。这一特点使得机场在生产及销售过程中难以保持其产品质量的稳定性。

2) 生产与销售一体

服务企业的生产过程就是销售过程,同步完成,不可分割。机场要创造品牌,就必须使员工成为合格的产品生产者兼营销员。生产与销售一体的特点还导致消费者之间、生产者之间及两者之间情绪或态度相互影响,并最终影响产品质量。机场员工不仅需要具备生产和销售的技巧,还应懂得协调团队运作、管理顾客和因地制宜地控制自己的生产与销售行为。

3) 产品不可储存

服务产品的即时生产和消费使其表现出不可储存、不能重复出售、也不能退还的特点。这一特点导致生产资源很难均衡控制。在高峰期可能会因能力不足而影响产品质量,在低谷期又会因能力闲置而增大机场的生产成本。因此,机场在营销过程中要发挥调节作用,使被动的需求尽可能与相对稳定的能力相匹配,这对机场提高产品质量和降低整体成本具有十分重要的意义。

4) 产品组合链条长,跨度大

仅旅客出港这一过程,由接入机场到完成值机、行李托运、联检报关、安全检查、候机服务,到飞机停场的地勤设施和设备配套服务、机务、飞机客货舱服务、供油、供水、供餐,再到飞机离港,就要经历上百项直接的服务程序;另外,还有旅客的进港及货物的进出港。在机场的整个服务链条中,其对象是多元性的,既直接服务于人(旅客、货主、航空公司代表等),也服务于物(飞行器、航空货物)。每项专门业务都可能分属于一个独立法人经营,同时还有政府机构的相关部门,导致机场经营者的生产协调难度很大;而任何一个客户在机场感受到的不愉快,通常会直接归咎为机场的责任。从这一角度来看,机场的服务产品要创造自己的品牌,比其他服务产品要困难得多。

5) 航空业务产品与派生产品伴生并整合销售

如候机楼内的餐饮或商业零售,虽不属于航空业务产品的范畴,但却是旅客候机配套服务的重要组成部分。良好的配套服务可以使旅客在过港、候机的过程中获得更大的需求满足和更有价值的心理体验。特别是在发生航班延误等非正常情况时，如果有较好的餐饮、购物、娱乐服务，则能对航空业务产品的缺陷产生弥补作用。

2. 机场非航空产品的特征

从机场非航空产品的概念可以看出，其具有多样性的特征；除此之外，在需求多样化和机场盈利增长要求的共同驱动下，非航空业务替代航空业务，成为枢纽机场盈利的主要来源。

首先，非航空业务收入占比不断提高。国际上先进机场的非航空业务收入占比通常在50%以上，有的甚至超过70%。非航空业务收入已逐渐成为大、中型机场的主要收入来源。

其次，与航空业务相比，非航空业务具有更高的盈利能力。全球主要机场普遍将商业、餐饮、广告，以及机场禁区内的辅助服务等业务交由具有较强品牌实力的专业机构经营，机场则通过"保底+收入提成"等模式收取特许经营费、专营费等。这样使得机场能不断拓展商业机会，最大限度地节省资源，盈利能力反而大幅度提高。

从国外机场先进管理经验来看，非航空业务收入比重已成为衡量机场发展水平的指标之一；开展非航空业务，增加非航空业务收入，也已经成为世界机场发展的趋势之一。

机场是一个人流、货流量相当大的市场，已有越来越多的旅客选择飞机作为交通工具。由于机场安检、值机、调度等方面需要花费一定的时间，旅客都被要求提前到达机场，于是在机场消费、购物、就餐和娱乐的机会增多。可利用旅客在候机楼的停留时间，将旅客资源高效转化为商业收入。良好的零售服务，可以提高乘机旅客对机场甚至航空公司服务的整体满意度。机场零售专卖店要通过客户需求分析了解客户特征、需求特点，有针对性地开发所提供的商品及相关服务品种，满足客户的要求，为客户提供有价值的服务。

## 10.2 机场营销及其特征、目的

### 10.2.1 市场营销和机场营销的含义

1. 市场营销的含义

市场营销概念随企业市场实践的发展而不断演进，不同的发展阶段、不同的学者有不同的表述。一般认为，市场营销是企业以顾客需要为出发点，根据经验获得顾客需求量及购买力的信息、商业界的期望值，有计划地组织各项经营活动，通过协调一致的产品策略、价格策略、渠道策略和促销策略，为顾客提供满意的商品和服务而实现企业目标的过程。其主要内容包括市场调研、市场细分、市场定位、产品开发、价格制定、渠道选择、促销方式、售后服务及信息反馈等。其目的是满足并创造现实顾客和潜在顾客的需求，同时实现企业价值最大化。

### 2. 机场营销的含义

机场营销是机场经营者以市场为导向,采取系统的生产经营行为,为客户提供满足其需要的产品(机场服务及机场资源),从而实现机场利益目标的过程。

根据机场产品的特点,机场营销可以分为航空业务营销和非航空业务营销。机场的航空业务营销又分为航线营销和航班营销。

航线营销主要是通过向航空公司营销,使其增加航线、航班的飞行,以此带来机场业务量的增加。航班营销的主要对象是旅客、货主、旅行社、航空货运代理公司,目的是为机场创造更多的客、货源,以维持或推动航班量的增长。

机场的非航空业务营销包括机场的初级产品营销和二级产品营销。机场营销主要关注的是初级产品营销,即可供开发的伴生性资源的营销。需要指出的是,机场非航空业务营销不仅仅是存量资源的营销,还要通过营销实现资源的增量,也就是使资源不断丰富,价值含量不断提高,这样才能使机场的非航空业务收入不断增长。

在航空业务中,机场向航空业务的各参与方提供场地和设施,因此,机场主要通过提高资源利用率、保证服务质量和服务安全来提高航空业务收入。而对于非航空业务,机场拥有控制权,来往机场的旅客一般平均收入较高,会在机场停留一定的时间,且过境旅客可以购买免税商品等。针对这些特点,机场可以通过更好的商业规划和灵活的特许经营权来增加业务收入。我国机场在非航空业务方面的发展远远落后于全球主要枢纽机场,但是,随着机场市场经营主体地位的确立,机场管理者在机场建设和经营中也越来越重视机场的商业规划和商业开发。

## 10.2.2 机场营销的特征

机场营销除了具有服务营销的一般特征(以人为核心,注重服务产品的有形展示和强调服务的传递过程),还具有以下典型特征。

### 1. 两类产品

机场产品分为航空产品和非航空产品。航空产品与非航空产品伴生,只要有航空产品就必然有非航空产品(资源)。两类产品在营销过程中的协调性表现得尤为突出。虽然两类产品的营销对象、渠道、方法等有很大的差异,但其目的是一致的,且具有很强的互动性。因此,两类产品的营销必须置于机场的统一战略之下,在两类产品中适当地分配营销资源,使两类产品的营销齐头并进,才能为机场赢得更大的收益。

### 2. 双重顾客

顾客有狭义和广义之分。狭义的顾客是指产品和服务的最终使用者或接受者。广义的顾客要结合过程模型来理解,任何一个过程输出的接受者都是顾客。对于机场来说,顾客不仅包括旅客(航空消费者),还有航空公司及货主、驻场商业单位等。

就航空业务而言,直接客户是航空公司,间接客户是旅客和货主。机场对旅客、货主的航空服务收费也来源于航空公司。航空公司虽然是机场的直接客户,但从航空运输业产业链来看,航空公司和机场联合为旅客和货主提供航空运输服务,并获得经营收益。

非航空业务的直接客户是相关资源的承租人或受让人,即向机场购买客、货流资源或土地资源而从事经营的企业或个人,他们多数是该行业(如商业零售、广告、酒店等)的专业经营者;间接客户则是机场的零售、广告、酒店的消费者。非航空业务收入包括租金收入和特许经营收入。租金收入主要来源于出租宾馆、餐饮店、零售店等的场地给航空公司、地面代理公司或间接客户;特许经营收入主要是各种服务提供商为了能在机场提供服务而上交的费用。能产生特许经营收入的商业活动或服务大体包括免税商店、完税商店、餐饮设施、其他旅客服务和休闲娱乐设施、停车场和广告等。机场除了特许经营模式,还存在其他经营方式,如对一部分零售直接负责并具有控制权。机场参与的商业活动主要集中在零售方面,当然也包括餐饮和停车场经营。

3. 间接效果

间接客户的消费决定了直接客户的存在,直接客户决定了机场的存在,这使得机场营销既要重视直接效果,又要重视间接效果。机场应以为直接客户创造市场为目标,为机场汇聚更大的人气,为各航空公司及商家汇聚更大的客、货源,使之获得更大的收益,要善于从直接客户的收益上看到机场营销的结果。

来自民航资源网的最新数据显示,机场比较重视对航空公司和政府的营销,有95%的机场将航空公司列为营销对象,有79%的机场能够主动地向政府寻求支持;但机场对旅客和货主的营销较为薄弱,仅有63%和47%的机场分别将旅客和货主列为营销对象,机场还未深刻认识到间接客户对机场发展的真实价值。旅客和货主虽然是机场主业的间接客户,但其实是机场收入的最终来源。从机场营销的本质来看,旅客和货主才是机场的"真实客户"。目前,大部分机场对旅客、货主等真实客户需求的挖掘和把握还有待加强,如对此进行全面挖掘,将成为机场营销的一个巨大市场。

由于机场产品的多元性、营销对象的多维性及营销效果的间接性等特征,使得对机场营销的认识比其他行业产品营销要复杂和困难。

## 10.2.3 机场营销的目的

1. 推进机场经营观念的变革

机场营销的首要目的是使机场由生产观念转变到营销观念上来。要改变"做航空市场是航空公司的事"的狭隘观念,使机场参与到航空市场开拓中,掀起"全员大营销"的经营热潮。目前我国的一些机场还停留在生产观念阶段,认为机场的职责就是抓好安全和服务,顶多设法降低成本以提高效益。现代营销观念要求机场以顾客为中心,一切生产经营活动要满足顾客需求,通过与顾客建立长期的互惠关系而获得更多的企业利益。社会的营销观念更要求除了满足顾客的需要,还要符合或增进社会利益,如追求环保,以及为社会公益事业尽责等。例如,机场的安全工作就不能简单地理解为单纯生产过程的责任,而是为了满足顾客的需要及尽到社会责任。

2. 维护并提高机场形象

机场营销的过程就是与顾客沟通、与市场互动的过程。通过沟通,更多地了解市场需求,接受顾客的意见反馈,然后根据相关信息调整和改进产品(服务),为顾客创造更大的价值,以期达到使机场的形象和声誉这一重要的无形资产获得增值的目的。

3. 创造和赢得更多的客户

除了自然拥有的顾客,机场在竞争中还有很多流失的顾客,有的或许为其他机场所分流,有的可能选择了其他的交通运输方式。也许正是这些顾客的流失,使机场失去了更快的发展机会,也影响了机场在更广阔的市场区域建立更好的地位。开展营销活动就是为了建立及提高客户对机场的认识和兴趣,使客户乐于使用机场产品。例如,航空营销推介可以使机场加强与各航空公司和政府及旅游部门之间的沟通、交流,通过介绍机场的航空资源、航空市场及未来机场发展规划等情况,使航空公司增加投放某航线的运力;通过灵活运用价格策略,为旅客、货主提供增值服务,使更多的人选择航空运输作为出行或运输的方式,并愿意选择某个机场为进出港或中转机场。机场营销最重要的目的就是激发客户需求,创造新的市场。

4. 提高机场的经济和社会效益

机场要想持续发展,就要有良好的盈利能力。从机场的效益分析中可以看到,在机场的一个投资周期内,客货增长所带来的成本变化的幅度很小,增长所带来的收益大部分将转换成利润,因此机场营销的效益是直接而显著的。营销能给机场带来额外的市场,也就能带来高于行业平均水平的收益。机场的非航空产品同样如此,资源可能因缺乏营销而无法产生收益,于是只能获得低于其他拥有等量资源的机场的收益。可以说,机场营销的最终目的就是提高机场的竞争力,使机场获得良性发展。

## 10.3 机场营销的对象和内容

机场面临的是一个特殊的服务市场,服务的对象是多元化的,具体包括航空公司、客运旅客、货主、潜在顾客等。根据服务对象的不同,机场营销的内容可分为以下几类。

1. 对航空公司的营销

航空公司是机场的最大客户,机场和航空公司之间是服务与被服务的关系,同时又有紧密的协作关系。一方面,机场需要航空公司的飞机起降,因为旅客吞吐量是机场一切收入的根本,离开航空公司,机场将失去生存和发展的依托;另一方面,只有机场设施完备,才能使航空公司最终实现产品的完整生产。因此,机场要为航空公司提供技术、安全保障,如空管、通信、导航、气象、保安、消防等服务,以及商务服务保障,如客货运地面服务、飞机加油、机务维修及国际机场提供联检等。

机场对航空公司营销的主要内容包括市场推荐和机场推荐。市场推荐是机场实

现营销目标的基础性工作。航空公司是否愿意开辟航线或增加航班取决于市场情况及其经营成本。除基地公司外,航空公司对机场所在区域的市场熟悉程度通常要低于机场,因此机场提供可信度高的市场推荐报告,往往能成为航空公司决定开辟这一市场的重要依据。在向航空公司推荐市场的同时,也应做好机场的自我推荐。机场推荐主要包括基础设施保障、安全服务保障、配套能力保障,以及收费的条件和依据等。另外,机场还应与航空公司建立联络机制,保持双方的密切联系,以推动营销进程。

2. 对客运旅客、旅行社、货主、货运代理公司等的营销

机场要为广大乘机旅客提供周到、方便的办理手续、托运、候机及登机服务;为航空货运客户提供及时、便利的发货、收货和仓储服务。旅客和旅行社、货主和货代公司是机场的间接客户,从表面上看,航空公司的营销将更加直接和有力,但航空公司的营销表现在与同航线上其他航空公司之间的竞争,而机场营销则要配合各航空公司的营销,保证各航空公司都能吸引到客户,这样一来可以更加有效地推动航空公司的业务增长。

机场对这部分客户营销的主要内容有:介绍客户航空公司所能提供的服务情况,如航线布局、航班时刻、各航空公司的服务情况及特点等;机场提供服务的情况,如机场设施与候机服务、办理乘机手续服务、安全检查服务、航班延误时的服务和到达服务等常规服务及机场特色服务的宣传;配套服务的能力,如多式联运、宾馆、餐饮、购物、商务活动的保障能力、服务水平及价格等;针对旅行社,可以提供旅游产品设计的参考方案。

3. 对潜在顾客的营销

机场不仅要为航空公司、旅客和货主提供服务,还要重视范围更广的潜在顾客,包括机场和航空公司的雇员、访问者、接送客者、附近社区的居民及当地工商企业等,机场应尽量提供最大的、最有效的空间和最优质的服务,以满足所有顾客的需要。

对潜在顾客的营销内容包括:及时并持续地宣传和介绍机场建设和发展的情况,通报及说明环境污染等方面的敏感问题,共享机场成果(道路、水电),并向周边社区提供就业和事业发展机会;营销机场可供开发的资源及其有利条件,机场可提供服务的项目、条件及价格。

机场的营销对象非常多元化,用户指使用机场设备和设施的客户,包括航空公司、地面保障服务公司、驻场商业单位、航油和机务维修公司、食品公司、市场等;消费者指在机场有消费行为的个人,包括旅客及接送旅客的人、商业区顾客、驻场单位工作人员等。

## 10.4 机场营销策略

### 10.4.1 机场产品策略

机场产品策略是机场营销策略的第一要素,也是品牌价值提升策略之一。机场应完善现有地面服务产品,实现优质服务。

1. 针对航空公司的产品策略

1) 满足航空公司的需求

在基础设施的规划布局、流程设计、设施的配备和服务的持续改进等方面,机场都应当充分考虑航空公司的需求。机场正在使用当代先进技术来提高运营效率。如果建立通用设施,如登机桥、出发门、行李设施和新的自助式传真设备等,则可以减少航空公司的资本成本,以及提高机场的效率。为适应未来的发展,机场应加快建设步伐,全面提高机场客货容量,改善必要的设施和设备,如增加停机位等。机场应努力完善服务设施,健全服务功能,提高服务品质,为航空公司提供高标准的保障力。

针对不同航空公司的不同需求,可以提供差异化服务,以提高机场地面保障服务的吸引力。目前,大多数航空公司都希望机场能够提供与众不同的特色服务,如特殊的低成本航站楼或专用停机位。应加紧完善机场附属的相关商业服务设施(住宿、餐饮、休闲、交通等),为基地航空公司推出特殊服务及优惠政策,针对潜在的基地航空公司进行宣传,促进新基地航空公司的引进。

2) 创建服务品牌

机场可以针对航空地面保障服务,至少做强某一项优势服务,创建服务品牌。品牌服务是航空公司用以鉴别机场服务质量和可靠性的一个方面,它包括保持良好的安全和服务记录,不断改进服务,更好地满足用户的需求,创造有特色的服务产品,形成机场独特的优势等。我国机场目前各方面服务都抓,但缺乏一个优势服务产品,缺少品牌影响。因而,将机场优势地面服务品牌化,如转场时间优势,不仅是服务展示的一种形式,也是服务营销宣传的有利因素。

3) 完善航线网络

空空中转是否便捷,取决于航空公司之间的班次、航线安排得是否合理。因而,机场可以通过加强国内航空与国际航空的合作,推动国内低成本航空公司或民营航空公司与国际低成本航空公司进行联盟化合作或实现代码共享,进一步完善中转航线网络,提高机场的联通性。

2. 针对旅客的产品策略

1) 满足旅客的需求

根据对旅客的市场调查,可以发现旅客对机场服务的满意度尚可,但仍存在部分旅客抱怨的服务,如周边交通不便、航班延误后续处理等。因此,机场首先应该优化

周边交通情况,提高不正常航班的处理能力。此外,还要提升各方面的服务水平,不断完善服务生产与提供系统,最大限度地使旅客感到安全、舒适和便利,使服务趋于完善。

针对不同旅客,可以提供特别服务、贴心服务,即旅客差异化服务。机场中一些重要旅客、无人陪伴儿童、病残旅客、孕妇、婴儿及受承运限制的旅客都需要受到特殊照顾,机场在这方面应提供长期有效的举措和便利服务。而商务旅客、旅游旅客也有不同的需求,如商务旅客对机场商务中心、通信设施都有很高要求,而旅游旅客对机场所在城市旅游景点介绍、酒店联系等也有需求,机场应重视这些需求,为其提供良好的服务。对中转旅客,机场首先要做好航班衔接,尽量缩短中转时间。针对不同时段和不同的中转时间,机场可以推出相应的服务套餐来满足旅客的需要。

2)打造服务品牌

机场应为旅客提供体贴入微的精品服务,促进机场服务水平提升,并致力于为旅客服务增加价值,即提供附加增值服务。机场可以通过一些细节新颖的服务,使旅客感到轻松,在服务过程中处处体现真诚与温暖。例如,在柜台上放置免费糖果。这种增值方法成本很低,却可赢得旅客的赞赏,为旅客创造愉快的机场体验,提高机场口碑。

机场在航季高峰或当地节假日及重要活动期间,要善于运用各种资源创造具有独特风格或色彩的机场环境,同时为顾客提供更为满意的服务,形成良好的品牌效应。在做好基本服务的基础上,如果能优化机场环境的布置,并在候机楼内开展演出、展览、互动式活动或抽奖等,则能强化旅客对机场品牌的认知,起到营销的效果。

3)推出常旅客计划

随着机场周边竞争日益激烈,为了防止旅客分流,机场应推出常旅客计划,留住旅客。例如,与航空公司,特别是基地航空公司合作,联合为机场常旅客提供一些升舱、里程优惠等增值服务;将常旅客计划与电子机场等信息技术结合在一起,通过手机短信、网页等方式,为会员提供航班延误通知、最后召集通知、楼内电子娱乐、免费无线上网等服务;还可以与航站楼内的经营商户结盟,为会员在航站楼内消费争取一定的折扣等。

3. 产品质量提升

机场应不断拓展服务功能的配套项目,更广泛地满足客户的需求。例如,设立飞机维修基地,提高机务保障能力;设立商务中心,为商务旅客提供更便捷的业务工作条件。机场保障能力是航空公司在开辟中、远程航线时评估机场条件的重要指标之一。航空器的故障在所难免,故障处理的及时程度不仅影响公司的形象和声誉,还将直接影响飞机的调配和飞行小时的利用,间接损失将远远高于直接损失。因此,机场可提供的(并非机场公司本身)机务保障能力的高低就构成机场产品质量的重要体现。其他商务配套,也是完善枢纽机场功能的必要项目,如宾馆、商务会议中心、购物中心等。这些功能的设立可以使商务旅客避免往来于市区的拥塞和奔波,为国际间的商务活动创造更为便捷的条件。

机场产品的质量问题多集中在航班延误服务方面。机场应与航空公司合作,减轻不正常航班对旅客的负面影响。目前,我国机场在出现航班延误时,服务人员权责不明,互相推诿。因此,首先,机场在代理航空公司此项服务时,应签订"不正常航班服务协议",明确责、权、利和相关条款,这样才能切实、有效地处理航班延误。其次,机场与航空公司应明确履行告知旅客义务责任方,尽量避免出现不通知旅客,导致旅客到达机场发现航班延误,带着负面情绪的情形。机场应制定航班延误工作方案,细化岗位操作流程,确保航班延误后,保障运作体制启动顺畅,相关部门各司其职,保障有序。最后,要保证信息传递通畅。指挥部门和生产部门应及时将反馈的信息处理后传递给一线服务部门及相关保障部门,使一线员工及时得到延误信息,准确回复旅客。在出现航班延误后,尤其是无法得到航班延误的准确信息时,长时间的等待容易使旅客情绪焦躁。这时应选派业务好、有亲和力的工作人员面对旅客,为旅客提供信息和帮助,并提供免费茶水、报刊、座椅等,给予老弱病残旅客特殊关照,分散旅客注意力。这些服务成本不高,又凸显以人为本的服务理念,可避免旅客长时间压抑情绪的大规模爆发。

另外,行李问题也是目前世界民航服务面临的关键问题之一。纵观世界各国航空公司与机场服务案例,旅客行李丢失已不是某一个国家、某一个公司或某一个机场的独立问题,而是一个行业发展难题。事实上,无论从哪个角度,都不可能避免员工的偷盗现象,而这也恰好是行李丢失问题中最难解决的。行李的丢失与损坏问题,从法律的角度看,责任一般归结为航空公司,因为旅客只与航空公司发生服务与契约关系,而机场只是航空公司的服务代理人。但是,机场人员的职业道德水平低和机场管理措施不完善,是造成偷盗案发生的主要原因。所以,机场方面应加强监管,不能因为最终责任不在机场方就疏于管理,要避免机场行李员监守自盗的现象;此外,还要加强对乘客的宣传和引导,使其对行李托运的规则和托运物品的范围有明确的了解;还可以引入信息化管理或高新技术如 RFID 等。机场应重视行李问题,加强与航空公司的合作与沟通,切实改善旅客行李丢失与损坏问题,提高机场的服务质量。

### 10.4.2 机场价格策略

价格是市场营销中最重要、最敏感的因素之一。机场的局部有限垄断特征使价格的影响不像完全竞争性企业表现得那么明显,但随着机场竞争的加剧,价格因素也日显重要。机场在确定价格策略时应考虑的影响因素包括:营运目标、估计成本、消费反应、同行水平、需求供应、供货渠道、政府政策及通货膨胀等。

1. 针对航空公司的价格策略

1)提供航线优惠政策

为了鼓励航空公司开辟新的航线或增加航班,机场采取收费价格折扣、减免相关费用或对航空公司进行适当的财务补贴的价格策略。

机场可以在航线开辟初期给予一定的价格折扣,吸引、支持或与航空公司联手进行新市场开拓或新航线的培养。开拓新的市场一般都有一个投入的过程,这一过程所付出的代价若全部由航空公司承担,则航空公司可能缺乏信心以致放弃这一计划;况且,机场对所在区域及其腹地的市场情况往往比航空公司特别是非基地公司要熟悉,对市场风险的把握也比航空公司要准确。因此,机场可以在价格上表现出更大的弹性,甚至共同承担市场风险,以增强航空公司开辟航线的信心。

为鼓励航空公司多飞航班,机场对具有发展潜力或与本机场提升竞争力关联度较高的航线实行鼓励性价格政策。如果航空公司按与机场共同约定的时间增加一定数量的航班,机场即给予相应的优惠价格,以鼓励航空公司的发展。

2) 建立浮动收费价格体系

机场设施和人员的配备往往是根据高峰期的需求确定的。航班的不均衡及航线结构的不合理,使得设施和工作人员在高峰期不足而在低谷期大量闲置。为了充分有效或更为均衡地利用机场设施和设备,同时减少为短暂高峰期而配备的人员成本,机场应根据不同季节、时段、航线采取不同的收费标准,将闲置消耗的成本转化为利益让给客户,鼓励增加低谷期的航班,谋求机场与航空公司的双赢。例如,在旅游旺季适当上浮收费标准,而在旅游淡季则有意识地下调价格;为鼓励"红眼航班"使用机场,可提供比白天更为便宜的收费标准等。这样可以缩小峰谷之间的差距,提高设施、设备及人员的使用效率,降低投资及运行成本,使机场与航空公司共同获益。通过建立随市场规律变化的价格体系,可以较好地发挥机场服务潜能,创造更好的经济效益。

3) 按服务要求定价

机场应根据不同服务对象,建立不同服务标准的收费价格体系。第一,要大力发展基地航空公司与机场的协作关系,采取基地航空公司和非基地航空公司不同的收费价格体系,为基地航空公司提供质优价廉的收费服务标准,稳定基地航空公司规模。第二,针对低成本航空公司,可以考虑让其使用特殊的地面服务以降低成本,也可以给予一定的价格优惠,特别是一些二线机场,应充分利用设施相对简约、服务项目及成本易于适应低成本航空公司需求的特点,以价格优势吸引低成本航空公司设立枢纽或基地。第三,大型枢纽机场可建设专用候机楼,按与服务传统航空公司不同的设施及项目定价,以低价格满足低成本航空公司的需要。第四,可以根据不同航空公司提出的竞争性地面保障服务水平进行个别定价。

2. 针对旅客的价格策略

1) 兼顾消费者不同层次的需求

机场的物价水平要考虑多样化的消费者需求,提供多种服务和不同的价格,让不同消费层次的顾客在机场都可以找到符合自己购买力的商品。在餐饮方面,除了特色餐饮,机场还应引进商场连锁的平价餐饮,可供选择多,价格也优惠,不仅能够吸引旅客,还能够吸引周边居民。消费者喜欢有选择的购物环境,机场可以引进差价不大的不同品牌或不同种类的商品,给顾客更多的选择机会,并进行明码标价。

2）提供优惠服务

在机场为旅客提供专项免费或低收费服务,如为中转旅客提供专用休息厅及相关娱乐休闲设施和条件,为航空公司或机场的常旅客提供特殊的通道等,使旅客在机场获得更好的效用上与心理上的利益体验。

3）降低商家成本

要从根源上解决商业价格过高,无人光顾的现象。机场可以考虑降低餐饮商户厨房部分的基本租金、候机楼的综合管理费和用水用电价格,或者有针对性地降低某些经营效益好的商家租金。虽然这样会减少机场的收入,但是可以提高商家的积极性,发展商业,从而吸引旅客来弥补这部分损失。

### 10.4.3　机场渠道策略

机场渠道策略主要是为机场目标顾客提供优质的服务或沟通渠道。机场应建立营销渠道管理系统,从信息、人员、管理等方面完善机场营销渠道。应注意两个方面:第一,提高员工和客户的问题及效果反馈效率;第二,保持与各航空公司、政府、旅客、货主、民航代理人、旅行社等相关渠道组织和个人的沟通。例如,机场应主动向航空公司通报当地航空、旅游市场的发展概况和存在的问题,及时了解航空公司的动态,并根据各个时期的特点和不同航空公司的需要,利用自己接近市场的优势,有针对性地收集信息,提出航空公司自身市场发展建议和营运建议。机场可以发挥主导作用,由旅行社和航空公司配合,共同设计旅游产品和会展产品,注重国内营销,提高吸引力。

### 10.4.4　机场促销策略

机场促销的目的就是在短期内吸引机场消费者的注意,提高机场客流量和货流量,增加机场效益。机场需要结合航空公司、旅客、货主等机场客户需求和客户满意度情况,制定相应的促销方案。

机场针对航空公司的促销方案主要包括:吸引航空公司与机场联合进行新市场的开拓或新航线的培养;为鼓励航空公司多飞航班,机场对一些具有特色或有利于机场发展的航线实行鼓励性价格政策;选择合作航空公司推出部分优先服务,降低租金,减免其他费用;根据航空公司的不同服务需求,采取不同的收费标准以提高吸引力等。

机场针对旅客、货主的促销方案主要包括:机场引进两家以上的基地航空公司,通过提高承运商的竞争度,为旅客、货主提供更低成本的服务;定期免费发放和邮寄介绍机场商品和价格的手册;有选择性地发放商品优惠券、购物券、礼品券等,以刺激销售,同时还要考虑到促销成本。

**本章小结**

机场产品可以分为航空产品和非航空产品。航空产品满足承运人的航空器起降、停场服务及其旅客、货物的过港需要,是与机场设施相关联的各种航空运输服务。非航空产品中的初级产品是机场非航空业务派生的直接产品,具体是指具有开发利用价值的资源。

机场营销是机场经营者以市场为导向,采取系统的生产经营行为,为客户提供满足其需要的产品(机场服务及机场资源),从而实现机场利益目标的过程。根据机场产品的特点,机场营销可以分为航空业务营销和非航空业务营销。机场的航空业务营销又分为航线营销和航班营销。

机场营销除了具有服务营销的一般特征(以人为核心,注重服务产品的有形展示和强调服务的传递过程),还具有两类产品、双重顾客、间接效果的典型特征。

机场营销的对象包括航空公司、客运旅客、旅行社、货主、货运代理公司和潜在顾客。机场营销策略主要有机场产品策略、机场价格策略、机场渠道策略、机场促销策略。

**自我检测**

(1) 什么是机场航空产品和机场非航空产品?
(2) 机场产品的基本特征是什么?
(3) 什么是机场营销?其特征有哪些?
(4) 什么是航线营销和航班营销?
(5) 机场营销的对象和内容是什么?
(6) 机场主要有哪些营销策略?

# 第 11 章
# 机场特许经营

**知识目标**

（1）了解机场的专业化管理。
（2）掌握机场特许经营的含义和模式。
（3）理解机场扩大特许经营收入的途径。

**能力目标**

了解我国机场特许经营存在的问题。

## 11.1 机场特许经营概述

### 11.1.1 机场的专业化管理

社会经济技术发展推动社会生产的专业化分工协作，这同样表现在机场业内。民航消费需求的增长及行业内外竞争的加剧，对机场各项服务的质量要求越来越高，成本要求则越来越低。这必然要求各机场或相关服务企业（机构）按照比较优势的原则，选择发展最具优势的那方面业务，做到"术业有专攻"，以保持竞争中的优势地位。

机场的生产链条很长，涉及的专业很多。服务上涉及机场运行管理、航空地勤服务、机场安全、消防及应急救援、航空商务、商业零售、物业管理、餐饮、娱乐、酒店、地面运输等专业，工程上涉及航空机务、土建、机电、园林、园艺等。任何一个机场要靠自己的力量承担所有的业务操作都是困难的，而且十分不经济。国外在相对完善的市场经济环境下，绝大多数机场或多或少地依靠专业化协作的力量，采取业务外包的方式来保障机场优质、高效及低成本运行。

国外的机场专业化服务已进入成熟的发展阶段。机场的多数业务都实行特许经营权的转让或外包，如候机楼内的业务及候机楼的管理，通常由互不隶属的地勤公司、保安护卫公司、机电维修公司、保洁公司、园林园艺公司等承担各种不同的管理业务，以及经营大量的商业零售、餐饮、娱乐业务，机场经营者只负责签订协议和监督协议的执行。在航空业务方面，国际上越来越多的机场也以特许经营的方式交由专业地勤公司来负责。2013年,全球航空业辅助服务收入达到426亿美元。全球航空业辅助服务项目大部分为专业的地面服务商所承担(其余为航空公司自营或机场承担)。外包给专业公司不仅能提高质量,而且能节约10%~20%的成本。因此,专业化经营是必然的。专业化经营推动了资源的优化配置及核心竞争力的形成。此外,这些专业地勤公司都有很强大的业务网络,有助于所在机场引进航空公司开辟新的航线。

### 11.1.2 机场特许经营的含义及国外机场特许经营的现状

#### 1. 特许经营和特许专营

特许经营是指经营权所有者以合同约定的形式,允许被特许经营者有偿使用其名称、标志、专有技术、产品及管理等方面的经验,从事经营活动的商业经营模式。也可以把特许经营定义为一个商业机会,即经营权所有者有机会获得成长,形成连锁经营而无须投入大量资本,被特许经营者则可得到一种行之有效的手段来经营业务。其中,赋予他人权利的个人或企业称为特许人(Franchisor),被赋予经营权并根据一定的方法生产或销售产品或服务的个人或企业称为受许人(Franchisee)。特许经营的核心是特许权的转让,它是将无形资产完全用有形资产体现出来的一种方式,推出的是一个活生生的样板店,而这种样板店经实践证明都可盈利。在特许经营中,投资者购买的不仅仅是准入经营权,更是成功的经营模式。

特许专营是指专营权拥有者把自己所拥有的具有垄断性超额利润的场地、物业、经营项目等资源,以合同的形式授予使用者,使用者在合同规定的时间内,在特许的场地、物业、经营项目中经营自己的产品,并向专营权拥有者支付相应的费用。概括地说,特许专营是使用者按专营权拥有者的要求,在特许的范围内经营规定的业务,其核心是使用权的准入。在特许专营中,投资者获得的是准入经营权,而不是成功的经营模式,但这种准入经营权又与一般意义上的经营权不一样,它包含着特许权拥有者无形资产的影响力。

机场特许经营是指政府授予机场经营管理权后,机场通过招标或其他方式将机场具有经营权的某些资源或项目转让给其他企业经营,并收取一定的特许经营费用。

在机场的业务中,既有特许经营,也有特许专营。这两种方式在机场的非航空业务和航空业务中所占比重不同:对于非航空业务来说,既涉及特许经营,也涉及特许专营;而对于航空业务来说,则主要是特许专营,几乎没有特许经营。

#### 2. 机场特许经营权的资源基础

机场资源是机场特许经营权的基础。机场资源是指机场通过资本投资形式建设、经营形成的航空运输保障服务资源体系,主要包括机场的基础设施资源、信息服务资源、服务环境资源,以及由上述资源派生出来的商业市场资源。这些资源是机场所特有的资源。

机场资源有其特殊性,主要表现在以下几方面。

(1) 机场资源是一种资源体系。只有通过有机结合和整体联动运行,才能发挥资源效应,也只有机场才具备统一调配和使用机场资源的能力。

(2) 机场资源具有特殊的资源地位,在相当长一段时期内,在一定区域的地区市场内,机场资源是唯一或有限的。

(3) 机场资源与运力资源一样具有创造航空运输市场价值的盈利性。

开发航空客货运输市场的必备条件如下:必须有承运人为航空客货运输市场提供运力资源,必须有机场为航空客货运输行为提供最基本的服务保障平台资源,两者缺一不可。两种资源共同作用,才能产生航空市场效益。

机场资源能促进航空市场健康发展和繁荣,并且具有可再生的特性。通过完善与丰富机场资源,可以创造更好的航空运输服务环境,推动航空市场进一步发展和繁荣。

3. 国外机场特许经营的现状

1) 机场特许经营运作是机场业发展的必然趋势

近年来,国外一些先进机场的盈利能力增强,其非航空业务发展迅猛,非航空业务收入占比高达60%以上,美国的一些机场甚至达到90%。同时,国外机场不断积极探索管理模式和运营模式,使特许经营在国外机场运营中得到广泛的应用,成为机场收入的重要来源。机场特许经营不仅被应用于非航空业务,还以专营权的方式渗入机场的部分航空业务。

例如,新加坡的樟宜机场就是通过转让特许经营权来获取收入的。BAA 则从另一个方面提供了一个特许经营权的例子。从发挥公司特长出发,BAA 通过向世界其他国家机场购买特许经营权来管理和经营如澳大利亚、意大利等国家的机场。由此可见,机场特许经营运作是机场业发展的必然趋势。

2) 特许经营是机场的一项重要收入来源

国外机场特许经营作为一项重要的收入来源,在机场总收入中占据较大的比例。以新加坡樟宜机场为例,有大大小小 360 家零售店,以及 140 家餐饮店,24 小时开放影院、植物园、露天泳池等。据数据显示,2016 年新加坡樟宜机场非航空业务收入占总营业收入的 60%,而其非航空业务收入主要来源于机场特许经营。

3) 国外机场的经营权分配方式

国外机场的经营权分配方式如下:

(1) 土地使用权完全归机场经营者所有。以樟宜机场为例,由机场经营者筹资,开发建设机场,拥有机场的土地使用权并对机场进行整体规划。各驻场单位,包括航空公司、油料公司、飞机维修公司等则向机场经营者租赁土地,自行建设或租赁房屋,用于满足公司自身的需求。

(2) 机场经营者拥有完整的机场经营权。在新加坡,所有机场经营权全部归机

场经营者所有。机场按照市场法则,或者自己从事相关服务,或者通过转让特许经营权的方式,将相关业务转让给第三方经营。在樟宜机场,航空公司、油料公司、飞机维修公司、候机楼商业和地勤公司分别从事不同的专项经营业务,这些公司均向机场经营者缴纳特许经营费。特许经营费构成机场经营者稳定的、重要的收入来源。值得一提的是,在樟宜机场,即便是由新加坡航空公司控股的主要为新加坡航空公司服务的地勤公司,也必须向机场经营者缴纳特许经营费。

(3) 单项业务,特别是地勤服务业务,必须由两家以上的企业经营。例如,在樟宜机场有两家地勤服务公司,主要从事飞机飞行区服务、客运代理业务、货站经营业务、航空配餐业务。地勤公司必须保证中立地位,从而保证向航空公司提供公平、公正的服务,避免单个股东经营造成垄断的局面。

## 11.2 机场特许经营模式

### 11.2.1 机场特许经营的四种发展模式

一些机场经营者自己也控股公司,从事一些特许经营业务,是特许经营者。它们既可以从事本机场的特许经营业务,也可以将业务扩展至其他的机场。它们在参与本机场特许经营权的竞标时,很容易导致机场特许经营权的垄断。因此,一方面,政府要进行反垄断;另一方面,要进行立法,建设良好的公平竞争环境,强制性地让一项业务必须由两家以上的特许经营商来经营。而机场经营者可以兼并其他的机场,并对各个机场的特许经营业务进行整合,强力打造自身的经营理念,不同的机场可以拥有不同的经营理念。

机场经营者和特许经营商可以运用各种方法来开展特许经营业务,以下介绍四种机场特许经营发展模式。

(1) 机场经营者致力于发展本机场的特许经营,打造本机场的核心理念。

(2) 机场特许经营商。如广告商、停车场商、餐饮商、免税店等,它们在所有的机场竞标特许经营权,在竞标成功的机场实施经营,这样其本身可以发展成为某项或某几项业务的特许经营品牌商及总店。厦门高崎国际机场(简称厦门机场)的免税店经营、曼彻斯特机场的特许经营便是如此。

**案例一**:为了超越厦门机场免税店的辉煌历史,充分发挥厦门机场的免税业务潜力,厦门机场对本机场的特许经营业务进行了竞标,竞标中胜出的中免公司通过友好协商,与厦门机场经营者共同决定发挥各自公司优势所在,采取强强联合、优势互补的方式在免税业务方面进行紧密合作,充分利用机场经营者在航空业务、客源拓展方面的优势和中免公司在免税店运营、管理方面的优势,以特许经营为契机,共同发展厦门机场的免税业务。为此,双方签订了特许经营协议,并由中免公司在厦门当地成立的厦门东免免税品有限公司,于2004年8月17日正式从机场经营者手中接过了厦门机场免税店为期5年的经营权。

**案例二**:在曼彻斯特机场,候机楼内的商店、餐厅、酒吧,以及机场内的酒店、汽车租赁、航空配餐、行李分检公司、货运代理等均是采用招标的方式选定的,但并不是谁报价最高谁就中标,因为投标者的素质、服务水平、商品价格的合理性等因素对机场的形象和利益都有影响。因此,在招标前机场要事先选出服务水准合格的投标人参加竞标,通过竞争选出对机场更有利的投标者,从而获得更大的利润。在租金的收取上,曼彻斯特机场与参与机场商业经营的客户建立了灵活的契约关系:有的按占地面积收取固定租金;有的按销售额的一定比例提成;有的客户的产品则采取试销的方式,只收取少量的保证金;对于少数确实经营有困难的经营者,机场主动给他们提供必要的帮助。

机场严格规定候机楼内所有商品的价格不得高于市区同类商品的价格,以确保机场的商业竞争力;同时,争取更多声誉好的品牌公司进入候机厅,这样不仅能防止商业暴利,也能给机场带来良好的商机。

(3) 机场经营者实施资本运作,对其他机场进行兼并或管理,打造与本机场同样的核心理念,或者按照打造本机场的经验、流程、方法、技巧等,与其他机场的环境、历史等相结合,打造所兼并或管理的机场。

**案例三**:首都机场集团公司正在打造中国机场业的航母编队。

2002年,在民航局和天津市政府的合力下,刚下放到天津市名下的天津滨海国际机场(简称滨海机场)又以"无偿划拨"的形式投入了首都机场集团公司的怀抱;2003年9月,沈阳桃仙国际机场股份有限公司正式挂牌,沈阳桃仙国际机场股份有限公司占61%的股份,首都机场集团公司出资24亿元占35%的股份;2003年11月,刚成立的江西机场集团公司携其下5个机场一起加入首都机场集团,成为该集团的下属子公司;2004年3月,武汉天河国际机场及宜昌、襄樊航管站,顺利与首都机场集团公司完成资产重组,组建湖北机场集团有限公司,并成为首都机场集团公司子公司;2004年4月,首都机场集团公司整体兼并重庆江北国际机场;2004年7月,吉林省民航机场集团公司、贵州省机场集团有限公司正式加入首都机场集团公司;2005年12月,首都机场集团公司托管内蒙古自治区民航机场集团有限责任公司;2006年4月,首都机场集团公司托管黑龙江省机场管理集团公司;2012年3月,贵州省机场集团有限公司重归贵州属地化管理。首都机场集团公司虽然完成了兼并,但是并没有把自己的管理方式融入所兼并的机场。这一点与国外机场管理公司的做法有所不同。

政府将机场经营权出售给私营的机场管理公司已成为国际上通行的机场管理模式。国际机场管理公司正通过收购、兼并及签订管理协议等方式扩大自身的经营规模,有效发挥机场管理的协同效应,从而形成机场管理公司的规模日益扩大、机场之间组成大集团的趋势。这样,既有利于发挥不同机场各自的比较优势,也有利于航空公司的运营,从而吸引机场最重要的客户——航空公司入驻。

**案例四**:英国机场集团目前共经营管理19个机场,其中本国7个机场,外国12个机场。法国巴黎机场管理公司(ADP)、丹麦的哥本哈根机场、荷兰的阿姆斯特丹机场等专业化机场管理机构,均有一定规模的境外机场管理业务。

机场经营者实施委托管理,把与机场相关的业务通过授予专营权的形式转让给其他专业公司进行经营,如中国香港机场就利用这种方法来进行机场的特许经营。

**案例五**:中国香港机场管理局代表中国香港政府行使中国香港机场的所有权,所有到中国香港机场进行经营活动的公司都必须通过机场管理局租赁场地,机场管理局把与机场相关的业务都通过授予专营权的形式转让给其他专业公司进行经营。除航空公司外,目前共有22家专营服务商在中国香港机场提供各种服务,主要包括航空货运、航空油料、飞机维修、航空配餐、海运码头、商用航空中心、航空油料供应加油服务、地勤支援设备维修服务、机场禁区汽油及柴油加油服务、干冰供应服务、氮气供应服务、停机坪飞机服务等。

(4)机场经营者投资或直辖的机场特许经营商,竞标本机场经营者所管理或兼并的各个机场的特许经营权,以及竞标与本机场经营者无任何关系的其他机场的特许经营权,如新加坡航空有限公司的地面服务公司。

**案例六**:新加坡机场经营者把机场的所有地面服务业务的经营权交给了两家公司:新加坡机场终站服务有限公司和樟宜机场地勤服务私人有限公司。两家公司几乎经营同样的业务,在机场内形成良好的竞争局面,提供的服务必须达到标准,否则就可能失去专营权。如此一来,机场经营者面对的只是这两家公司,只要管理好这两家公司就可以了,可以用大部分的精力去策划机场的整体形象和发展策略。

## 11.2.2 机场扩大特许经营收入的途径

机场要获得更多的特许经营收入,就要尽可能使其营业额最大化。这主要取决于以下因素,以及机场经营者对这些因素的影响程度。

### 1. 旅客的数量与构成

为获得更多的特许经营收入,机场运营者必须将目标锁定在其潜在的客户群,将他们潜在的消费变为实际的购买行为。除了旅客,机场雇员、当地居民也都是消费群体。因为机场的特许经营收入主要与特许经营人的总营业额有关,所以旅客的数量、构成都是特许经营收入的影响因素。

旅客吞吐量对特许经营收入影响较大,它影响到商店和设施设立的规模及经营特色。一般来说,在旅客吞吐量大的机场,可开展的非航空性服务项目也相应较多。

如果旅客吞吐量比较小,那么只要满足旅客的基本要求即可,开展一些旅行所必需的经营项目,如书报商店、公用电话、汽车出租柜台、日常酒吧、饭店等。当机场旅客流量增加,但增幅不大时,可引入少量基本的特许经营,如高质量的饭店、古董商店、比较贵重的物品及时尚的商品商店。另一方面,旅客的构成,即国际旅客与国内旅客的比重,在很大程度上影响着经营项目的选择。例如,对于国际旅客,就要为他们提供免税商店,这也是特许经营收入的一个主要来源。一般而言,国际旅客的消费能力比国内旅客强一些,沿海城市旅客的消费能力比内地城市旅客强一些,这也和机场国际、国内航线的安排及城市特点有着不可分割的关系。

例如,在希思罗机场,针对在机场消费最多的平均年龄在43岁左右的日本回国女性,BAA专门开设了以日本女性为对象的购物中心,在机场内设置了"在机场购物比在市内购物更方便"的广告,并专门招聘了懂日语的职员,表现出对日本旅客特别的期待,结果只占全体乘客总数2%的日本旅客的消费量却占到了全体旅客消费量的10%。最后,国际旅客带来更多的访亲送友的人,这无疑会对餐饮的收入和商店的销售带来积极的影响。

在大机场,国际旅客占很高比例,所以特许经营收入也相当高。对于小机场,特别是从事包机业务的机场,旅客也来自不同的国家。所以,无论机场大小,只要有国际旅客,他们国籍不同,消费模式就不同。不论是从每个人的消费量还是对产品种类的选择来说,都大不一样。不同国籍的人购买模式不同,主要受货币汇率、税率、社会、宗教习惯、风土人情等因素的影响。

另外,机场交通量高峰程度也是很重要的一个影响因素。当在特定时间或季节里旅客吞吐量太高时,候机楼拥挤,非但不能增加收入,反而致使旅客减少消费。还有一点很重要,就是在机场停留的时间越长,越有机会消费,如国际旅客就比国内旅客在候机楼停留的时间长;而包机旅客到得早,可以少占柜台,不用排队,自然停留时间很短。对于中转旅客,在过渡区等待时,为了解除等待的烦闷,可能就会购物。但有些机场,如美国的中心枢纽机场,将其航班有机连接组织,尽量减少转机时间,这样旅客停留的时间就很短。旅途的长短也很重要,停留两三天的旅客肯定比停留两个星期的旅客花费少。

旅客分为公务旅客和休闲旅客。公务旅客具有较高的购买力,但实际上他们在商店里的消费比休闲旅客少得多。因为他们花在机场的时间少,来去匆匆,但他们却是银行、宾馆和汽车出租公司的常客。

因此,旅客吞吐量的特征直接影响特许经营收入。机场应根据需要和可能,配合航空公司的市场调查,认真研究通过旅客意见征询卡得到的旅客资料,了解旅客旅行的目的、旅行性质等,分析其消费倾向、消费需求,以确定实施相应的策略,在满足旅客需要的同时,有针对性地开展商业活动。

## 2. 机场商业设施的面积和位置

### 1）面积

可用于租赁的面积直接影响租赁、特许经营的收入,而特许经营、出租的空间大小又直接受机场经营者控制。航站楼以外的土地被租用来修建维修设施、宾馆、办公用房、仓库,工厂要经规划才可以修建,而且其高度和位置也受机场跑道、净空限制,因此土地使用要有规划。在一些国家,有法律限制机场土地的使用,只允许开展与机场相关的活动。就候机楼来说,机场经营者也限制可租赁的空间大小和构成。通过仔细规划,才可能增加租赁面积。机场要权衡利弊,既要使旅客流程便捷、高速,又要确保为旅客提供广泛的购物机会。

### 2）位置和布局

首先,商店的位置要和旅客流程相适应,遵循不影响进出港旅客流程的原则。旅客在办完值机手续进入隔离区时,迎送人员在非隔离区通往隔离区迎送客人时,以及旅客在隔离区候机时,通常会有消费的潜在欲望;并且在隔离区候机时,旅客的消费需求层次更高、更多样化,选择性更强、更灵活。所以,进行商业销售的最佳位置是非隔离区中旅客必经之路的两侧及隔离区旅客候机大厅,最好是在值机柜台或非隔离区通往隔离区的通道附近和候机大厅登机口的周围。如此一来,旅客既能看见登机门,又可以放心购物。

其实,商业面积设置比重与商业收入没有直接的正比关系,并不是商业面积越大,商业收入的增长比例也越大,有时面积过大反而影响机场的配套服务功能。举例来说,前些年白云机场候机楼内商业网点星罗棋布,看起来似乎面积大了很多,但收入并未达到预期的增长。突出的问题是整体规划不合理,影响了旅客流程。因此,机场投资近7000万元,对商业网点的布置进行精心的设计,增加了旅客的活动场地,减少了商业面积,但商业收入却没有减少。

其次,要注意为旅客提供的商店或服务在楼层上的安排。由于空间的限制,有些机场把商业区单独放在一层或单独搞一个商业楼,或者把商业网点聚集在一个和旅客进出港流程相对隔离的区域,旅客不能在其离港的过程中直接经过,需要上下楼才能到商店。如果只有楼梯而没有电梯,旅客会没有去商店的意愿。据法兰克福机场调查,如果旅客需要上下一层楼进行购物,则会减少40%的营业额。

最后,要注意陆侧、空侧可用面积的分配。这一般在设计时就决定了。在使用内部空间时,机场管理者可以自由选择。空侧:在海关之前,最大的商业机会就是免税店,但很少机场有到港的免税店。陆侧:在海关之后,在此区域,银行、汽车出租、酒店、毛衣店、书店、餐馆非常普遍,现在更广泛的是零售。另外,机场广告可以大大增加机场的收入。机场是旅行者的家园,有排长队等待办理登机手续的旅客,有等着上飞机的旅客或等待取行李的旅客,所有这些人都是广告信息的首选目标。改进广告业务,可以刺激机场零售收入和招商费,这也是增加机场收入的重要来源之一;而且广告占地少,墙上张贴的广告和天花板上悬吊的广告占用的地方都很小。

总之,商业区面积和位置会影响特许经营收入。为增加特许经营收入,应改进旅客流程,减少办理手续的时间,让旅客尽可能穿越商业区并使其停留,在陆侧和登机门附近设立两个购物中心。

3. 经营技巧

将潜在的顾客变成真正的消费者,可以通过一些经营技巧来实现。商店的布局对销售有很大影响,如何陈列商品来吸引更多的顾客是关键,如是开架让顾客自己选择,还是由销售人员操作帮顾客取商品。从销售的实践来看,前者更受顾客的欢迎,但越贵重的商品,顾客期望的服务水平就越高。例如,贵重的香水、时尚的商品,还是售货员帮助销售要好一些。

商店的大小和数量取决于机场经营者所能提供的空间。机场负责特许经营的商业经理们则要考虑商店的种类、销路和要卖什么商品,商品要与目标市场匹配,如旅客国籍、旅游目的、平均年龄、当地环境等。

商品的价格也影响销售。高价格会带来高利润,但也可能导致低销售。我国的机场实行垄断,商品价格高昂,候机楼的物价远远高于市区。

人员的素质也是影响销售的不可忽视的因素。应在人力资源管理中引入激励机制,促使销售人员以顾客为中心,提供优质服务,让顾客满意。

## 11.2.3 特许经营商的选择

对于候机楼内餐饮、零售这种占用人力资源较多的服务项目,机场应通过公开招标的方式,把这些餐饮店、商店等交给专业的运营商经营。

在选定特许经营商时,机场的管理部门应遵循以下几个原则。

(1) 采用招标的方式选定特许经营商,但并不能谁报价最高谁就中标。由于投标者的素质、服务水平、商品价格的合理性等因素对机场的形象和利益都有影响,因此,在竞标前机场要事先遴选出服务水准合格的投标人参加竞标,通过竞争选出对机场更为有利的投标者,从而获得更大收益。

(2) 所选的运营商应具有一定的品牌汇聚能力及供货能力;应拥有较优秀的零售、采购及管理的专业人才队伍,其成员应拥有在机场零售业的从业经历;应在商品选择、市场策略、宣传推广等方面拥有丰富的知识和经验;对不同国籍旅客的需要和品位要有一定程度的了解;能抓住销售热点,参与市场竞争,开展形式多样的促销活动;在店面设计、商品陈列上应有丰富的实践经验。

(3) 在特许经营商的选择上,既要保证经营有一定的竞争,又要保证商品或服务的多样化。因此,对于那些利润高的项目应控制运营商的数量,而对于利润较低的项目应给予特许经营费方面的优惠,以保证能满足不同消费层次旅客的需求。

## 11.2.4 特许经营费的确定

机场应通过有效的管理机制来调控商铺的租价、管理和经营成本。机场店铺租价高,就等于把中小商家关在了机场大门之外,服务多样化也就不可能实现。若机场租金太高,租店的商家为了交纳高额租金,不得不抬高商品价格,顾客看到价高会望而却步,商家看到东西卖不动又会不断加价。要打破这个恶性循环,只有从降低店铺租金,减少管理费、水电费等运营成本费用着手,为降低商品和服务价格创造条件。

机场宜采用以下方式收取特许经营费。

(1)特许经营费=固定租金+一定比例的销售额(利润)。

(2)特许经营费=固定租金+专营权费用,如加油站的特许经营。

(3)特许经营费=固定费用+浮动租金,如对候机楼内部分商业设施的特许经营。

目前,国际上许多商业化机场内的物价都保持与市内持平甚至低于市内物价,采用的是固定租金加一定比例的销售额这种收费方式。机场若想在与周边国家的大型机场的竞争中取胜,成为国际性的航空枢纽,则降低租金标准是一个有效的实现途径。

实践证明,改变收费结构并不等于降低机场经营者的收入。例如,首都机场在2004年引进星巴克时,为了使其保持全国的统一价格,约定保底租金为600元/平方米,然后在营业收入中商户和机场按比例分成。由于星巴克生意兴隆,机场的实际租价相当于1000元/平方米。

## 11.2.5 特许经营的管理

特许经营的管理必须做好以下几方面。

**1. 以品牌、质量为中心,实施统一管理**

特许经营的基本前提是在同一特许经营体系下,每个特许经营商都必须运用统一的方式来经营。除统一使用店名、商标外,统一管理的内容还包括统一进货、统一店面布置与风格、统一广告促销、统一人员培训、统一价格和售后服务,以及统一提供信息资料等。

**2. 以法律为依据,实施规范化管理**

美国加利福尼亚州在1971年率先出台了《特许经营投资法》,为特许经营的顺利开展提供了法律保障。我国目前还没有专门的关于特许经营的法律,但依据《合同法》的有关规定和特许经营的实践,一般而言,一份典型的特许经营合同书应包括以下几方面内容。

(1)区域限制:合同中应写明特许商授予特许经营商区域独占权,即在该区域内不再指定其他特许经营商,且特许商自己也不得在此区域内经营业务;同时,禁止特许经营商拒绝向主动前来的区域外顾客提供产品及服务。

(2)产品:特许经营商不得制造、销售和使用特许商竞争对手的产品和服务。

（3）竞争：除特许经营商在销售商品、区域方面的限制外，为了维护特许商的权利，以及特许经营体系的整体形象和声誉，特许经营商不得直接或间接卷入在某一区域内可能与特许商形成竞争关系的相似经营活动，不得接受体系竞争对手的财务资助。

（4）经营诀窍：特许商为了保护其经营诀窍，可以对特许经营商附加以下义务：在合同期间和合同终止后，不得为除开发特许权以外的目的使用经营诀窍，不得向第三方泄露经营诀窍。

3. 以先进的技术和设备为手段，实现现代化管理

广泛使用自动化信息管理系统等先进的技术和设备进行现代化管理，是特许连锁经营的一大特点。在美国，所有特许经营网点的信息管理系统都实现了联网。各网点可及时接收总部、配货中心的供货、调价、促销等指令，总部也可以及时了解各网点的营业状况、员工业绩、顾客信息、资金运作等情况，不仅大大提高了整个系统的管理效率，也给消费者带来了极大的便利。如顾客在外地某一特许店购买了一件商品，回来后觉得有问题或不喜欢而需要调换或退货，就不必回到原购物商店，而是在任何一个地方同一商号的经销店里进行调换或退货即可。

当然，特许经营在我国的发展还存在一些瓶颈，如所需的通畅物流系统尚不发达、对各个特许经营商的控制力较弱等。但是，由于特许经营制度的迅速发展，其标准化的优势已得到体现，规模经济更是其强大的竞争武器，它很好地满足了人们对质量好、品牌优的产品的需求。因为它一方面通过特许的形式对品质进行严格控制，另一方面又由于规模扩大而降低了成本，在一定程度上解决了"价廉"与"物美"之间的矛盾。可以预见，随着经济的发展，以及人们收入水平的提高、对品牌化产品的进一步青睐和消费理念的不断成熟，特许经营必将成为适应社会经济发展趋势的理想经营模式。

## 11.2.6 目前我国机场特许经营存在的问题及相关建议

1. 存在的问题

由于对机场经营权缺乏清晰的认识，在实际操作过程中，我国机场普遍存在以下问题。

1) 各机场应有的经营权没有被明确承认

机场的经营权本质上并不要求被承认，它应该是伴随着机场规划而产生的一种权利。但实际上，由于体制的原因，机场的经营权并未真正得到应有的承认。

2) 机场土地使用权被政府直接划拨给机场不同的运营主体

中国机场目前的格局是土地使用权由国家直接划拨给各驻场单位，机场经营权也被人为地划分给了各经营主体。例如，航空油料公司享有在机场从事航空油料经营业务的权利；航空公司在基地享有与机场同等的地位，可自己从事地勤业务和配餐业务；在部分机场，飞机维修权利被飞机维修公司直接占有等。机场实际上只享有除

此之外的一部分权利。这种局面最大的问题是,机场土地资源被不合理分割,机场经营者难以对机场进行合理的整体长远规划,特别是岸线资源的规划,结果导致机场投资巨大,却无法获得应有的收益。

3) 机场很多业务与航空公司存在交叉、竞争

目前,在航空公司拥有基地的机场(基地航空公司),这一问题表现得尤为突出,特别是在航空货站、地勤服务、航空配餐等方面,机场与航空公司之间重复建设,恶性竞争,客观上损害了机场的利益。因为机场是一个投资大、投资回收期长的行业,只能通过相关业务的经营获得收益。而实际上,航空公司在没有对基础设施进行投资的情况下,凭借自己的客户资源,在有利可图的业务方面与机场展开竞争,分散机场的市场份额,减少机场的收入来源。

4) 各驻场单位免费使用机场相关设施

机场投资的设施被驻场单位免费使用的不合理现象非常多。例如,各驻场单位免费使用机场范围内的道路、灯光照明;航空公司使用机场的机坪进行地勤服务,而不向机场缴纳相关费用;飞机维修公司(若有)免费使用机场的机坪,甚至由于在机坪上试车造成机坪损坏现象等。随着民航体制改革不断深入,机场与航空公司的利益冲突出现激化趋势。

这种权利划分不清的情况,造成重复建设(如候机楼内及机坪服务设备、设施),重复设置人员、机构并造成大量闲置,极大地浪费了资源,降低了效率,加大了成本,影响了效益。

机场与各驻场单位出现的上述矛盾,根源在于我国民航的旧体制。在我国,民航基于基础设施的事业性定位,在机场、航空公司、油料公司大一统的情况下,机场与各驻场单位之间不存在利益冲突,也不存在经营权的归属问题。在机场完全由政府投资,实行事业单位体制,亏损由政府补贴的背景下,机场还能接受这一情况。然而,随着体制改革的深入,在民航大一统的局面被打破的过程中,一方面,航空公司与油料公司均可以从政府获得廉价土地使用权,或者从分家之日起就从政府那里划分到土地资源,机场范围内土地使用权的完整性不复存在;航空公司直接从事如客货地面服务和配餐服务,油料公司无偿获得了本应属于机场特许经营权的航空油料经营权。另一方面,改革又要求政府取消对机场亏损的补贴,减少对机场的投入,要求机场通过经营,自收自支,滚动发展。这势必要求机场尽可能扩大经营领域和范围,以争取获得更多的收入来源。因此,机场与航空公司"争服务项目,争收入来源"也就成为必然。

2. 合理化建议

(1) 明确承认机场经营者享有机场完整的经营权。通过国家发展改革委、民航局的正式文件或相关管理规定,明确承认机场经营者享有按照国际航空运输组织规定的各项经营权,包括机场范围内的土地使用权。具体经营模式由机场经营者根据市场规律,在分析自身优势的基础上自主决定。对于已经取得经营权和土地使用权的基地航空公司、油料公司等,建议按照公平的市场价格收取特许经营权使用费。不

交费的,要取消经营权。

（2）规范机场的土地使用权主体,合理规划机场的土地资源,特别是岸线资源,由机场经营者负责机场范围内的土地规划、开发和出租经营。其他在机场经营的单位,如航空公司、航空油料公司等驻场单位,不应直接从其他渠道获得土地使用权。

（3）规范航空公司、航空油料公司等驻场单位与机场的关系,真正体现机场的"地主"地位。相关驻场单位,若有需要,必须按市场规律办事,直接与机场经营者协商,通过向机场经营者缴纳特许经营费的办法获得土地使用权和特许经营权。各航空公司应租用或购买机场土地使用权,设立航空基地,从而保证各航空公司在平等的基础上展开竞争,而不是目前这种基地航空公司在本地低价或无偿享有土地,其他航空公司则只能通过市场获得土地,从而出现航空公司各霸一方的局面。

（4）应由机场经营者自主决定管理模式。机场经营者可根据自身的优势,选择是自身经营还是进行特许经营。决定自身经营的,必须按照公平的市场价格缴纳特许经营权使用费。对此,政府必须避免直接干预,反对不公平竞争行为。

### 本章小结

机场的生产链条很长。服务上涉及机场运行管理、航空地勤服务、机场安全、消防及应急救援、航空商务、商业零售、物业管理、餐饮、娱乐、酒店、地面运输等专业,工程上涉及航空机务、土建、机电、园林、园艺等。多数机场或多或少地依靠专业化协作的力量,采取业务外包或特许经营的方式来保障机场优质、高效及低成本运行。

机场特许经营是指政府授予机场经营管理权后,机场通过招标或其他方式将机场具有经营权的某些资源或项目转让给其他企业经营,并收取一定的特许经营费。机场资源是机场特许经营权的基础。在机场的业务中,既有特许经营,也有特许专营。

机场特许经营有四种发展模式:第一种是机场经营者致力于发展本机场的特许经营;第二种是机场特许经营商,它们在所有的机场竞标特许经营权,在竞标成功的机场实施经营;第三种是机场经营者实施资本运作,对其他机场进行兼并或管理,打造与本机场同样的核心理念,或者按照打造本机场的经验、流程、方法、技巧等,与其他机场的环境、历史等相结合,打造所兼并或管理的机场;第四种是机场经营者投资或直辖的机场特许经营商,竞标本机场经营者所管理或兼并的各个机场的特许经营权,以及竞标与本机场经营者无任何关系的其他机场的特许经营权。

## 自我检测

(1) 什么是机场的专业化管理？其优点有哪些？
(2) 机场资源的特殊性表现在哪些方面？
(3) 机场的特许经营有哪些发展模式？
(4) 机场扩大特许经营收入的途径是什么？
(5) 在选定特许经营商时，机场的管理部门应遵循哪些原则？
(6) 如何对特许经营进行管理？

# 第 12 章 机场服务与服务质量管理

机场在民航旅客运输过程中起着重要的作用,机场服务是民航服务的重要环节,民航服务质量的好坏直接影响民航业的发展。为旅客提供高质量的服务,是民航业实现又好又快发展的关键。

**知识目标**

(1) 了解民航服务质量的特性。
(2) 了解民航服务质量的考核内容。
(3) 了解机场地面服务的范畴。

**能力目标**

(1) 掌握机场服务质量标准的内容。
(2) 掌握机场服务质量标准的编制原则。
(3) 熟悉机场地面服务的一般程序。

## 12.1 机场服务

### 12.1.1 机场服务的范畴

机场服务是指旅客离港之前或到达之后,在机场内航空公司、机场经营者、联检单位等为旅客提供的所有服务,包括导乘服务、值机服务、问讯服务、联检服务、安检服务、购物就餐服务、贵宾服务、登机服务、行李运输服务、行李查询服务等。本节中的地面服务指机场管辖范围内为旅客提供的服务项目,包括导乘服务、红帽子服务、问讯服务、广播服务、小件寄存服务、贵宾服务、不正常航班服务、休闲娱乐和购物服务、行李运输服务等。

### 12.1.2 地面服务工作的重要性

必须重视对旅客在机场期间的地面服务,其重要性表现在以下几方面。

1. 搞好地面服务是为了满足旅客的旅行需求

旅客进入机场后,都希望旅途方便、快捷、舒适、轻松、愉快,需要了解航班动态,要求乘机手续简便、行动自如等。这就要求机场提供导乘、问讯、购物、就餐、娱乐、休息、医疗、旅游等各种服务。如果没有这些服务,旅客在旅行中就会感到不方便,甚至会碰到困难。

2. 搞好地面服务是为了满足旅客的特殊需求

在航空旅客中有许多要客、贵宾,需要安全保卫;有头等舱旅客,需要得到重点照顾;有急救病人或伤残人员,需要精心的医疗护理;有无人陪伴儿童,需要专人护送交接;有公务旅客,需要提供通信、电子邮件服务。如果没有这些特殊服务,或者服务不周,旅客就会寸步难行。

3. 搞好地面服务是满足机场自身发展的需要

近年来,各机场积极创建服务品牌,以科学的管理,为中外旅客提供一流的服务。在市场经济条件下,机场已树立起服务新观念,意识到服务是政治、服务是支柱、服务是形象、服务是效益,把服务水准作为衡量企业管理水平的重要指标。良好的企业形象是企业立足市场的根本保证,企业的形象好坏直接关系到企业的兴衰成败。作为机场,为旅客和所有用户提供优质的服务是塑造企业良好形象的唯一途径和有效手段。

## 12.1.3　旅客的分类

机场的旅客来自社会各个阶层,来自不同国家,每个旅客因职业、健康状况、生活方式、风俗习惯及旅行目的不同,对机场的服务会提出不同的要求。因此,有必要对旅客进行分类,了解他们的需求,开展有的放矢的服务。

1. 按航线分为国内航线旅客和国际航线旅客

乘坐国内航线(包括国际航线国内段)进行旅行的中外旅客称为国内航线旅客。乘坐国际航线的中外旅客称为国际航线旅客。办理乘机手续时,国内航线旅客比国际航线旅客简单,不需要边防、海关和防疫机构检查。

2. 按旅客身份分为重要旅客(要客)和普通旅客

要客一般指我国党和国家领导人、外国政府首脑,以及我国政府中的正、副部长,我国省、自治区、直辖市一级的党政领导人,外国政府的部长、副部长,外国大使及国际知名人士等。接待要客主要是保证座位、专人迎送、主动征询意见和要求、安排到贵宾室休息并首先登机等特殊服务。

3. 按年龄可分为婴儿、儿童(包括无人陪伴儿童)、一般旅客和老年旅客

2~12周岁的是儿童,2周岁以下的为婴儿。无人陪伴儿童指年龄在5~12周岁的无成人陪伴、单独乘机的儿童。这是近年来民航延伸服务内容,为使儿童独自乘机旅行而推出的一项特色服务。无人陪伴儿童到达机场后由民航派专人帮助其过安检、候机,并引导其上飞机。近来一些航空公司继"无人陪伴儿童"服务后,又推出了

"无人陪伴老人"服务。老年旅客体弱多病,服务员应主动了解其困难和要求,提供必要用具(如担架、轮椅、行李车等),安排老年人进入休息室,提供方便(如先或后验票上机),给予热情照顾(搀扶、帮助提行李、推轮椅、抬担架等)。

4. 按国籍分为外国旅客和中国旅客(包括港澳台同胞)

外国旅客是持有境外护照,在国内旅行的旅客(包括长期侨居国外,但未加入居住国国籍的华侨)。港澳台同胞是指居住在我国港澳台地区的中国人。

5. 按民族分为一般旅客和少数民族旅客

对少数民族旅客要认真贯彻党和国家的民族政策,尊重少数民族的风俗习惯。

6. 按组织形式分为团体旅客和散客

团体旅客指人数在10人以上(包括10人),航程、乘机日期和航班相同的团体。他们购票一般开一张团体票。团体旅客行李运输是一种特殊的服务项目,应与一般旅客分开,单独进行办理。

旅游团体行李收运,除了严格执行一般行李和普通团体行李收运的规定,还要进一步明确旅游部门和航空运输部门的责任。旅游部门对旅游者交运的行李,必须先由旅客自己上锁和加封。各环节应检查上锁和封条及破损情况,发现有问题应在交接单上详细注明。

此外,按旅行性质可分为公务旅客和旅游旅客,按购买机票的等级可分为头等舱旅客、公务舱旅客和经济舱旅客。

### 12.1.4 地面服务工作的一般程序

1. 准备阶段

(1) 前一天服务员分班组开好生产准备会,掌握飞行动态(包括航班、航线、飞机号、起飞和到达的时间、旅客人数等)、有无重要旅客和老弱病残旅客、休息室使用分配及服务要求等,分配任务,明确第二天上班时间(负责国际出港航班的服务员,应在起飞前2h上班;负责国际进港、国内进出港航班的服务员,应在班机到达或起飞前1h上班)。

(2) 当天上班后要了解机场天气情况,复核飞行动态;要按分工搞好休息室、问讯处、广播室、旅客登机桥、盥洗间的卫生,并进行一次安全检查。贵宾室、头等舱服务室要准备好开水等饮料,洗净并摆好茶具。一切准备工作,应在旅客到达前半小时结束。

2. 实施阶段

(1) 对出港旅客的服务工作包括以下内容。

① 出港旅客到达机场时,有关服务员应到候机楼门口迎接,介绍有关乘机注意事项和服务设施。对重要旅客和需要照顾的老弱病残旅客按分工给予重点服务。

② 主动引导旅客去办理乘机手续;遇旅客较多时,应维持好秩序。

③ 旅客办完手续后,注意旅客的手提行李是否符合要求。然后,引导旅客通过

联检、安全门进入指定的候机大厅休息。如有条件,休息室应供应饮用水、提供阅读刊物和播放电视节目。旅客需要用餐时,要指引旅客到餐厅就餐。

④ 旅客在候机楼内下棋、打扑克或做某种小游戏,服务员不应干涉,但对躺卧、打闹、酗酒等行为要加以劝阻。

⑤ 对旅客提出的合理的、能办到的要求,应负责办理;对旅客提出的难以办到的要求,应婉言解释,表示歉意。

⑥ 旅客登机前10min,有关服务员到达检票口和舷梯口(或登机桥口),然后广播旅客登机。检票的服务员要仔细查看登机牌,清点登机旅客人数。

⑦ 远机位的登机旅客,要有指定的服务员引导旅客乘坐摆渡车登机。负责引导旅客登机的服务员,要注意机坪上正在滑行的飞机和行驶的车辆,照顾好登机旅客,防止发生意外。禁止旅客在机坪上吸烟。

⑧ 舷梯口(或登机桥口)服务员在旅客登机前,应检查客梯(或桥口)是否对准飞机舱门,检查机上有无未经验证、先行上飞机的旅客和无关人员。对重要旅客、过境旅客、过站旅客应安排先登机;要维持登机秩序,控制登机人数,避免客梯负荷过重发生意外。旅客上机完毕后,应立即清点登机牌,并与乘务员核对人数。发现实际登机人数与值机通知的人数不符时,要立即查明原因并汇报现场值班领导。核对准确无误,方可撤离客梯或登机桥。待乘务员关好舱门,梯子口的服务员应迅速回到安全区域,列队立正目送飞机滑出机坪。

(2) 对进港旅客的服务工作包括以下内容。

① 服务员在飞机到达前5min进入各自的岗位。旅客下飞机时,在客梯旁和出口通道都应有服务员负责迎接旅客,并有专人引导旅客到候机楼行李提取处领取行李。在出口处服务员应仔细核对行李牌,以免发生差错。对重要旅客和老弱病残旅客,要给予重点照顾。对中转旅客,应引导其办理中转手续。对随身携带行李较多、需要寄存行李的旅客,要帮助他们到寄存处寄存。

② 要组织好地面交通运输,充分发挥出租车、民航班车、公交车等各种地面运输工具的优势,尽快将旅客送往市区。

③ 对等待专人接待而还未取得联系的旅客,服务员应帮助接洽。

④ 过境飞机进港,在飞机落地前,有关服务员应根据过境人数备好过境牌。飞机落地后,应根据旅客所持机票,将过境牌准确无误地发给每个过境旅客。遇到实际过境人数与预报不符时,要及时查明原因。过境旅客上机时,要收回过境牌,防止旅客错上和漏上飞机。

3. 结束阶段

(1) 航班结束后,服务员应按分工对各服务场所(包括值机大厅、候机大厅、休息室、电话亭、盥洗间、登机桥、工具间等)进行全面细致的安全检查,并彻底清扫。如发现旅客遗留物品,要及时报告,并进行处理。

(2) 认真做好交接工作(清点物品、交代遗留事项)。

(3) 对当天的服务工作情况进行讲评。一般可结合第二天的生产准备会进行。

### 12.1.5 地面常规服务

1. 旅客导乘和接待

在较大规模的国际机场,可在机场入口处设立旅客导乘岗位,热情接待中外旅客和引导旅客办理各种乘机手续。导乘员也可由行李服务员(红帽子)替代。有的机场在候机楼休息大厅里设立流动岗位,由穿着醒目制服或身佩红绸带、举着"Follow me"牌子的流动导乘员,为不知所措的旅客解决各种困难。

导乘员的职责是热情接待中外旅客,帮助旅客搬运行李,介绍候机楼内各类服务设施,宣传旅客乘机须知,解答旅客提出的各种问题,引导旅客办理各种乘机手续,引领重要客人、头等舱旅客到指定地点休息。

在候机楼工作的导乘员在上岗前,要做好仪表、仪容的自我检查,做到仪表整洁、仪容端庄。上岗后,要做到精神饱满、面带微笑、全神贯注,随时做好迎送宾客的准备。见到宾客到达机场,应主动上前彬彬有礼地问候,表示热忱的欢迎,对外宾用外语,对内宾说普通话。凡遇老弱病残幼旅客要适度搀扶,倍加关心。对第一次乘坐飞机或第一次来当地旅行的旅客,要热情介绍候机楼内的各种服务设施,方便旅客办理乘机手续,积极宣传民航各种乘机规定,避免产生误会。

对要求帮助搬运行李的旅客,应主动帮助旅客从车上卸下行李,问清行李件数,同时记下旅客乘坐到机场的车辆号码,以便出现差错时,可据此迅速查找行李下落。对旅客的行李物品要轻拿轻放,对贵重易碎的物品切忌随地乱丢或叠起、重压。帮助旅客提携行李物品时,既要主动热情,也要充分尊重旅客的意愿。凡旅客自己亲自提携的物品,不能过分热情地去强行要求帮助提携。

主动引领旅客到值机柜台前办理乘机手续,把旅客要求托运的行李放到传送带上。离开旅客时,把行李物品当面向旅客交代清楚,禁止向旅客索取小费。若遇旅客问询,应礼貌地给予回答。如不能确切地告知,应请同事帮忙或请问询处解决,绝不可将错误的或不肯定的信息传递给旅客。办完乘机手续后,要引领重要客人或头等舱旅客到休息室休息,也可主动帮助旅客提携随身行李。送旅客乘电梯或扶梯时,应礼让旅客先入电梯,不得自己先行,到达时也应示意旅客先步出电梯。

对漏机、误机的旅客,尤其是听不懂中、英、日语言的外宾,更要主动提供帮助,引导他们顺利登上飞机。在旅客因误解、不满而投诉时,要以诚恳的态度听取旅客意见,不得中途打断,更不能置之不理。

2. 问讯台服务

比较繁忙的民用机场的候机楼,都应设立问讯处,回答旅客的问询,宣传、介绍民航有关运输业务规定,帮助旅客解决困难,掌握航班动态,协助接待单位做好迎送工作。未专设问询处的航站,也要搞好候机楼的问询服务工作。

问讯服务工作一定要选派熟悉业务、有较丰富的社会生活经验、懂得当地方言和英语常用会话、热爱旅客服务工作的同志担任。

问讯处要备有电话、电脑、航班进出港登记本、值班记录本、旅客遗失物品登记本、航班时刻表、运价表、航空旅客须知、火车和轮船时刻表、当地交通路线图、日历、时钟，并备有书写用具等。值班人员应根据调度室通报，将飞行动态及时填入航班进出港登记本，并与航行调度部门和运输生产调度部门保持经常联系，加强协作配合，以便准确回答。

问讯处服务员要熟悉有关运输业务规定（如有关本站的航空运价、班期时刻和客货运输主要规定），熟悉当地交通、宾馆和主要机关、团体、游览点等情况，积极协助旅客解决旅行中遇到的困难。要热情接待每位中外旅客，做到有问必答、百问不厌。自己能答复的，不让别人来回答。答复问讯要有礼貌，要耐心、细致、及时、准确，不讲旅客不懂的术语和简语，要防止"一问三不知"，也不能说"也许""大概"之类没有把握或含糊不清的话。当面回答旅客的问讯时，服务员应起立，面向旅客作答，不得一面工作，一面答话。对电话问讯，服务人员在接电话时，应先向对方报单位及姓名，要边听边记，避免让旅客重复发问。对函电问讯，首先要拟出文稿，并经领导审阅批复后及时回复。对一时不能肯定答复的问讯，应请对方留下电话号码、姓名及单位名称，并在值班登记本上进行记录；待有确切的答复后，应及时通知对方。对旅客提出的不合理要求，要冷静处理，不得指责旅客，不得发脾气乃至吵架。对涉及保密范围的问题，要婉言解释，不作答。对难以处理或重大的问题，必须立即报告上级领导处理。

3. 旅客遗失物品招领

凡机场内发现的旅客遗失物品，应一律送交问讯处，由问讯处服务员在旅客遗失物品登记本上登记后招领（没有问讯处的候机楼应指定专人负责登记处理）。招领的办法有：①由广播室广播招领；②设立旅客遗失物品招领柜陈列招领；③张贴公告招领。

旅客遗失的现金，超过十元的，如一时无人认领，应交本部门财务代管。旅客遗失的机要文件，如一时无人认领，应交公安部门代管。旅客遗失的物品，如有可疑之处，应报告公安部门处理。在国际候机楼发现旅客遗失物品，要及时与海关联系，确认是不是走私、偷税、漏税物品。

旅客遗留的鲜活、易腐物品，如一天以内无人认领，应报告运输服务部门领导酌情处理，处理情况要在旅客遗失物品登记本上记录。对半年以上无人认领的物品，应统一制作报表，按"无法交付货物的处理"规定处理。旅客领取遗失物品，必须说明遗失物品的特征，凭有效身份证明，在旅客遗失物品登记本上签收。

4. 广播服务

广播服务是机场服务工作不可缺少的部分。它对组织和维持正常运输生产秩序，宣传民航业务，引导旅客及时、准确地办理进出港手续，以及活跃旅客文化生活等方面，都起着积极的作用。

机场候机楼应设广播室并指派专门的广播人员。广播人员应在第一架飞机起飞前一小时进入广播室做好准备工作(整理卫生、了解航班动态和航路天气并做记录、检查和试开广播设备等);工作期间,广播人员不得擅自离开工作岗位,以致影响紧急事项的广播。除了特殊情况须另行处理,正常情况下,在全部航班结束后半小时,广播人员方可关闭机器,离开广播室。广播室严禁无关人员进入,不得寄存非工作人员的私人物品。

播音应以普通话为主、以当地方言为辅。在有外宾出入的机场,应加英语或日语广播;在少数民族集中的地区,还要用民族语言广播。播音员要口齿清楚,发音准确,声调和谐,音量适当。目前许多机场安装了电脑自动广播系统,输入有关变动数据(如航班号、登机时间、到达时间等),电脑系统就会用标准的普通话进行播音。

广播人员应懂得一般电工知识,学会正确使用广播设备和进行一般性维修工作,要爱惜广播器材,及时维护。

候机楼广播主要包括以下内容:请旅客办理乘机手续的广播、请旅客登机的广播、预报航班飞机到达时间的广播、报告航班飞机进站的广播、对到达航班旅客的广播、请旅客提取行李及搭乘民航客车的广播、航班不正常时的广播、临时性广播、天气预报广播和旅客须知广播等。

为了活跃和丰富旅客文化生活,可穿插播送一些内容健康、曲调清新的音乐节目,转播中央人民广播电台、当地人民广播电台的节目。转播节目时,广播员一定要调准频率,监听无误后方可转播。

广播词的一般形式有以下几种。

(1) 请旅客办理乘机手续的广播词。

各位旅客,你们好!当你们来到_____机场以后,请先在_____处办理乘机手续。根据我国政府规定,乘坐民航班机的旅客不得随身携带武器,有携带武器的旅客,请交付托运。为了确保飞行安全,旅客不准随身携带易爆、易燃、腐蚀、毒害和放射性物品,也不得把上述危险物品放在行李内交运。如旅客携带有上述物品,请与民航工作人员联系,妥善处理。请办好乘机手续的旅客,保管好行李牌、登机牌,带好手提物品,通过安检后到候机楼休息,等候广播通知上飞机。候机楼内设有餐厅、商场,随时为您服务。谢谢。

(2) 请旅客登机的广播词。

旅客们请注意,由(始发站)飞往(经停、终点站)的_____航班飞机就要起飞了,请前往(站名)的旅客,带好随身物品,准备好飞机票和登机牌,请由(地点)出口,上_____号飞机。祝旅客们旅途愉快,身体健康。谢谢。再见。

(3) 预报航班飞机到达时间的广播词。

迎接旅客的各位请注意,由(站名)到(本站)的_____航班飞机,预计_____点_____分到达本站。飞机到达时,我们将广播通知。谢谢。

(4) 报告航班飞机进站的广播词。

请各位注意,由(站名)到(本站)的_____航班飞机,现在已经到达本站。

谢谢。

(5) 对到达航班旅客的广播词。

由(站名)到达(本站)的旅客,请到(地点)提取你们所托运的行李物品。需要搭乘民航客车进城的旅客,请到(地点)上车。需要转乘飞机到其他地方去的旅客,请与服务员联系。谢谢。

(6) 航班不正常时的广播词。

① 飞机延误。

旅客们请注意,我们抱歉地通知,由(站名)至(站名)的_____航班飞机,由于_____原因,不能正点起飞,请旅客们在候机楼休息等候,起飞时间确定后,我们将广播通知。谢谢。

② 飞机取消。

由(站名)至(站名)的旅客请注意,我们抱歉地通知,由于_____原因,由(站名)至(站名)的_____航班飞机,决定取消飞行,起飞时间改为_____点_____分。需要搭乘民航客车进城的旅客,请和问讯处联系。谢谢。

(7) 临时性广播词。

① 催办手续。

乘坐_____航班前往(站名)的旅客同志,请马上到(地点)办理乘机手续。

② 找人。

_____同志,请马上到(地点)去,有人找您。

③ 失物招领。

各位旅客请注意,我们在(地点)捡到(物品)。遗失物品的旅客,请到(地点)认领。

从(站名)来的旅客请注意,我们在_____航班飞机上捡到(物品)。遗失物品的旅客,请到(地点)认领。

(8) 旅客须知按规定的条文广播。

(9) 天气情况按具体拟订的条文广播。

以上广播词,各机场应根据具体情况做合理的变动,但各种人工播音,包括临时性广播,都要拟好广播词后进行广播,以避免差错和造成不良的政治影响。

5. 小件物品寄存服务

各机场应积极开展小件物品寄存服务工作,遇班机延误、取消或中断飞行时,为始发、联程旅客寄存小件物品提供服务。

服务人员必须熟悉小件物品存放的手续、规定,热情为旅客服务,对旅客寄存的小件物品做必要的 X 射线安全检查。锁扣不完善、捆扎不牢固、包装不合要求者,应请旅客改善后交存;对于过大过重的物品,贵重物品,易碎、易燃、易爆等危险物品,以及容易污染环境的物品,应婉言谢绝,不予寄存。收存小件物品时,要逐件系挂寄存牌的上联，下联交给旅客，作为领取物品的凭证。收存物品时，应轻拿轻放，做到不摔、不压，要按编号放置整齐，不得互相堆压或码放过高。小件物品存放后，旅客不得随意调换行李内的物品。如需要调换，应请旅客先办理领取手续，再重新存放。旅客凭牌领取行李时，要认真查验上下联编号，经核对无误后方可交付。

服务人员不准动用寄存的旅客物品。服务人员不得带无关人员进入寄存处，提高警惕，防止坏人利用小件物品寄存进行破坏活动。服务人员要妥善保管小件物品寄存牌、收款单据及现金，严格执行交接班制度。小件物品寄存按件收费，收费后要给旅客正式收据。服务人员应在每天工作结束前结账，并填写小件物品寄存收款记录，人民币与外汇的收入应分别在有关栏内填写清楚。要及时向财务部门上缴钱款。

如果遇到旅客遗失寄存牌，应请旅客说明寄存物品的内容，经核对无误，请旅客出示身份证明后方可领取。如旅客寄存物品被我方丢损，首先应向旅客道歉，并积极查寻或修复。如寻找无结果或无法修复，应按照损失行李的有关规定作价赔偿。如寄存物品 90 天无人领取，则按旅客遗失物品处理。

6. 候机楼的清洁卫生

搞好候机楼的清洁卫生，是关系到中外旅客和候机楼工作人员健康的大事。候机楼清洁卫生工作好坏，是衡量机场服务工作好坏的重要方面，也是体现我国社会主义精神文明的重要方面。

候机楼清洁卫生，在当天航班全部结束后，要集中力量打扫一次；在有旅客活动时，要随时巡查清扫。打扫卫生时，要注意文明礼貌。严禁在旅客面前用清洁工具嬉笑玩闹；需要旅客挪动位置时，要先向旅客招呼致意，待旅客让开后，再进行工作。

对候机楼清洁卫生工作有以下具体要求。

（1）每天旅客到达前，应开窗通风，保持室内空气新鲜。设有空调设备的候机楼，通风后要及时将门窗关上。

（2）凡旅客所到之处，要做到一切用品摆放整齐。茶几、沙发、书报架、工作台面、宣传牌等应无尘垢。

（3）地板要清洁光亮。在每个航班或相对集中的几个航班的旅客离开候机楼后，要打扫一次，做到无烟头、无纸屑、无果皮、无污迹。有条件的地方，地板要定期打蜡；使用地毯的，要保持地毯平整松软、无杂物、无污点。

（4）屋顶、吊灯、墙壁应无蜘蛛网、无积尘。

（5）门窗及各处玻璃要光亮、明净。低处玻璃要随时擦拭，高处玻璃要定期擦拭。门帘、窗帘要定期洗涤，及时更新。

（6）楼梯要做到栏杆、扶手、阶梯干净，无尘土、无污迹。

（7）公用电话间墙壁、黑板、地面、电话机要擦拭干净。

（8）烟灰缸（筒）、痰盂、果皮箱要及时清理、擦净。

（9）要消灭蚊、蝇、蟑螂、老鼠。

（10）盥洗间的卫生设备要保持完好状态，并定期检查和维修。对发生损坏的，应及时修好。

（11）盥洗间的窗台、墙壁、地面、玻璃、镜子、洗手池要保持洁净，做到无积尘、无积水。大小便池要及时冲洗，做到无臭味、无脏物、无锈碱。旅客流量较大的候机楼，应有专人管理盥洗间的清洁卫生。

（12）候机楼室外地面、楼梯要定时清扫，做到无杂物，无烟头、果皮和纸屑。

（13）候机楼清扫出来的垃圾，要倒在指定的地点，并及时运走。

（14）候机楼内陈设的盆花，要及时修剪、更新；候机楼外栽种的树木、草坪和花卉，也要适时培土、修整。

### 12.1.6 机场特殊服务

（1）特殊任务。即安全保障，指重大国际会议、重大外事活动、两会期间、两岸包机等重大活动的保障工作。重大活动安全保障任务数量多、要求严格，要抓责任、抓关键、抓细节，严密组织，精心准备，密切配合，确保安全保障工作的圆满完成。

（2）特殊旅客。特殊旅客包括重要旅客、无成人陪护儿童/老人、病残旅客、孕妇、婴儿、盲人、犯人及受载运限制的旅客。在特殊旅客运输过程中，机场经营者及承运人航空公司都要给予特别礼遇或给予特殊照顾。

（3）特殊情况。做好机场的特殊情况紧急救援工作，必须建立有效的机场应急救援响应机制，要果断处置各种紧急事件，特别是与航空器有关的紧急事件，避免或减少人员和财产的损失，减少对机场正常运行的影响。

（4）航班延误的处理。只要有航班，就有可能出现航班延误的现象，民航系统中的政府部门、机场经营者及航空公司都只能努力减少航班延误的发生，但是很难消除此现象。

## 12.2 机场服务质量管理

### 12.2.1 民航运输服务质量

1. 质量的定义

众所周知，评判质量的优劣，从不同的角度审视，会有不同的标准和不同的评判结果。生产者主要看产品是否符合各项生产技术指标、功能要求和产品特性等技术性标准。消费者主要看产品是否满足他们对功能和产品性能等方面的要求。换言之，产品质量是"产品或服务满足明确或隐含需求能力的特征和特性"的总体反映。

有形产品的质量，通常指产品的功能、性能、可靠性、安全性、经济性和耐用性等具体的量化指标。如果提及产品的售后服务质量，则指提供的保修期限、顾客对维修的满意程度等。

无形产品的质量,一般指能够满足顾客需求的服务内容、服务态度、服务技能、服务效果、服务的周到和及时程度及价格等特性。这类产品的质量不仅取决于提供的服务本身具备的要求和特性,在很大程度上还取决于大多数顾客的满意程度。

1996年,中国民航局根据《中华人民共和国民用航空法》和ISO 9004-2《质量管理和质量体系要素第二部分:服务指南》,制定了《公共航空运输服务质量标准》,作为我国民航运输产品质量评估的国家标准。它为全面提高航空运输服务质量提供了法律依据。2004年3月,中国民航局要求航空公司向社会公布顾客服务承诺条款,确保消费者合法权益不受损害。2006年10月16日,中国民航局颁布了《民用机场服务质量》(MH/T 5104—2006),该标准自2007年1月1日起正式实施。《民用机场服务质量》作为行业推荐性标准颁布实施,填补了我国民用机场没有统一的服务质量标准的空白。2007年2月12日,《公共航空运输服务消费投诉管理办法》正式实施。新修改的《公共航空运输服务质量》和《公共航空运输服务质量评定》两个国家标准也于2007年9月1日开始实施。这是中国民航局为贯彻中共中央关于构建社会主义和谐社会的重大战略,创造和谐的航空运输环境,切实维护航空消费者的合法权益,进一步加强消费者投诉管理而推出的重要措施。

民航运输和其他运输方式一样,并不生产具有实物形态的物质产品,而是提供一种使旅客和货物在一定时间内发生空间位移的服务。提供这种服务的过程就是民航运输生产产品的过程,也就是顾客的消费过程。在乘客到达终点站并提取行李或货主提取货物之后,这种服务过程也就随之结束。因此,航空运输产品是无形的,既不能储存,也不能转让,是一个过程。这个过程是从顾客咨询、订座、购票开始,到最终到达目的机场并离开机场为止的全过程。

2. 民航运输服务质量的特性

民航运输服务质量是"民航运输产品(服务)满足顾客需求能力的特征和特性的总体反映"。

具体来说,民航运输服务质量具备以下几个特性。

(1) 安全性(Safety)。民航运输是一种特殊的运输方式,它借助于飞机这种现代交通工具,将旅客和货物在一定时间内从空中快速运送到目的地。整个运送过程必须保障旅客安全、货物无损。这是民航运输服务的第一个重要质量要求,通常采用每百万飞行小时发生重大事故的次数(旅客安全运输率)、货运损失赔偿金额和安全飞行率等指标进行衡量。具体计算方法如下:

每百万飞行小时发生重大事故的次数=年重大事故的次数/年百万飞行小时×100%

安全飞行率=[周期内安全飞行(起落)架次/周期内实际飞行(起落)架次]×100%

(2) 正点率(Punctuality)。航空运输最主要的特点就是速度快。因此,旅客运输正点始发和货物按期运达,是衡量民航运输服务质量的另一个重要指标。影响民航旅客运输正点率的因素很多,目前主要考核以下指标:

报告期航班正点率=报告期延误时间总和/报告期延误航班次数

对于货物运输来说,影响正点率的因素有货物的地面运输、发运、中转等。通常采用以下指标考核:

报告期运达超期率=报告期超期货物吨数/报告期运输货物总吨数×100%

(3) 舒适性(Performance)。民航旅客运输的舒适性,主要表现在两方面:一是环境的舒适性,包括地面的购票环境、机场候机环境及空中的乘坐环境等;二是服务,如态度、便利性等。

一般无法使用量化指标来直接衡量旅客运输舒适性,航空运输企业通常通过旅客或顾客的投诉情况来反映:

投诉率=服务质量投诉件数/吞吐量(万人次)×100%

对于民航货物运输,主要质量指标有以下两个:

货损率=货物损坏吨(件)数/货物运输总吨(件)数×100%

货差率=货物差错吨(件)数/货物运输总吨(件)数×100%

(4) 便利性(Convenience)。便利性指旅客购票、进港、登机、中转、离港和货物交运、提取时的方便程度。

(5) 经济性(Economy)。民航运输服务质量还反映在运输价格上,即物美价廉。以上四项用于考核服务是否"物美",而经济性则考核"价廉"程度。与其他产品一样,价格低,才有市场竞争力。在生产过程中,必须充分利用资源,降低生产成本,提高经济效益。

3. 民航运输服务质量的重要评价指标"满意度(满意指数)"

旅客或货主对服务质量特性的感受可用综合指标"满意度(满意指数)"来反映。

2000 版 ISO 9000 标准中指出:满意度指顾客对某一事项已满足其需求和期望的程度的意见,关键词是顾客的需求和期望。换句话说,满意度=顾客期望-产品或服务结果(对航空运输企业来说,最终顾客就是旅客和货主;对机场来说,航空公司是第一客户;从广义的角度来说,企业内部下道工序的操作者是上道工序的顾客)。

目前对航空运输企业"顾客满意度"水平的测评,主要由中国民航协会通过抽样调查,向旅客发放问卷的方式进行。抽样调查时应注意顾客的类别、地区分布、职业差别等因素,以保证抽样调查的科学性。问卷项目设计应围绕顾客期望、顾客感知、顾客投诉和顾客忠诚等多重指标,来测评顾客满意度。测评指标主要采用适用性质量指标,如"服务态度""引导标识""航班信息""候机环境""安全检查""购物""餐饮""广播""问讯""乘机手续""行李交付""地面交通"等。目前处理这类指标可以采用模糊集合论方法,即用清晰等级边界模糊化的技术把每个等级用模糊集合表示。顾客在评价这种难以给出评判标准的项目时,心理活动的模糊性就凸显出来,不易绝对地说"好"或"不好",因为"好"与"不好"难以说明实际情况,在"好"与"不好"之间实际存在着亦此亦彼的中间过渡状态。因此,把顾客满意度分成"非常满意""满意""一般""不满意""非常不满意"5 个等级,模糊评价则取其中间值,也可给上述每个等级赋予不同的分值,整个测评体系的统计则可采用模糊综合评判法。

民航系统较早被中国质量管理协会指定为研究和开发用户满意指数的试点行业。2002年,中国民航协会用户工作委员会成功地进行了中国民航用户满意指数测评试点,获得了宝贵的经验。从2004年开始,"旅客话民航"用户评价活动全面采用用户满意指数测评方法。

近年来,民航系统坚持"以人为本",采取了一系列有效措施,不断提高服务质量:①进一步完善消费者事务工作体系和制度,各地区管理局、航空公司和机场已经建立和完善了受理旅客投诉机制;②组织制定了《民用机场服务质量》;③在航空运输企业中积极推行"顾客服务承诺制",各航空公司、大部分机场均公布和实施了顾客服务承诺;④继续狠抓航班正常工作;⑤加强服务质量监督,定期向社会发布航空公司航班正常率、旅客投诉率和货物/行李运输差错率。在民航各单位共同努力和社会各界的推动下,民航服务质量有明显改善。

为了更好地助力民航强国建设,早日满足《国务院关于促进民航业发展的若干意见》对民航服务工作的要求,2013年,民航局机场司决定立项开展民用机场服务质量评价研究工作,由中国民航科学技术研究院负责评价标准的制定及评价的具体实施工作。2013年,该项目对全国30座机场进行了评价,包括21座千万级机场和9座中小机场。30座机场的服务质量综合得分为83分,评价结果较好。

自2014年起,评价工作改由中国民用机场协会、中国民航科学技术研究院和中国民航报3个单位共同主办。2014年参加机场服务质量评价的机场共有20座,机场服务质量综合得分为79.97分。其由旅客满意度、评审员评价的旅客服务和安全服务3项得分加权而来。其中,旅客满意度得分为86.92分,处于良好水平。这20座机场包括年旅客吞吐量超过1000万人次的机场,11座年旅客吞吐量在500万~1000万人次的机场,以及8座年旅客吞吐量在100万~500万人次的机场。2014年参评机场的服务质量综合得分略低于2013年参与评价的30座机场的综合得分,但2013年参评机场的旅客满意度得分是85.61分,略低于2014年参评机场。

根据机场旅客吞吐量的不同,服务质量评价参照国际惯例,将全国机场划分为5个等级,即年旅客吞吐量超过2000万人次的机场、年旅客吞吐量在1000万~2000万人次的机场、年旅客吞吐量在500万~1000万人次的机场、年旅客吞吐量在100万~500万人次的机场,以及年旅客吞吐量100万人次以下的机场。为了全面提升我国机场整体服务水平,机场服务质量评价主办方根据参评机场获得的综合得分,设置了带有综合性质的大奖——机场服务质量优秀奖,并根据旅客满意度得分情况设立了旅客满意优秀奖作为单项奖,具体获奖名单见表12-1。

表 12-1　2014 年机场服务质量评价获奖名单

| 机场服务质量优秀奖 | 旅客满意优秀奖 |
|---|---|
| ① 北京首都国际机场股份有限公司 | ① 上海国际机场股份有限公司 |
| ② 上海机场有限公司虹桥国际机场公司 | ② 杭州萧山国际机场有限公司 |
| ③ 重庆机场集团有限公司 | ③ 成都双流国际机场股份有限公司 |
| ④ 西安咸阳国际机场股份有限公司 | ④ 武汉天河机场有限责任公司 |
| ⑤ 厦门国际航空港股份有限公司 | ⑤ 长沙黄花国际机场 |
| ⑥ 天津滨海国际机场 | ⑥ 哈尔滨太平国际机场 |
| ⑦ 大连国际机场股份有限公司 | ⑦ 南昌昌北国际机场 |
| ⑧ 青岛国际机场集团有限公司 | ⑧ 南宁吴圩国际机场 |
| ⑨ 元翔(福州)国际航空港有限公司 | ⑨ 银川河东国际机场 |
| ⑩ 内蒙古呼和浩特白塔国际机场有限责任公司 | ⑩ 云南机场集团有限责任公司丽江机场 |
| ⑪ 合肥新桥国际机场 | |
| ⑫ 长春龙嘉国际机场 | |
| ⑬ 内蒙古包头民航机场有限责任公司 | |
| ⑭ 西宁曹家堡机场 | |
| ⑮ 珠港机场管理有限公司 | |
| ⑯ 大庆萨尔图机场管理有限公司 | |

中国民用机场协会理事长表示,评价工作的开展和对评价成绩优秀的机场予以分类表彰,是为了更便于全国机场依据自身发展实际,对照相应服务标杆,提升自身服务水平。中国民用机场协会计划利用 3～5 年的时间将服务质量评价工作推广到全国所有机场。

中国民航协会用户工作委员会相关领导介绍说,通过对民航用户满意指数模型主要模块的分析可以看出,2014 年用户切身感受到的民航服务价值、服务质量、民航企业形象等都有所提升,用户抱怨率也比上年降低很多。这些数据表明,民航企业在服务质量提高方面做出了很大努力,得到了消费者的普遍认可。同时,用户预期质量的提高,说明用户对民航服务的期望和要求更高了,需要民航企业继续努力,追求更高的服务水平和服务境界。

机场的调查结果表明,机场旅客满意度最低的选项在所有选项中的占比为 3.49%,17.57% 的旅客对不正常航班机场餐饮服务表示非常不满意,具体数据见表 12-2。

表 12-2　2014 年旅客对机场不满意项目比重/%

| | | | |
|---|---|---|---|
| 不正常航班机场餐饮服务 | 17.57 | 安全检查的轮候时间 | 2.20 |
| 不正常航班机场休息条件 | 13.38 | 机场人员服务 | 1.99 |
| 不正常航班对旅客情绪安抚水平 | 11.72 | 城市文化特色 | 1.66 |
| Wi-Fi 上网服务 | 10.45 | 机场卫生间 | 1.53 |

续表

| | | | |
|---|---|---|---|
| 机场餐饮价格 | 9.35 | 行李转盘提醒 | 1.45 |
| 不正常航班机场信息通报 | 8.75 | 行李推车 | 1.30 |
| 机场商品价格 | 8.21 | 自助值机设备 | 1.13 |
| 机场停车场收费 | 7.38 | 机场环境卫生 | 1.13 |
| 电源插座数量 | 6.44 | 机场指示牌 | 1.07 |
| 机场大巴发车频率 | 3.89 | 自助值机等候时间 | 0.45 |

随着国民经济的高速发展，民用航空运输在国民经济中的地位日益提高，飞机已成为人们出行的一种大众交通工具，人们对民航服务的期望值非常高。

某次"3·15"活动发布了支持率最高的"十大心愿"：

（1）别让农民成为消"废"者。

（2）机场和航空公司提高服务质量。

（3）填平消费"陷阱"，买东西不用成"N项全能专家"。

（4）不再买到价格掺水、面积缩水、四处渗水的倒霉房。

（5）不再被垃圾短信惊扰。

（6）严查严办非法行医。

（7）教育消费要物有所值。

（8）厂家倒闭、停产，产品维修服务要有人管。

（9）洗坏衣物只退、赔洗衣（物）费的行规该改改。

（10）网上交易的监管更严格。

"机场和航空公司提高服务质量"居第二位，反映了广大群众对航空服务的极大关注。

**案例一**：旅客对机场服务质量的投诉。

（1）机场安检服务工作有待改进。

旅客林某在某机场过安检，一位安检小姐看过机票后，发现机票上"吴"字的"口"两竖稍微拉长，按拼音是对的。安检小姐把机票拿给旁边安检的一位中年男子（称呼男子为"书记"），这位书记拿过旅客的机票和身份证，检查了一会儿又拿到安检值班室递给值班警察，值班警察看过机票还给旅客说"这机票不行，哪里买的"。旅客的机票是在所住宾馆买的，但没有记住代购点的名字和电话，旅客问"怎么办"。警察和安检人员回答"哪里买的找哪"。旅客一下就急了，怎么来得及呢！林某希望安检人员帮忙出个主意，因为他是外地人，对当地不熟悉。安检的书记说"你去办理登机手续处问"，林某跑到柜台问柜台工作人员"刚才给我办手续的人呢"，柜台工作人员说"不知道，不是我们的事"。林某怕误机又跑回安检处，安检的书记说"现在不知你的票是真是假，问题出在哪个环节，怎么来补救，你还要去办理手续的地方"。林某心里已非常着急，再三向这位书记表示时间已相当紧张了,飞机起飞时间马上到了,请你们当中一位来帮助我指明去处,找该找的地方。当时在安检处站着五六个人,但没一人帮忙,林某只好在安检处与大厅间来回跑步,也没问出结果。这时林某忽然想起有困难找民警,于是跑到机场派出所,机场派出所正好有一位警察和一位保安人员,旅客把情况向他们说了一遍(这时在安检处值班的警察也走过来),结果警察表示没办法。林某就像无头苍蝇一样在机场大厅内跑来跑去,得不到半点帮助。最后,旅客只好到补票点重新购买机票,售票小姐看到林某的机票非常负责地打开电脑核对。电脑所显示的林某的名字是正确的,出票地点是环宇航空售票公司。售票小姐告诉林某找这个公司,让他们来交涉。

林某的投诉有两条:①这不是安检处的错,也不是我的错,安检严格把关没错,错的是你们应该告诉旅客该如何办;②作为为民解难的公安民警,对于旅客焦急的求助无动于衷。

(2) 因机场服务不周,耽误了学生学业。

旅客乘坐某航空公司航班从奥克兰经悉尼、广州回北京,到北京落地时间是00:15。旅客坐在后舱倒数第二排 A 座。由于北京天气比出发地冷得多,旅客在下飞机前穿毛衣时,顺手把护照插在座椅前放杂志的口袋里,里面有回程机票、电话本、75 美元、150 新币。在乘务员的催促下,旅客在忙乱中忘拿了护照。他是最后下飞机的。出了飞机客舱,走在候机室大厅时,旅客突然想起并跑回去取。保安不同意,告诉这位学生旅客,他现在已经封舱,正在打扫卫生,解决的办法是找派出所,可派出所没人值班。当时已是深夜两点钟,机场的一名工作人员让这名学生旅客第二天上午 8 点半来。日后,这名旅客的母亲亲自到过机场派出所、飞机队、卫生队及机场值班经理室去查找,但都没有任何结果,然后又多次打电话寻找护照,得到的回答还是没人拾到。全家人绝望了,没护照是很难返回新西兰上学的。3 个月过去了,一天机场的一名工作人员打电话给旅客说护照找到了。旅客立即到机场取护照,但现金已丢失。

在旅客没有出隔离区的情况下,航空公司接航班的工作人员完全可以帮助旅客找回自己的物品,但其责任心不强,服务意识差。

## 12.2.2 坚持 ISO 9000 认证

1. 认证的意义

1993 年 9 月 1 日开始实施的《中华人民共和国产品质量法》规定:"国家根据国际通用的质量管理标准,推行企业质量体系认证制度。"其中,"国际通用的质量管理标准"就是由国际标准化组织 TC176 委员会制定、1987 年颁布、2000 年再次修订的质量管理和质量保证体系,即 ISO 9000 族标准。我国许多机场已经通过了 ISO 9000 质量标准第三方认证。上海虹桥国际机场于 1998 年 7 月 2 日通过了 ISO 9002 质量标准第三方认证,成为中国民航机场行业首家通过认证的企业。近年来,很多国内的机场都成功地通过了 ISO 9000 认证,如北京首都国际机场、广州白云国际机场等。

国际标准化组织认为,可以把机场的"服务"当作一种产品来看待。既然是产品,就会经历被设计,然后交付给客户的过程。同样,"服务"这种产品也能够被持续性地管理。一旦"服务"这种产品被大众所认同和接受,在质量上有所保证,那么"服务"就会变成树立机场品牌的一个重要决定因素。因此,所有通过认证的机场都应该有持续性的、高质量的服务水准。一旦没有满足客户的需求,那么"服务"这个产品就应该被认定为质量不合格。

机场通过 ISO 9000 认证,其目的是希望通过所有的业务过程符合标准,确保一致性,减少人为因素。在某种程度上,机场通过 ISO 9000 认证,也就意味着达到了国际化标准,是一种专业性的表现。采用 ISO 标准也就代表着企业对于质量需求尽到持续性的义务,而外部周期性的审查也保证了这种义务能够有效地完成。

ISO 9000 认证要与业务过程自然结合。ISO 9000 认证并不是一次性事件,做完了就不需要再努力。当然也不能为了通过 ISO 9000 认证,而把机场的业务丢在一边,应该相互融合,不应该有两个体系。

机场安全管理体系应与 ISO 9000 认证有效融合。对于机场而言,安全是头等大事。机场安全管理体系的前提就是假设机场在诸多方面存在安全隐患,而机场员工要在这些安全隐患变成重大问题前,把它们一一消除。机场应该在内部培育出强有力的安全文化,这样就能有效消除不确定因素,降低风险,减少人力和金融成本。

机场可以借助 ISO 9000 族标准建立自身的安全质量管理体系,制定机场的规范化管理手册,在机场及候机楼管理、机场及机务维修、机场安全管理、商业管理和有关航空服务等方面通过认证,实现规范化管理。要创建机场自身的安全运行质量保证体系,建立机场空防、机务、客货运等方面的自我监督检查系统,确保机场在安全的轨道上健康运行,保证机场安全管理工作的持续发展。

2. 实施中的 8 项原则

在 2000 版 ISO 9000 族标准中,ISO 9000 标准起着确定理论基础、统一概念和明确指导思想的作用,具有很重要的地位。实施新版 ISO 9000 标准应遵循以下原则。

(1) 以顾客为关注的焦点。组织依存于顾客。因此,组织应理解顾客当前和未来的需求,满足顾客需求并争取超越顾客期望。顾客是每个组织存在的基础,顾客的需求是第一位的,组织应调查和研究顾客的需求和期望,并把它们转化为质量要求,采取有效措施使其实现。这个指导思想不仅领导要明确,还要在全体员工中贯彻。

(2) 领导的作用。领导必须将本组织的宗旨、方向和内部环境统一起来,并创造使员工能够充分参与实现组织目标的环境。领导的作用,即最高管理者具有决策和领导一个组织的关键作用。为了营造一个良好的环境,最高管理者应建立质量方针和质量目标,确保关注顾客需求,确保建立和实施一个有效的质量管理体系,确保应有的资源,并随时将组织运行的结果与目标进行比较,根据情况决定实现质量方针和

目标的措施,以及持续改进的措施。在领导作风上还要做到透明、务实和以身作则。

(3) 全员参与。各级人员是组织之本。只有他们充分参与,才能通过他们的才干为组织带来最大的收益。全体员工是每个组织的基础。组织的质量管理不仅需要最高管理者的正确领导,还有赖于全员参与。所以,要对员工进行质量意识、职业道德、以顾客为中心的意识和敬业精神的教育,还要激发他们的积极性和责任感。

(4) 过程方法。将相关的资源和活动作为过程进行管理,可以更高效地得到期望的结果。任何资源通过管理,将输入转化为输出的活动,均可视为过程。系统地识别和管理组织所应用的过程,特别是过程间的相互作用,就是"过程方法"。企业的质量管理体系就是通过一系列的过程来实现的。过程方法要求对机场质量管理体系所需要的过程,包括管理活动、资源管理、产品实现和测量等,明确其顺序和相互作用;机场还要确定每个过程中有哪些必须开发的关键活动,并明确管理关键活动的职责和义务。例如,机场可以将地面服务的测量、分析与改进作为一个过程。这个过程的输入是地面工作日志,质量部门收集质量情况及旅客意见表或表扬、投诉等,通过监管部门的上门回访或电话回访、质量总结、拟订改进措施等管理工作后,输出地面服务对产品的评价和改进,而其中的关键活动则是明确地面服务质量有哪些不到位的地方、如何持续改进。

(5) 管理的系统方法。针对设定的目标,识别、理解并管理一个由相互关联的过程所组成的系统,有助于提高组织的有效性和效率。所谓系统,就是"相互关联或相互作用的一组要素"。系统方法和过程方法的关系非常密切,它们都以过程为基础,要求对过程间的相互作用进行识别和管理。但前者着眼于系统和实现总目标,后者着眼于具体过程。

(6) 持续改进。持续改进是组织的一个永恒的目标。持续改进是"增强满足要求的能力的循环活动"。航空市场千变万化,旅客会不断提出新的要求。从概念上讲,持续改进是指在现有水平上不断提高产品质量及管理体系的有效性和效率。在质量管理体系中,持续改进包括:了解现状,建立目标,寻找、评价和实施解决办法,测量、验证和分析结果,把更改纳入文件等活动。

(7) 基于事实的决策方法。对数据和信息的逻辑分析或直觉判断是有效决策的基础。决策是针对预定目标,在一定条件下,从多方案中选出最佳的一个付诸实施。基于事实的决策方法要求机场做出决策时要有事实依据,防止决策失误。在质量管理上,要有意识地收集与目标有关的各种数据和信息,包括规定收集信息的种类、渠道,并通过鉴别,确保数据和信息的准确性和可靠性。在对信息和数据做科学分析时,统计技术是最重要的工具之一。统计技术可用来测量、分析与说明产品和过程的变异性,为持续改进的决策提供依据。

(8) 互利的供需关系。组织与供方相互依存,通过互利的关系,增强组织及其供方创造价值的能力。在 ISO 9000 族标准的"供方—组织—顾客"供应链中,如果供方向机场提供的产品不合格,势必影响到机场提供产品的质量。机场在建立与供方的关系时,要考虑长远利益,要建设一个清晰和公开的沟通渠道,与供方共享必要的信息和利益,共同商讨改进措施,承认对方的改进成果,使供需双方达到"双赢"。因此,在处理与供方的关系时,对供方不能只讲控制,不讲合作互利,特别是对关键供方,更要建立互利关系,这对组织和供方都有利。

### 12.2.3 树立服务质量的新理念

1. 以人为本,以客为尊

以人为本,就是要以广大旅客为本,而不是以个人或小部门为本。以人为本应是一切思考和行动的最终出发点和落脚点。因此,要摆正局部利益和全局利益、部门利益和旅客利益、眼前利益和长远利益的关系,做到权为民所用、情为民所系、利为民所谋。要把旅客的呼声和要求作为第一信号,把旅客满意作为第一目标,把实现旅客利益作为第一追求。要处处讲求尊重人、爱护人、关心人,处处从方便、体贴、适合人的需要的角度思考问题等,要为旅客安全、便捷、舒适的空中旅行创造有利的环境条件,使广大旅客的旅途生活更美好、更舒心。

**案例二**:路径狭窄处,留一步与人行。

旅客刘先生到达北京首都国际机场时已经是晚上10点多钟,发现提取的行李拉锁损坏,便到为该承运人负责做代理的行李查询柜台做申报。当刘先生提出行李拉锁的问题时,胸佩实习卡的工作人员拿出该承运人印制的"×公司行李免赔通告",指着上面标的10项属轻微破损内容中第7项"隐形损失"一栏对旅客讲:"你的情况属于这类,所以不能赔偿。"旅客坚决要求值班经理出面解决。30min后,这名工作人员通过电话征得值班经理的同意,为旅客办理赔偿50元人民币的手续,此时已近午夜时分。第二天,旅客提出投诉,认为代理人在处理过程中,"没有把旅客放在眼里",要求当天代理人的值班经理和当事人登门道歉,并且在北京各大媒体公开致歉。

旅客刘先生的行李破损事故,并不是一件很难处理的事情。因为按照承运人的授权规定,代理人有权在200元人民币内给予妥善处置。但是,接待旅客的工作人员由于缺少经验,服务态度没摆正,认为旅客"无理取闹",无视旅客的正当要求,没有在第一时间妥善处理问题,导致了投诉升级。这个问题值得民航工作人员思考。

如何平息旅客的误解和不满,从而避免"战争升级"呢?能不能以"用宽容复制出更多宽容"的心态来对待诸如此类的事件呢?常言道:"路径狭窄处,留一步与人行。"代理人首先应该在承运人和旅客之间找准自己的定位。服务行业最忌讳的是先入为主地将旅客看成"来者不善""成心找碴儿""无理取闹"。

让我们把镜头拉回到事件发生时的情景:如果旅客来查询柜台时,工作人员能够主动走出柜台,着意看一下旅客的行李损失情况,然后代表承运人诚恳地对旅客说声"对不起",那旅客还会因此而积攒怒气吗?如果根据旅客损失的情况,在代理权限内,工作人员爽快地为旅客办理适当的赔偿,旅客还会拒绝吗?如果在发觉事态有些

失控时,能立刻请老同志(或领导)来给予旅客适当的解释(毕竟他们的处理经验要比实习人员丰富),旅客还会追究实习生的责任吗?如果后续负责处理的工作人员能够充分体谅旅客的情绪,明确解决态度,并充分认识到此事如果处理不好,可能给承运人和代理人带来负面影响,结果还会如此被动吗?

这起事件中有太多的"如果",而最后的难堪后果却要承运人或代理人承担。如何吸取这个教训,避免将行李"事故"人为地发展成"事件",是民航工作人员在今后工作中值得思考的问题。

另外,我们也应看到,目前行李运输事故频发而导致的行李不正常问题大量增加,使得行李查询工作人员的工作压力增大。一方面,他们要面对来自旅客的质疑;另一方面,他们还要承受各方的不理解。压力越来越大,久而久之,从事行李查询工作的人难免会出现失误。

当然,再多的理由也不能成为服务方出现失误的借口,尽快掌握承运人的各项行李赔偿规则,熟练使用各种服务技巧,妥善处理行李不正常运输事故,才是行李查询和赔偿工作人员应追求的目标。

**案例三**:真情服务从"五心"开始。

2005年,哈尔滨太平国际机场获得旅客吞吐量300万人次以下组的"用户满意优质奖",他们的经验是"真情服务从'五心'开始":一丝不苟"责任心"、细微之处献"爱心"、周到服务见"关心"、延伸服务您"放心"、优良环境您"舒心"。

服务不是口头禅,而是实在的行动。在"以人为本"的理念下,哈尔滨太平国际机场旅客服务部从"五心"服务入手,不断更新服务观念,塑造了风格独特、高效优质的现代客运服务新形象。

旅客乘坐飞机出行求的是便捷、舒适和安全,行李少到、晚到或破损是旅客行程中最烦心的事。针对这一点,他们制定了行李查询工作10条"心约",即"查询工作要热心,行李牵动旅客心;查询工作要耐心,热情服务减操心;查询工作要细心,精通业务暖人心;查询工作要公心,用户利益记在心;查询工作要诚心,问题不解不放心",并推出了24h行李查询服务,及时办理查询业务和赔偿手续。只要证实了查询结果,他们就附上"致歉卡",不分昼夜地派人将晚到行李送到旅客手中。

微笑服务会使旅客心情愉悦,周到的服务则带给旅客更多的便利。他们还引入了"3米态度"(旅客走进服务人员3m范围内时,服务人员主动询问旅客的需求),开展了三个"多一份"活动(多一份微笑、多一份细心、多一份满意),真正做到了"迎来一位旅客,交上一个朋友;送走一位旅客,留下一片真情"。

2. 延伸一小步,优质服务两重天

网上曾经流传一段"家猫吃卡后的投诉处理"录音,内容是一位手机用户由于SIM卡被家猫吞入而打给运营商的投诉电话,先来看看录音是怎么说的。

"您好,我有一张卡,被我家猫给吃了,拿出来还能不能用?"

"您好,这个您可以先试一下,如果不能用,您只能去营业厅补办一张卡。"

"不是,如果你告诉我能用,我就把猫宰了拿出来;如果不能用,我就不浪费一只猫了,我家猫花30块钱买的,卡是150块钱办的。"

"您好,建议您不要宰猫,直接带上您的身份证到营业厅花40元补办一张卡。"

"那我的猫怎么办?现在,我第一着急我的卡用不上,第二怕我的猫被噎死,这完全是你们的责任,你们的卡那么漂亮,被猫看上了,怎么你们不帮我解决呢?"

"您好,这个我们就不太清楚了。我们只能解决手机问题,关于猫的问题我们解决不了。"

"我是你们的客户,你们怎么能推脱问题呢?你们的规章制度上写有不解决猫吃卡的问题么?没有,那你就要帮我解决啊!"

……

乍听这段录音,谁都会哑然失笑,并惊讶于这位用户的无理和荒谬。

再看服务台这边,接线小组则始终礼貌地称呼"您好",并不断解释原因和手机卡的处理办法,一切于规章没有丝毫违背。

不过,一切就这样一笑而过吗?服务真的到此为止吗?

服务的界限一般是由服务提供者划定的。在服务界限之内,服务提供者能够通过自己的行为解决用户的实际问题,那么换一种思路,如果能够跨过已有的服务界限,在此之外的延伸服务是否会有更多的闪光点呢?答案是肯定的。"家猫吃卡"事件如有以下延伸服务,将是非常完美的结局。

"您好,很抱歉,我们对于动物的这种情况不能妄加猜测,建议您找兽医或宠物医院咨询一下如何处理。不过您可以告诉我您的位置,我可以帮您查询比较近的宠物医院的咨询电话。"

"那好吧,我在虹桥机场。"

"稍等……嗯,这里有两家宠物医院的电话,您可以咨询一下,它们的电话是6622778 和 5432123。"

"好的,多谢!"

这种延伸服务更多的是一种信息服务。例如,旅客在询问到达机场的时间时,可能还想知道如何从机场乘车到市区;长航线的旅客可能需要一个在目的地穿衣多少的建议;在重点航线或旅游航线上的城市,如果旅客在登机或下机时获得一份旅游指南,可能会喜出望外。

**案例四**:延伸服务创造完美的旅程。

希望每位旅客都有完美的旅程,怎样才能做到?海南航空乘务员有个六字心得:直觉、感觉、心觉。直觉就是站在旅客的角度,让人感觉顺眼舒服;感觉就是凭着乘务员的细心,从旅客的哪怕是一个表情、一个动作揣摩旅客的意思;而心觉就是让服务有回味的地方,让旅客在下一次出门时,第一个想起的是海南航空,让海南航空的服务沉淀在旅客的心底,分享给朋友和家人。

让服务沉淀在旅客心里,这简单的几个字并不是那么容易做到的。海南航空讲究"开口前服务",在旅客开口前就提供给他贴心的服务;而如果是旅客提出的问题,海南航空则有"首问责任制",就是首先被询问的乘务员都要负责到底,高效地解决乘客的任何疑难问题。哪怕仅仅是一盒无糖餐的要求,也会紧紧记在心里,在下一次航班满足旅客的要求。

为了最大程度上减少旅客旅途的不便,海南航空推出延伸服务的概念。如航班延误,有些需要转机的旅客自然会非常着急,海南航空的延伸服务就会启动。乘务员在空中统计好需要签转的人数、是否托运行李,机长提前与地面联系,海南航空的地面服务人员在飞机落地之前就帮助旅客把转机的手续办好。而这项"及时签转其他航班服务"仅仅是及时向旅客解释航班延误原因,及时将航班动态通知旅客,安排旅客餐食、交通、住宿、暂存行李、转运行李、遗失物品查询与交接种种针对航班延误所提供的延伸服务中的一项。

除此之外,海南航空还从人文关怀的角度提供服务。例如,旅客出门在外,除了公务,很多是乘飞机出来旅行的。海南航空经过特殊培训的空乘"机上旅行小灵通"会告诉旅客什么景点值得一去,什么地方的东西最好吃,什么酒店最有特色等;对老人和小孩,海南航空有"爱心天使"帮助他们得到像家人般的照顾;如果旅客扣子掉了或哪位男士出门没来得及剃胡子,别着急,海南航空的"家居式体贴服务"能为旅客提供针线或剃须刀……

又如,为了应对旅客在飞机上突发疾病的情况,海南航空对乘务员进行了专业培训,目前已有17名乘务员获得"国际红十字"会员和救护员资格。这些机上急救员在紧急情况下可以对旅客进行初步救护,最大限度地保证旅客的生命安全。

3. 服务的最高境界是"入心"

顾客的期望值不断提高。有人认为,现在的顾客越来越挑剔,越来越难服务了,却不知顾客满意是相对的、动态的,顾客的需求随着人民生活质量的提高,似乎永无止境。过去,顾客购买机票时首先着眼于航班的时间和服务项目。如今,顾客购买机票时,面对多家航空公司提供的同样的产品,比较重视航空运输企业品牌、价格、时间、机型,会考虑航空公司能否给自己的旅行带来活力、舒适性和美感。

一位乘客乘坐新加坡航空公司(简称新航)的航班出行,新航远程航班上每个座位前面都有娱乐系统,偏偏他那一排座位前面的娱乐系统荧光屏出现了故障,新航的空姐多次调试都无效。本来他对此并不在意,"空姐当然不是技师,而且没有娱乐系统也不是什么大事,反正闭目养神,很快就到目的地了。"但30min后,新航空姐却为他和其他没有享受到娱乐系统服务的乘客带来了意外惊喜——新航特意为每人准备了一张50美元的购物礼券。凭借此券,乘客可在机上购买任何购物册上的商品,用完为止,无附加条件。

平躺的舒适座椅、样式繁多的可口餐食、种类众多的空中娱乐系统，都仅仅是优质服务的一个方面。客舱硬件设施的改造和提升对于乘客来说，只是生理上感到更加舒适而已。优质的服务远远不止于此。新航用一张小小的购物礼券为乘客带来的愉悦，恐怕要远远高于航班上娱乐系统所能"创造"的快乐。乘客自己并没有放在心上的一件小事，新航的空姐却能够如此用心，可见新航对每位乘客的重视与尊重。这或许就是新航的服务在全球航空界赢得良好口碑的重要原因吧。

我们常说要用心为乘客服务，这种"用心"并不单纯体现在空姐甜美的微笑、规范的服务动作上，更需要依靠细节来传递。英国航空公司的蹲跪式服务让乘客不再感到空姐"居高临下"，最大程度上消除了乘客与空姐间的距离；新航登机牌上的小小三色标识，减少了乘客在机舱内的拥挤和等待时间。正是这些深入乘客心中的细节，带来了乘客最美好的空中体验，更带来了乘客对航空公司的赞赏和认可。

"人心"其实是服务的最高境界。"想乘客之所想、供乘客之所需、急乘客之所急"，这些口号说起来简单，要做好却并不容易。让乘客记住一家航空公司不难，但是让乘客总能想起一家航空公司就不容易了，"人心"正是打开乘客心灵之门的一把钥匙。

4. 持续的顾客满意是航空运输企业质量管理的最终目标

为什么航空公司要始终致力于为旅客提供满意的服务？原因很简单，这可以提高旅客对航空公司的忠诚度，从而增加旅客"再次购买"的可能。但我们绝不能因此而得出这样的等式：

旅客满意＝旅客忠诚＝再次购买

因为实际情况要比这个等式复杂得多。在一项消费者调查中，44%宣称对企业满意的消费者经常变换品牌。一名满意的旅客在"再次购买"时却选择了另一家航空公司，原因可能仅仅是另一家航空公司在购票时附赠小礼物。今天，仅使旅客满意的航空公司很难真正吸引旅客的注意力，旅客随时可能转而乘坐其他航空公司的航班。旅客满意度与其期望有关。当旅客接受了与其预期相符的服务时，旅客是满意的；服务未达到旅客的预期，会导致旅客产生不满情绪；而当服务水平超出其预期时，旅客会十分满意。高度的满意培养出的不只是一种理性偏好，更是品牌对旅客在情感上的吸引力，并且这种吸引力将建立起较高的旅客忠诚度。

不满意的旅客当然会离开，而且只要还有选择的余地，满意的旅客也未必会留下来。因为可以使他们满意的航空公司还有很多，旅客可以做更多的尝试——只有高度满意的旅客才会真正长久地留下来。航空公司为使旅客高度满意，就必须提供超出旅客预期的服务，而旅客的预期也会随着服务水平的提高而提高，这是否会形成一个渐高的循环，从而使企业背上越来越重的成本包袱呢？这种可能是存在的。20世纪90年代初，只要能在售票处买到机票就十分满意的旅客，面对今日送票上门的服务也未必会感到满意，这无疑是个令人心烦的问题。当前，一家航空企业费尽心机创造出吸引旅客的手段，可能很快就会被另一家或另几家航空企业模仿。服务型企业

就是这样,今天的优势明天就可能不复存在。要想始终保持优势,就要不断地努力、不断地创新、不断地提升服务水平,这是一件耗费精力和金钱的事情,但与失去一名旅客的代价相比,这种努力和花费是很划算的。

失去一名旅客对航空公司意味着什么?当然不是损失一张机票的收入那么简单。国际航协的统计数据显示:每27名对航空公司不满意的旅客中只有1人向航空公司投诉;对航空公司不满意的旅客中,91%的人不会再选择该航空公司;不满意旅客会将他们的经历向8~16个人诉说,10%的人会向20多人诉说。根据这些数字,做一些简单的计算就可以很清楚地看到这样一个事实:当航空公司接到一名旅客的投诉,且认识到它会失去这名旅客时,它实际上已经失去了至少24名旅客,而且会有270人受到不满意旅客的影响,从而对航空公司产生不佳印象。航空企业失去一名旅客后,若不想缩小其市场份额,就必须再吸引一名新的旅客,而吸引一名新旅客的花费肯定比保住一名老旅客要高得多。正因为如此,使旅客满意并建立起旅客忠诚度对航空公司是十分重要的,而且从成本上讲也是相当经济的。

企业能否扩大市场占有率,主要取决于产品和服务满足顾客需求的程度。只有使顾客满意,他们才会购买,才有可能成为企业的忠诚顾客。若航空运输企业不能持续地改进其产品和过程,以达到持续的顾客满意,就培养不出一批忠诚的顾客,就会始终处于追逐新顾客的境地,航空运输企业就将十分危险。因此,持续的顾客满意是航空运输企业质量管理的最终目标。

## 12.3　机场服务质量标准

2006年10月16日,中国民航局颁布了《民用机场服务质量》(MH/T 5104—2006),该标准自2007年1月1日起正式实施。《民用机场服务质量》作为行业推荐性标准颁布实施,填补了我国民用机场没有统一的服务质量标准的空白。

本节摘录了民航机场管理有限公司《民用机场服务质量》课题组关于编写该标准的说明。

### 12.3.1　编制背景

民用航空运输业是一个服务行业。机场作为民用航空的重要组成部分,发展到今天,已经不仅仅是航空运输的地面保障设施,旅客和公众对机场服务水平的关注程度越来越高。世界上一些经营管理比较好的机场,如新加坡的樟宜机场、我国香港国际机场及欧洲的一些机场,都非常重视机场的服务品质。机场通过为航空公司、旅客和货主提供优质的服务,树立机场良好的形象和品牌,不但为自身带来了很高的商业价值,也创造了很好的社会效益。

20世纪80年代以来,全球机场业的商业化、私有化和自由化浪潮给机场管理和运营模式带来了深刻变革。第三方服务提供商对机场业务的参与,进一步刺激了机场业的竞争和发展,世界各大机场也都在探索如何实现机场服务质量的标准化与专业化管理,各国政府对消费者利益的保护和机场对消费者服务的承诺进一步加强,从而使行业监管与行业自律变得日益重要。

### 12.3.2 编制缘由

改革开放以来,我国的机场经过大规模的建设和改造,基础设施等硬件条件得到了大幅度改善。但在软件方面,如服务质量,总体上还不能满足旅客、航空公司不断提高的服务要求,并且与国际先进水平还有不小的差距。近几年,国内一些机场陆续推出了顾客服务承诺、服务标准、服务宪章等,但这些标准与承诺大多只涉及机场服务的某些方面,没有完整和系统地涵盖机场服务的全部内容,各机场承诺的内容、标准、要求差异也较大,缺乏全面性、系统性和规范性。《民用机场服务质量》的颁布,将为各机场结合自身实际制定本机场的服务标准、建立健全服务质量管理体系、实行标准化服务提供参考依据,对促进各机场树立以人为本的服务理念、规范服务质量管理、逐步与国际先进水平接轨、不断提高服务质量和管理水平具有重要作用。

### 12.3.3 编制过程

2004年5月,受民航局机场司的委托,民航机场管理有限公司(CAM)开始编制《民用机场服务质量》和《民用机场服务质量评价体系》。2005年4月,民航局批准该标准和评价体系立项。

《民用机场服务质量》是由民航机场管理有限公司受民航局机场司的委托组织研发编制的。在标准编制期间,民航机场管理有限公司编写组先后调研了北京、上海、广州、青岛、常州、沈阳、大连等不同规模和等级的机场,同时积累了大量的国际、国家和行业标准作为参考,对新加坡、中国香港、巴黎、法兰克福、曼彻斯特等国家或地区的机场在服务质量管理方面的经验和做法进行了深入研究。标准的编制运用了系统工程学、运筹学、统计学等原理和方法,坚持以人为本,遵循以顾客需求为导向的原则,经过多次讨论并广泛征求了各方面的意见。在报民航局审定前,编写组还运用该标准对北京、沈阳等9家机场进行了实际检验和完善。《民用机场服务质量》以机场服务流程为主线,由通用服务质量、旅客服务质量、航空器服务质量、货邮服务质量和行李服务质量五部分组成。考虑到对于客户来讲,机场的服务是一体化的、系统的,因此,将第三方在机场为客户(旅客、货主、航空公司)提供的服务也纳入本标准中予以统一规范。

### 12.3.4 编制原则及思路

本标准在编制方面,遵循以下几项原则。

1. 以人为本、以顾客(旅客、航空公司、货主)为导向原则

在日常管理中,管理者可能认为机场的服务很好,但顾客却不同意,那么机场就

要进行综合分析和评判。因此,理解顾客期望什么及其影响因素,对于提高服务水平是至关重要的。本标准不是从机场运营者或管理者的角度来制定的,而是从旅客、航空公司、货主等顾客的角度,以顾客的期望、需求和价值判断为出发点,以顾客所能感受到和体验到的机场服务范畴为主来制定的,如图12-1所示。

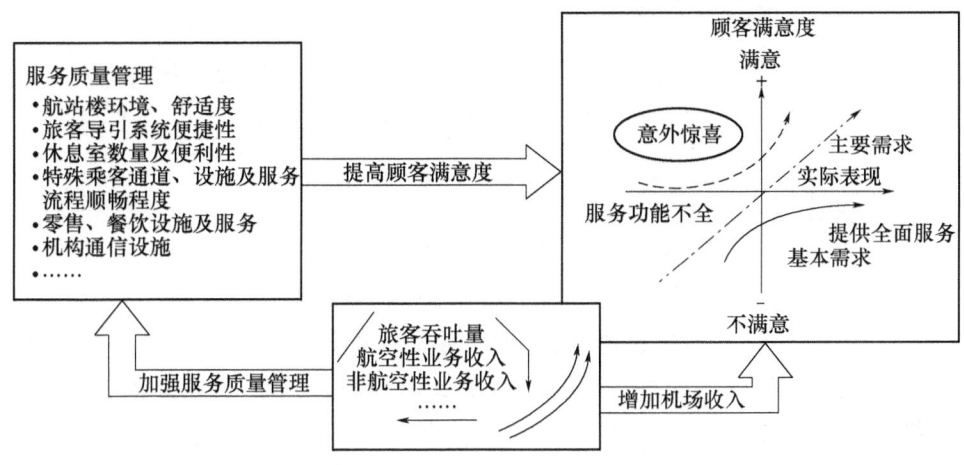

图12-1 "提高顾客满意度"示意图

2. 科学性和规范性原则

本标准充分借鉴和参考了国际、国家和行业标准,以及国内外先进企业的服务标准,力求吸收国际上多年实践积累的先进经验和做法,强调标准的科学性和规范性,与国际接轨。

所参考的主要标准有以下几个。

(1) 国际标准(I):ICAO、IATA、ACI、FAA等有关国际或地区性组织发布实施的民用机场服务标准及相关标准。

(2) 国家标准(GB):国家颁布实施的与民用机场服务有关的法律、法规、条例和标准。

(3) 行业标准(MH):民航局颁布实施的有关规定和技术标准等。

(4) 企业标准(C):国内外一些机场和航空公司现行的先进的服务标准、规范、承诺、工作程序、操作规程和质量指标等。

3. 系统性与创新原则

(1) 服务系统的分析与设计。本标准以机场服务流程为主线,由通用服务质量标准、旅客服务质量标准、航空器服务质量标准、货邮服务质量标准、行李服务质量标准5部分组成,如图12-2所示。

(2) 关键指标的筛选与分级。本标准通过借鉴其他标准、服务质量评价实践和综合分析对比,确定机场服务系统中那些有效影响顾客服务感受的关键绩效指标(KPI)。同时,运用层次分析法对这些指标进行逻辑递延分析,使标准总体框架清晰、逻辑关系明确、指标分布层次合理。例如,"旅客服务"为一级指标,再层层往下延伸,分解为二、三、四、五级指标。

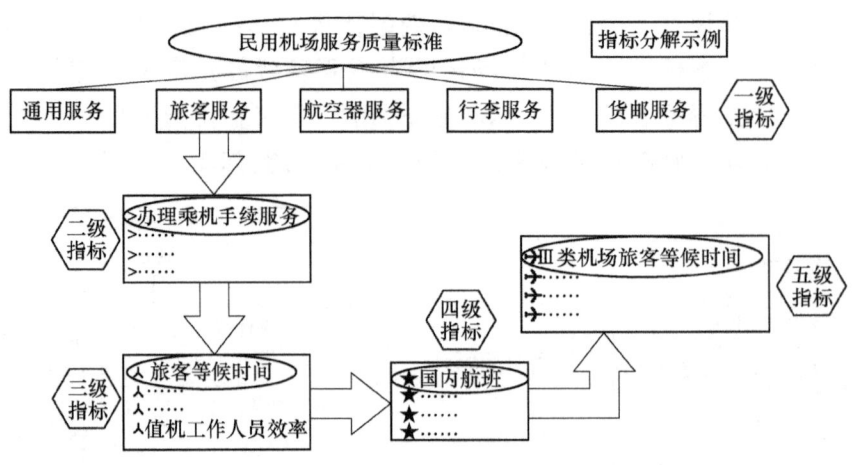

图 12-2　中国机场服务标准总体框架

（3）标准内容体现"五项标准元素"和"两大标准类别"。

"五项标准元素"——根据各服务指标的具体情况，可从"服务提供者、服务设施设备、服务规范与要求、时间/空间/效率、信息传递"五方面进行规范。"服务设施设备""时间/空间/效率"较多体现了客观或硬性服务质量的要求，尽量淡化服务设计，从满足服务功能，强调设备设施完好率、安全性、便捷性与适用性等角度出发。"服务提供者""服务规范与要求""信息传递"较多体现了主观或软性管理的要求，强调工作人员基本服务规范、岗位规范、服务态度、服务礼仪、服务资质和准入等。

"两大标准类别"——所有标准可分为两大类，即主观标准和客观标准，两类标准并举。主观标准主要取决于顾客对机场服务表现的主观体验和判断，是定性和不可量化的，如员工服务态度。客观标准是对服务流程关键绩效指标的量化，是可量化的，如时间、空间要求，如图 12-3 所示。

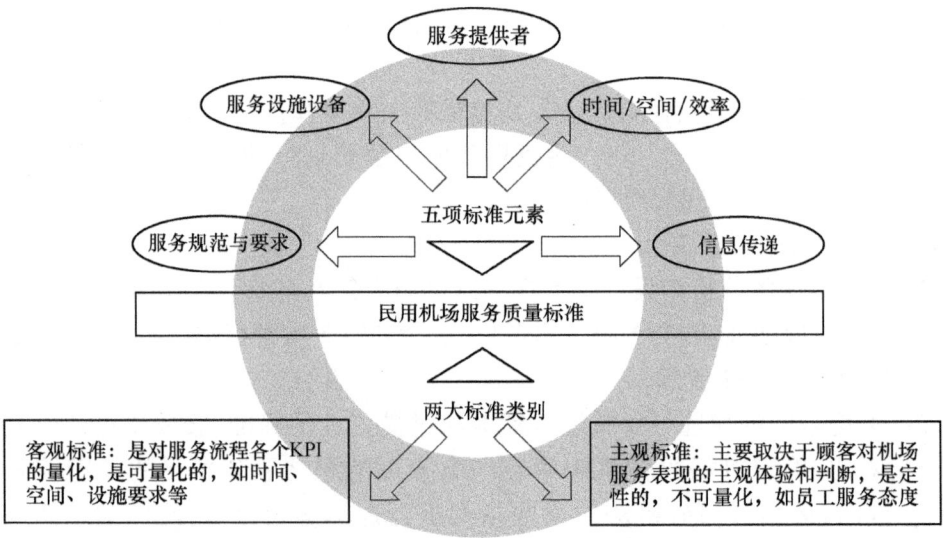

图 12-3　服务质量标准元素分解图

### 4. 标准分类原则

截至 2004 年底,我国内地运输航班机场达到 137 个。由于机场规模存在差异,不同规模的机场为顾客提供的服务标准也不可能一致。因此,我们按照机场客流量的大小对机场进行了分类,并对一些关键指标按不同类别设定了不同的标准。同时,考虑到旅客、航空公司对客流量还没有达到相应等级规模的区域枢纽机场和直辖市/省会机场的服务质量期望较高,将这类区域枢纽机场和直辖市/省会机场相应划入了较高等级。具体分类标准见表 12-3。

表 12-3 民用机场分类标准

| 机场分类 | | 标 准 |
|---|---|---|
| 依据:<br>民航局行业规划<br>机场客流量<br>运营范围 | Ⅰ | 旅客吞吐量 1000 万人次及以上(上海等门户枢纽机场) |
| | Ⅱ | 旅客吞吐量 500 万～1000 万人次,包括不足 500 万人次旅客吞吐量的区域枢纽机场 |
| | Ⅲ | 旅客吞吐量 100 万～500 万人次,包括不足 100 万人次旅客吞吐量的省会机场 |
| | Ⅳ | 旅客吞吐量 50 万～100 万人次 |
| | Ⅴ | 旅客吞吐量 10 万～50 万人次 |
| | Ⅵ | 旅客吞吐量 10 万人次以下 |

### 5. 实践原则

本标准的制定为各民用机场的服务质量管理和政府、社会公众对机场的监督提供了科学依据。但是如何根据本标准对机场服务质量进行科学的评价是一个全新的课题,民航机场管理有限公司在制定《民用机场服务质量》的同时,也基于该标准同步研发了《民用机场服务质量评价体系》,分为顾客满意度评价和管理成熟度评价两部分(图 12-4 和表 12-4)。

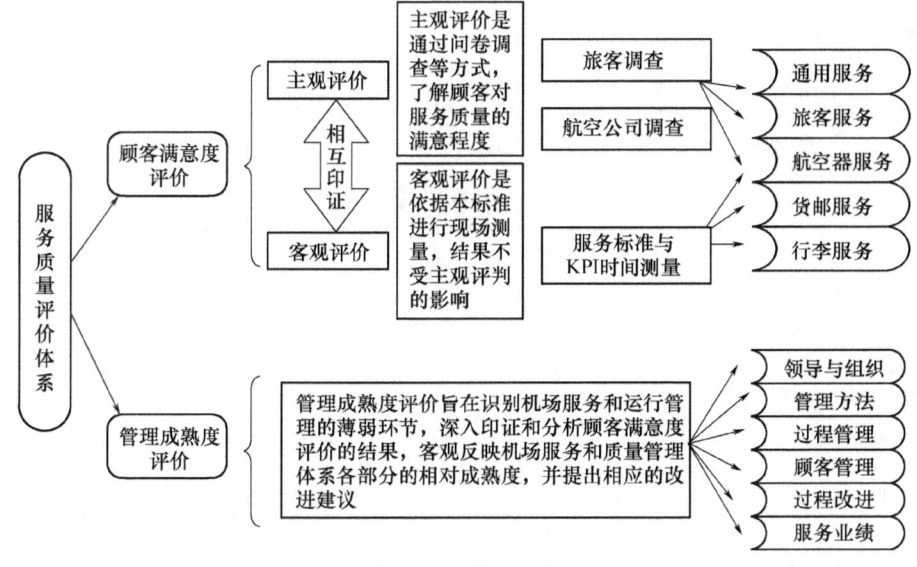

图 12-4 民用机场服务质量评价体系

表 12-4  CAM 评价与 IATA/ACI 评价对比

| | IATA/ACI 评价 | CAM 评价 |
|---|---|---|
| 评价范围 | 全球主要国际机场的国际旅客满意度评价 | 1. 全国民用机场<br>2. 国际、国内旅客满意度评价<br>3. 航空公司满意度评价 |
| 评价方式 | 主观评价 | 主观评价与客观评价相辅相成、相互印证 |
| 评价指标设置 | 30 项 | 32 项,既涵盖了 IATA/ACI 的 30 项评价指标,又结合国内民用机场的实际,增加了"航班不正常信息服务"等几项指标 |
| 样本投放 | 所有被评价机场的调查表投放量相同(300 份),置信度和可比性较低 | 所有被评价机场的调查表按不同吞吐量确定投放量,以确保较高的置信度和可比性 |
| | 按航空公司航班比重抽样 | 除了航班比重,还考虑国际和国内航班、地面代理、航线分布、航空公司市场比重及航班高峰时段等因素 |

顾客满意度评价包括客观评价和主观评价。客观评价根据本标准选取 KPI 进行现场测量,评价结果不受主观评判的影响。主观评价主要通过问卷调查等方式来了解顾客对机场服务质量的满意程度,包括旅客调查和航空公司调查等方式。主、客观评价相辅相成、相互印证,评价和统计方法直接与国际接轨。通过对评价结果的统计和相关性分析,衡量机场服务质量状况。

管理成熟度评价独立于顾客满意度评价,可以深入印证顾客满意度评价的结果,客观全面地评价机场服务管理能力,能帮助被评价机场识别服务管理薄弱环节,发现服务改善的潜力和空间,为决策及管理层提供科学的结论和有价值的信息。

## 12.3.5 标准主要内容说明

本标准共包含一级指标 5 项、二级指标 56 项、三级指标 259 项、四级指标 470 项、五级指标 590 项、标准 962 款,见表 12-5。

表 12-5  民用机场服务质量分级指标一览表

| 分类 | 一级指标 | 二级指标 | 三级指标 | 四级指标 | 五级指标 | 标准数量 |
|---|---|---|---|---|---|---|
| 通用服务质量标准 | 1 | 15 | 66 | 159 | 212 | 326 |
| 旅客服务质量标准 | 1 | 15 | 73 | 132 | 170 | 292 |
| 航空器服务质量标准 | 1 | 9 | 63 | 93 | 112 | 207 |
| 货邮服务质量标准 | 1 | 11 | 34 | 50 | 59 | 89 |
| 行李服务质量标准 | 1 | 6 | 23 | 36 | 37 | 48 |
| 总数 | 5 | 56 | 259 | 470 | 590 | 962 |

通用服务质量标准主要涉及两方面标准：①与机场全程服务都有关的标准；②旅客、航空公司、特许服务商、接机/送客/参观者等顾客在不同程度上共用的服务项目及与其服务感受有关的标准。它包括 15 项二级指标：进出机场的地面交通服务、航站楼公共信息标志系统、航班信息显示系统、问讯服务、公众广播、公众告示、航站楼空间、航站楼舒适度、航站楼清洁度、航站楼旅客运输系统、洗手间、航站楼动力能源系统、航站楼其他弱电系统、办公环境和设施、工作人员，如图 12-5 所示。

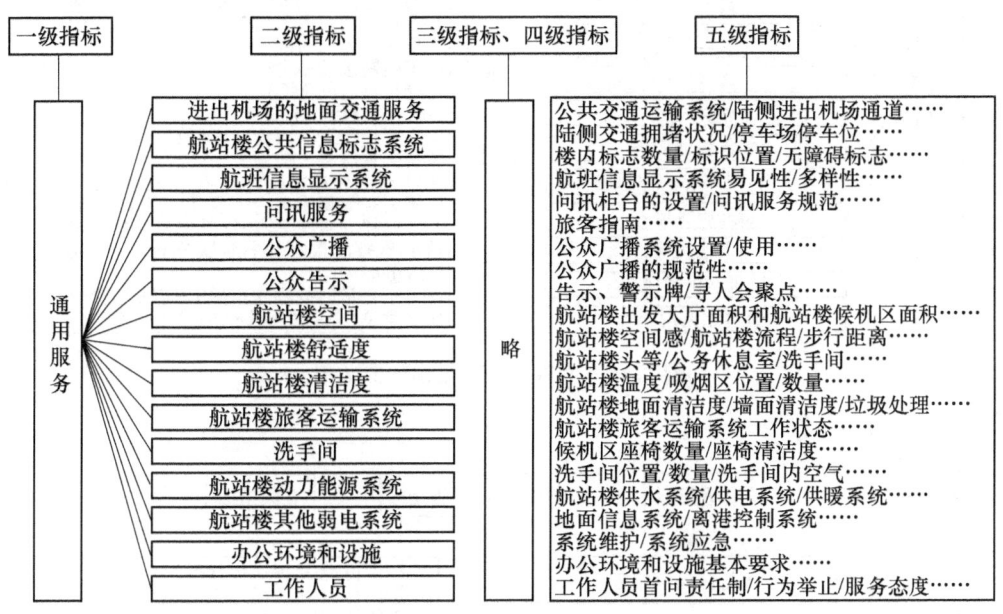

图 12-5　通用服务质量标准框架图

旅客服务质量标准对旅客出发、到达、中转和经停等服务流程的主要环节提出要求，包括 15 项二级指标：行李手推车、售票服务、联检服务、办理乘机手续、安全检查、旅客登机、旅客到达、旅客中转、旅客经停、零售餐饮服务、头等/公务休息室服务、特殊旅客服务、其他服务、航班不正常服务、旅客意见/投诉，如图 12-6 所示。

航空器服务质量标准针对航空器到达、离站服务流程直接或间接保障的主要环节提出要求，包括 9 项二级指标：飞行区保障服务、地面运行指挥协调、地面运作秩序监管、航空器活动区工作人员、航空器活动区车辆设备、航空器地面保障、应急救援、专机/VVIP 航班保障、航空公司意见/投诉，如图 12-7 所示。

货邮服务质量标准对货运站服务设施设备、货邮进出港服务流程的主要环节提出要求，包括 11 项二级指标：货运区环境、进出货运站的地面交通服务、货运站流程与容量、货运站服务设施设备、货邮出港、货邮仓储、货邮进港、其他货邮操作、货邮应急救援、货邮查询、服务绩效，如图 12-8 所示。

行李服务质量标准对行李处理系统、旅客交运和提取行李及行李进出港的主要环节提出要求，包括 6 项二级指标：行李处理系统、行李出港、行李进港、行李中转、行李查询、服务绩效，如图 12-9 所示。

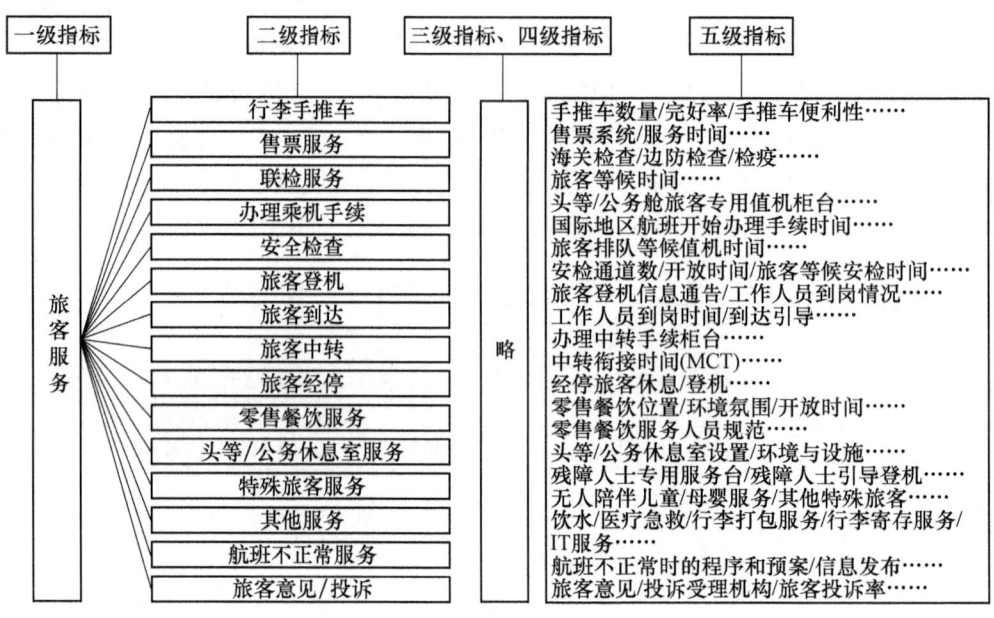

图 12-6　旅客服务质量标准框架图

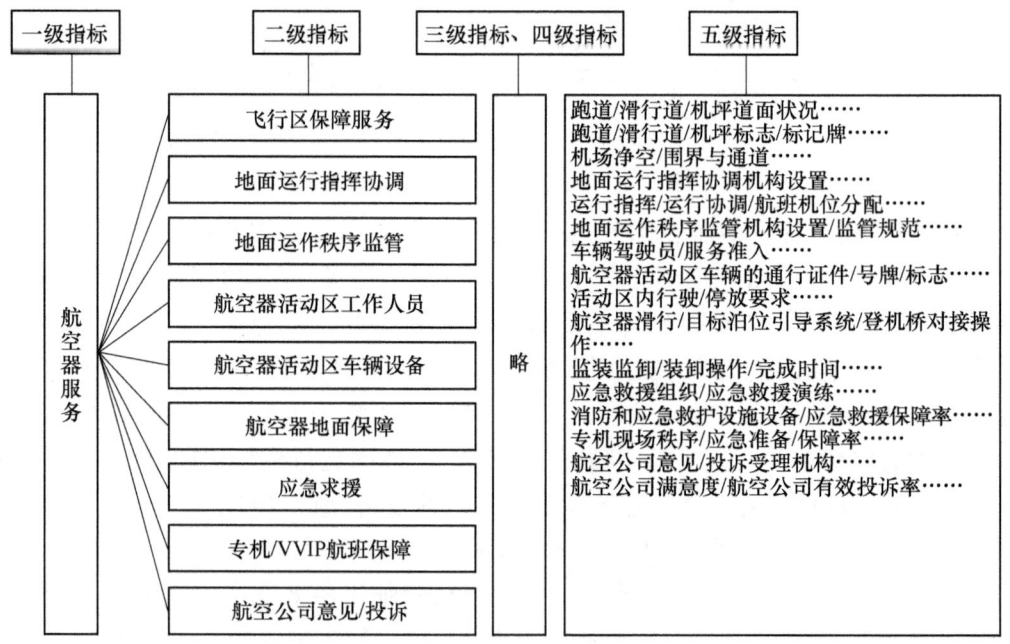

图 12-7　航空器服务质量标准框架图

此外,本标准对机场服务系统中所有能够影响旅客、航空公司等顾客服务感受和体验的关键指标进行了描述,但考虑到顾客感知重要度不同和机场能相应改进服务的投入程度不同,结合国际惯例,在标准的具体内容选取上注意把握好以下几种关系。

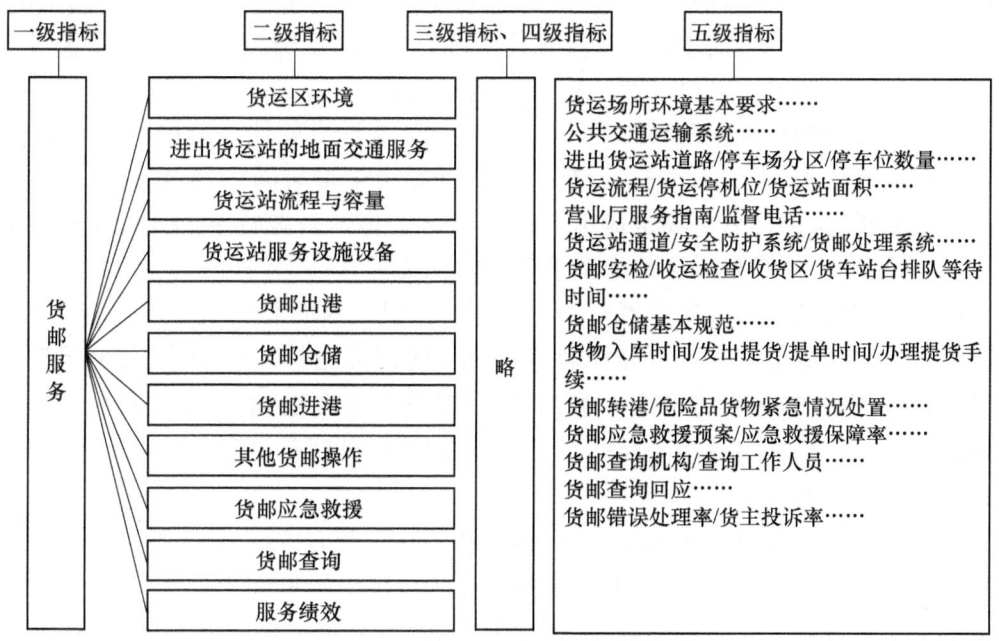

图12-8 货邮服务质量标准框架图

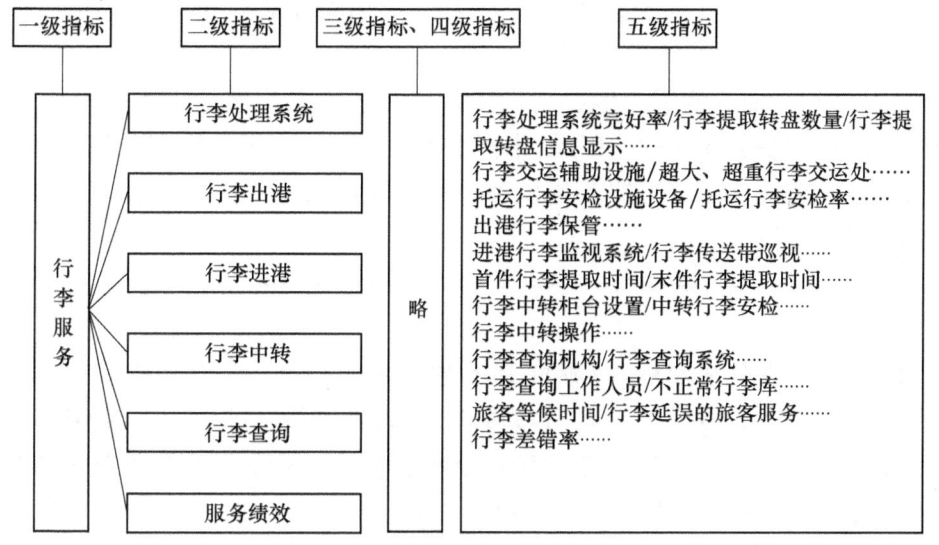

图12-9 行李服务质量标准框架图

(1) 重点与非重点的关系。例如,洗手间对旅客的机场旅行体验的影响是十分深刻的,在 IATA、Skytrax 等服务调查中也属重点指标。而机场服务大使、航站楼一站式引导、头等舱柜台摆放鲜花、亲情式问候、上门收货和送货等服务项目,以及机场为改善服务自行投入的服务设施和工具,往往形成了机场差别化和品牌化服务的市场竞争优势,这应该留给机场运营者去发挥,由市场规律来起作用。

(2) 共性与个性的关系。例如,工作人员的仪容仪表、行为举止会随服务岗位的不同而有不同的要求,需要体现个性化和亲情化;航站楼内告示牌的规格尺寸原计划作出统一要求,后经研讨后决定取消。本标准保留了部分关键环节的个性服务要求,以"宜""可"等推荐性用词提出。随着技术的发展,以及管理手段的不断提升和创新,某些机场服务问题会发生变化,标准须适当调整。

(3) 宽与严的关系。针对国内机场实际情况,本标准就什么是严的服务指标、什么是不严的服务指标进行了综合分析。以机场巴士等待时间为例,国际上有类似车上等候的要求,国内部分机场也提出不超过 30min,但从行业标准的角度来提的确严了一些。因此,本标准最后调整为车下等候时间指标。

(4) 动与静的关系。航空器服务质量标准在很大程度上是围绕航空器提出的服务规范和要求。场道、净空、围界与通道等飞行区保障指标属于静态标准,同时与安全管理标准相近,描述较为宏观一些;而航空器进出港流程、航空器活动区内设备设施摆放、滑行道/机坪穿行等与航空器保障、地面运作秩序有关的指标属于动态标准,描述较为微观一些。

(5) 粗与细的关系。从总体上讲,本标准对顾客最为关注、服务感受强烈的指标进行了比较细化的描述。例如,通用服务部分的进出机场地面交通服务、航站楼公共信息标志系统、问询、航站楼舒适度、洗手间等指标;旅客服务部分的办理乘机手续、安全检查、登机(客梯车、摆渡车)、零售餐饮等指标;航空器服务部分的活动区车辆设备、登机桥对接/撤离、航空器地面保障等指标;货邮服务部分的货邮进出港等指标;行李服务部分的行李进出港等指标。

本标准适用对象为我国内地民用机场。从旅客的服务感受和整体体验来讲,机场的服务是一体化的、系统的。因此,本标准不仅规范了机场各个服务环节的质量标准,而且将航空公司或第三方服务提供商在机场提供的服务中与旅客整体体验相关的服务标准纳入其中。

> **本章小结**
>
> 机场通过为航空公司、旅客和货主提供优质的服务,树立良好的形象和品牌。这不仅给机场带来了更高的商业价值,还创造了更好的社会效益。可以通过对机场服务质量现状进行研究分析,解决机场服务质量管理过程中所涉及的问题,提高民航服务整体质量。

## 自我检测

(1) 民航服务质量是依据哪些法律、规定进行管理的?
(2) 民航运输产品具有哪些特点?
(3) 民航运输服务质量包括哪些内容?它具有哪些特性?
(4) 什么是旅客满意度?
(5) 你对当前民航服务满意度如何评价?

(6) 如何对民航企业进行满意度测评？
(7) 为什么说创新是不断提高服务质量的根本？
(8) "以人为本，以客为尊"的内涵是什么？
(9) 对于树立服务质量的新理念，你有什么新思路？
(10) 持续的顾客满意意义何在？
(11) 为什么要对旅客进行分类管理？
(12) 如何评价民用机场服务质量？

## 参 考 文 献

[1] 陈勇.机场经营管理[M].北京:中国法制出版社,2002.
[2] 汪泓.机场运营管理[M].北京:清华大学出版社,2008.
[3] 朱沛.机场规划与运营管理[M].北京:兵器工业出版社,2002.